國寶2018

筆墨春秋

National Treasures 2018

Traditional Chinese Paintings and Calligraphy

卷一

先秦曙色

文物出版社

图书在版编目（CIP）数据

国宝2018：笔墨春秋 / 赵润田撰稿. -- 北京：文物出版社, 2017.10
ISBN 978-7-5010-5228-8

Ⅰ. ①国… Ⅱ. ①赵… Ⅲ. ①文物—介绍—中国
Ⅳ. ①K87

中国版本图书馆CIP数据核字(2017)第218516号

國寶 2018 · 笔墨春秋

题　　签　苏士澍
出 版 人　张自成
编　　撰　赵润田
责任编辑　李缙云　刘永海　刘良函
特约编辑　陆　萍
装帧设计　刘　远
责任印制　梁秋卉
出版发行　文物出版社
　　地址　北京市东直门内北小街2号楼
　　网址　http://www.wenwu.com
　　邮箱　E-mail:web@wenwu.com
发行总代理　汀一文化传媒南通有限公司
制版印刷　文物出版社印刷厂
开　　本　787×960　1/32
印　　张　24
版　　次　2017年10月第1版
印　　次　2017年10月第1次印刷
书　　号　ISBN 978-7-5010-5228-8
定　　价　99.00元（全4册）

國寶 2018

一月

东方破晓

January

Monday Jan 1 2018
公历二〇一八年·一月

元旦

星期一

农历丁酉年·十一月十五
今日元旦·五日小寒

◎ **山西襄汾陶寺朱书陶壶**

新石器时代　山西襄汾陶寺遗址出土

此陶壶1984年刚发现时字迹鲜红，扁壶一面为「文」字，另一面在学界存有争议，到底是「尧」「禹」「昜」「是」等未定。书写工具应是毛笔，颜料是朱砂。这件文物证明，新石器时代中华祖先已在使用成熟的文字，而且在使用类似毛笔的书写工具。陶寺毛笔朱书比商代甲骨文要早至少八九百年。据此，汉字的成熟期可大大向前推移。

Tuesday Jan 2 2018
公历二〇一八年 · 一月

二日

星期二

农历丁酉年 · 十一月十六
五日小寒 · 廿日大寒

◎丁公陶文

新石器时代　山东邹平县丁公龙山文化遗址出土

这种文字由山东大学考古实习队在邹平县丁公龙山文化遗址中发现，距今约4200年。文字整齐地刻画在一件泥质磨光灰陶大平底盆底部残片上，计有5行11个字。这块陶片长4.6～7.7、宽约3.2、厚0.35厘米。右起一行为3个字，其余4行每行均为两个字。文字用锐器刻写，笔画流畅，每字独立，排列有一定规则，已经不是简单的符号和图画，全文很可能是一个短句或辞章。文字中除一部分为象形字外，有的可能是会意字，是早于甲骨文的文字，中国文字史亦可由此向前推进一千年。

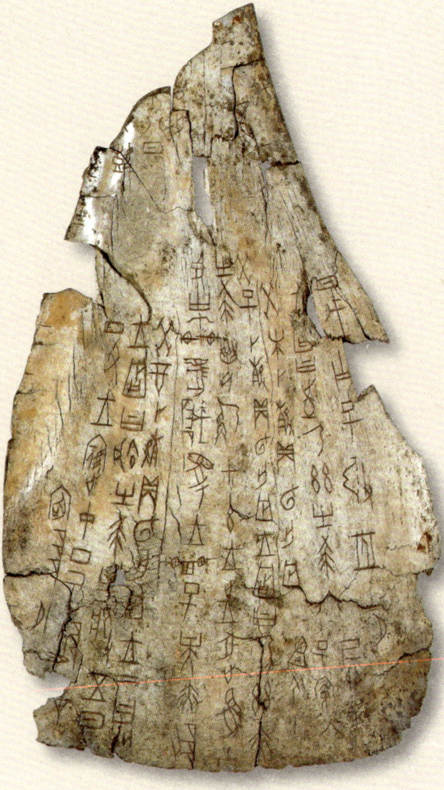

Wednesday Jan 3 2018
公历二〇一八年·一月

三日

星期三

农历丁酉年·十一月十七
五日小寒·廿日大寒

◎甲骨文（一）

商 中国国家博物馆藏

甲骨文是汉字的早期形式，绝大部分甲骨文发现于河南安阳殷墟，这里曾经是殷商后期中央王朝都城所在地。甲骨文的发现对中国历史学、考古学、文字学具有划时代的意义，证明了距今3000多年、长达600多年的商代历史和最早的成熟汉字。共发现大约13万片甲骨，4000多个单字。

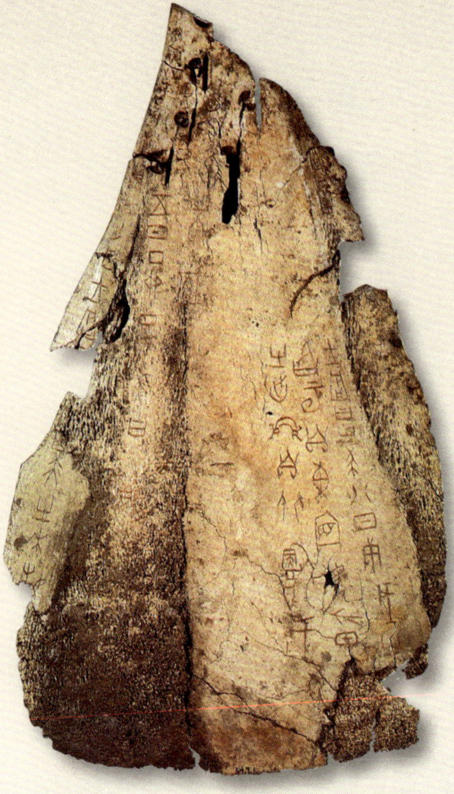

Thursday Jan 4 2018

公历二〇一八年·一月

四日

星期四

农历丁酉年·十一月十八

明日小寒·廿日大寒

◎ **甲骨文（二）**

商　中国国家博物馆藏

清光绪二十四年（1898年）以前，安阳农民在田野里捡到一些龟甲和兽骨，当成中药卖给药铺，称为「龙骨」。清末金石学家王懿荣偶然在「龙骨」片上发现有古文字，于是开始搜集和研究，王氏殉国于庚子事变，后传于刘鹗。1903年，刘鹗的《铁云藏龟》出版，为我国第一部甲骨文著录。其后，文物界持续关注甲骨发现与收藏，多位著名学者参与甲骨文研究，并取得重要成果。

◎ **甲骨文（三）**

商 中国国家博物馆藏

甲骨文的内容大部分是殷商王室占卜的纪录。商朝人信鬼神，凡事俱要占卜吉凶，甲骨记载更多的是天气、农事、病痛、打猎、作战、祭祀等大事。通过甲骨文可以了解商朝人的生活情形和发展状况。从文字角度看，甲骨文已具备了中国书法的用笔、结字、章法三要素，已具备「象形、会意、形声、指事、转注、假借」的造字方法。甲骨文用笔线条严整瘦劲，曲直粗细均备，笔画多方折，对后世篆刻的用笔用刀有一定影响。从结字上看，文字有变化，虽大小不一，但比较均衡对称，显示了稳定的格局。从章法上看，虽受骨片大小和形状的影响，仍表现了镌刻的技巧和书写的艺术特色。甲骨书法在当代一些书法家和书法爱好者中流行，丰富着书法字体的艺术魅力。

Friday Jan 5 2018

公历二〇一八年 · 一月

小寒

星期五

农历丁酉年 · 十一月十九

今日小寒 · 一候雁北乡

Saturday Jan 6 2018
公历二〇一八年 · 一月

六日

星期六

农历丁酉年 · 十一月二十
廿日大寒 · 廿四腊八

◎ 河南安阳殷墟白陶墨书 商

白陶残片上墨书一「祀」字。「国之大事，在祀与戎」，祭祀是中国古代最重要的大事之一，在出土不多的早期陶片中出现「祀」字不会是偶然的。另外有趣的是，这个字书写大方、舒展生动，与简牍文字有明显的相似特征，非常耐人寻味。这一帝乙、帝辛时期文物，证明殷商时期写与刻两种文字记录手段并行于世。

◎ 朱书石柄形饰

商　河南省安阳市后岗出土

此物上之朱书文字为「祖甲」「祖庚」，「祖」在先秦文字中最为常见，本意为男性生殖器。人文之初，极其重视繁衍生息，所以无论文字还是岩画都有生殖崇拜现象。「甲」「庚」为天干之属，干支纪年法由来已久，在古文字中多见。此四字为朱书，另一些同期文物中尚有墨书，这两种颜色使用最多。

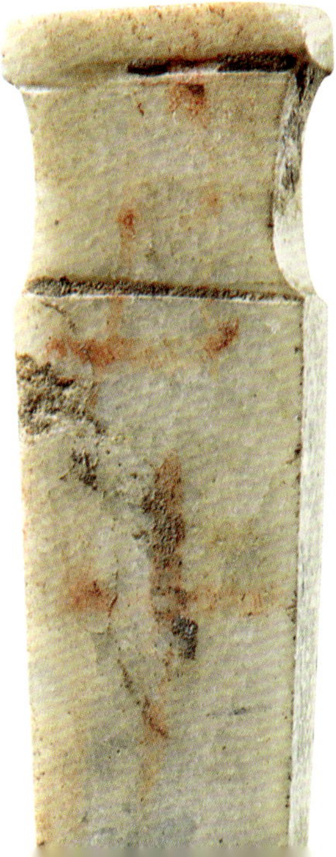

Sunday Jan 7 2018

公历二〇一八年 · 一月

七日

星期日

农历丁酉年 · 十一月廿一

廿日大寒 · 廿四腊八

◎ 西周铜簋墨书

西周 洛阳北窑西周贵族墓地出土

此文物为西周康王时期铜簋，在内底一侧存留「白（伯）懋父」三字墨迹，与商周铜器铭文的书体风格大体相同。一同所出的还有陶器刻画等文字。伯懋父簋墨书，笔画出锋，结构精巧，已属非常成熟的墨书文字。周康王姬钊（？~前996年）为周武王姬发之孙，周成王姬诵之子，西周第三位君主，夏商周断代工程将其在位时间定为前1020~前996年，据此可推，这件墨书距今已3000年之久，中国墨书那时已进入了成熟阶段。

Monday Jan 8 2018

公历二〇一八年·一月

八日

星期一

农历丁酉年·十一月廿二

廿日大寒·廿四腊八

Tuesday Jan 9 2018
公历二〇一八年 · 一月

九日

星期二

农历丁酉年 · 十一月廿三
廿日大寒 · 廿四腊八
今日三九第一天

◎ 鄂君启铜节

战国　安徽省寿县城东丘家花园出土

铜节分舟节和车节两种，用时双方各持一半，合节验证无讹才发生效力。舟节长30.9、宽7.1、厚0.6厘米，有错金铭文9行165字；车节长99.6、宽7.3、厚0.7厘米，有错金铭文150字。铭文记载了公元前323年楚怀王发给鄂君启舟节和车节的过程，并详细规定了鄂君启水路、陆路交通运输的路线、运载额、运输种类和纳税情况，是研究战国时楚国交通、政治、经济、地理和商业赋税制度的珍贵资料。

Wednesday Jan 10 2018
公历二〇一八年·一月

十日

星期三

农历丁酉年·十一月廿四
今日二候鹊始巢

◎鄂君启铜节（局部）
战国 安徽省寿县城东丘家花园出土

此节以上好铜料铸成，形似竹节，故名「节」。这种「车节」和「舟节」，迄今仅此一件，殊为珍贵。为防伪造，当年在制作时加大难度，施以错金银技法，即在青铜器铸造时铸出腰槽，将金银丝放入槽内，锤打后错实磨平。这项工艺产生于春秋时期，至今工艺美术界仍在沿用。「鄂君启节」铭文属楚简风格而愈加整饬，笔画受工艺影响而呈现精细匀称的特点，十分精美。

的器皿所吸引，心想即使是一个马槽，如此精美，也堪为一宝。于是用随身携带的银子向农民买来。徐氏告老还乡，铜盘也随身带回常州。太平军占领常州后，徐氏家产被洗劫一空，但太平军也不知铜盘底细，搬到护王府里照旧当作马槽使用。现在此物落到刘铭传手中。同治十年（1871年），刘铭传在得到朝廷的封爵后返回故乡，他用朝廷赏赐的银两造了一个盘亭，以贮藏此盘，并作《盘亭小录》，记录得盘经过。刘铭传在家中秘藏此盘，不轻允人看，帝师翁同龢想见也未得。后刘铭传为首任台湾巡抚，官高威重，宝盘在合肥家中得以安然无恙。

Thursday Jan 11 2018
公历二〇一八年·一月

十一

星期四

农历丁酉年·十一月廿五
廿日大寒·廿四腊八

◎ 虢季子白盘

西周 中国国家博物馆藏

清道光年间出土于陕西宝鸡，后在兵乱中遗失。清同治初年，淮军将领刘铭传率军与太平军作战于常州，驻扎在天国护王府。一日，他夜读未眠，偶听隔壁马厩有异响，秉烛前往探视。见正在吃草的战马笼头上的铁环碰撞马槽，发出叮当之响。举烛细看，发现马槽原是一巨型铜盘，盘底有数行古文字，知是稀世之宝。约请学问渊博者来看，断为西周虢国文物。但令他费解的是虢国封地当在陕豫一带，虢君的器皿怎么会出现在江苏常州？寻访之下方知：道光年间常州出了一位进士徐燮钧，在陕西眉县任知县。徐氏有一次经过宝鸡虢川司的一个村庄，无意间向一个农家院落内瞥了一眼，见一个农民正在向一个铜盘内倒水饮马。徐氏顿时被这硕大精美

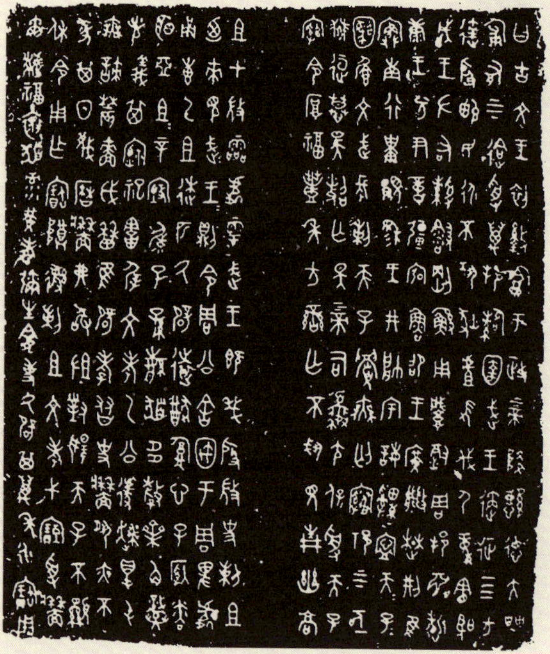

Friday Jan 12 2018
公历二〇一八年·一月

十二

星期五

农历丁酉年·十一月廿六
廿日大寒·廿四腊八

◎ 虢季子白盘铭

20世纪30年代，宝盘传至刘铭传第四代孙刘肃曾手中。民国安徽省政府主席刘镇华欲以重金购买宝盘，遭拒绝后，即以武力威逼。刘肃曾坚不外售。抗战爆发后刘肃曾将宝盘妥善秘藏后出走他乡，日军在刘家反复搜索均告落空。抗战胜利后，仍不断有人觊觎此盘，但都遭到刘家拒绝。1949年，刘肃曾毅然决定将古盘献给国家。1950年1月，刘肃曾亲自送盘至北京，国家领导人董必武、郭沫若亲切接见，文化部向刘肃曾颁发了奖状。同年3月，虢季子白盘特展在北海团城承光殿举办，郭沫若赋诗赠刘肃曾，赞道：「虢盘献公家，归诸天下有。独乐易众乐，宝传永不朽。省却常操心，为之几折首。卓卓刘君名，传颂妇孺口。可贺孰逾此？寿君一杯酒。」

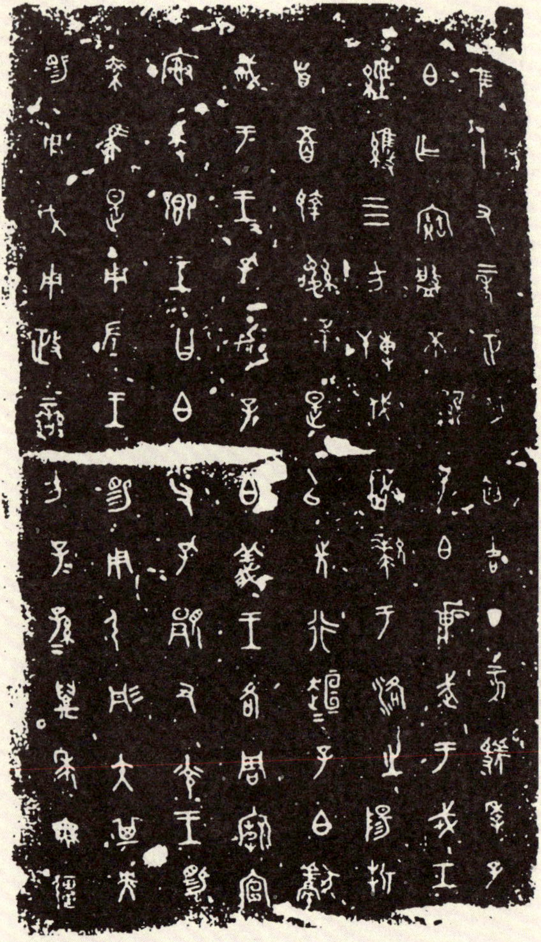

Saturday Jan 13 2018
公历二〇一八年 · 一月

十三

星期六

农历丁酉年 · 十一月廿七
廿日大寒 · 廿四腊八

◎ 虢季子白盘铭（局部）

虢季子白盘形制奇特，为圆角长方形，长137.2、宽86.5、高39.5厘米，重215.3千克，堪称青铜器盘中之魁首。该盘四曲尺形足，口大底小，略呈放射形，使器物避免了粗笨感。四壁各有两只衔环兽首耳，口沿饰一圈窃曲纹，下为波带纹。盘内底部有铭文111字，讲述虢国的季子白奉命出战猃狁，荣立战功，周宣王为其设宴庆功，并赐弓马之物，虢季子白因而铸盘纪念。虢季子白盘为西周金文中的绝品，金文排列方式与字形处理方式具有独到性，字形端庄优美，笔画清丽流畅，字距、行距都较大，章法疏朗，强化了每个字的独立性，语言洗练，是金文中的上品。铭文中的一些语句可与《诗经》中某些篇章所记史实相互征引，具有极高的历史价值。现为中国国家博物馆镇馆之宝。

◎ 山西侯马盟书（一）

春秋　山西省侯马市晋国遗址出土

此物1965年至1966年出土。当时在42个竖坑中发现5000件写有朱、墨文字的玉、石片，其中可辨认的有600余件，与殷墟甲骨、商周铜器铭文、战国至汉代简牍同为中国早期文字重要发现。1995年被评为1949年以来全国十大考古发现之一。侯马是春秋时期著名的晋国晚期都城新田，《侯马盟书》作为晋国赵氏集团的会盟记录，内容分为宗盟类、纳室类、委质类、诅咒类、卜筮类等，共6类12种。

Sunday Jan 14 2018

公历二〇一八年·一月

十四

星期日

农历丁酉年·十一月廿八

廿日大寒·廿四腊八

Monday Jan 15 2018
公历二〇一八年·一月

十五

星期一

农历丁酉年·十一月廿九
今日三候雉始鸲

◎ 山西侯马盟书（二）

春秋 山西省侯马市晋国遗址出土

《侯马盟书》是晋国赵氏集团的盟誓记录，在当时应该是一种纲领性的政治文件，为我们研究春秋末期的政治、经济、社会、生活提供了弥足珍贵的实物史料，填补了文献记载的某些空白。

Tuesday Jan 16 2018
公历二〇一八年·一月

十六

星期二

农历丁酉年·十一月三十
廿日大寒·廿四腊八

◎山西侯马盟书（三）

春秋 山西省侯马市晋国遗址出土

侯马盟书是我国早期毛笔书写的书法真迹，形体古雅圆融，用笔活泼，笔画宽头细尾，与铜器铭文和简牍书法既有异又有同，在中国书法史上具有重要意义，使人们在青铜铭文之外，见到与铸造有异的手写字形，难能可贵。近年一直有书法爱好者研究「盟书体」写法，并举办过当代人书写的盟书体书法展。

Wednesday Jan 17 2018
公历二〇一八年 · 一月

十七

星期三

农历丁酉年 · 腊月初一
廿日大寒 · 廿四腊八

◎ 将军崖岩画

新石器时代　江苏连云港锦屏山南麓

此岩画1979年冬发现，被誉为我国最早的一部天书。内容反映了原始先民对土地、造物神以及天体的崇拜，是中国目前发现的最早反映农业部落社会生活的石刻画面。根据岩画、大石以及将军崖所在的地形、地势看，此处是一处原始宗教的祭祀场所。1988年国务院将其列为全国重点文物保护单位。

阴山岩画分布于内蒙古中部阴山山脉多个盟中，共发现岩画万余幅。远在北魏时期，我国著名地理学家郦道元就在《水经注》中记载了这一带的岩画。阴山岩画反映了我国古代各民族的生活习俗和精神信仰，内容有人物、动物、狩猎、车骑、舞蹈等，同时兼有突厥文、回鹘文、西夏文、蒙文等。北方岩画动物题材并不鲜见，但如《群虎》这样刻画细腻并且极其注重全幅章法，妥帖安排不同位置虎姿的作品的确少见。

Thursday Jan 18 2018
公历二〇一八年·一月

十八

星期四

农历丁酉年·腊月初二

廿日大寒·廿四腊八
今日四九第一天

◎ 阴山岩画《群虎》

新石器时期至近代

内蒙古自治区乌拉特后旗

盘羊是内蒙古、新疆、西藏等地区常见野羊种类，栖息于山地，羊角硕大美观，各地岩画多有表现。这幅《盘羊》构图为两两相对的斗羊，特别夸张地突出了美丽的羊角，并且适当改变羊角的原状走向，使画面充满装饰感。真实的盘羊角中间部分处于两颊外侧并向下延展，但这幅岩画中则将它们处理成头部上方，身躯为瘦长形态，前腿伸出呈奔跑状，使画面充盈动感，趣味横生。

Friday Jan 19 2018

公历二〇一八年·一月

十九

星期五

农历丁酉年·腊月初三

明日大寒·廿四腊八

◎阴山岩画《盘羊》

新石器时期至近代

内蒙古自治区阴山山脉

从具体的形象到抽象的图景，这无疑是一个巨大的进步。这幅岩画所具有的神秘性和几何意义的对称性足以令人目瞪口呆！它已不是「像什么」的范畴可以解释的，而在于对观者心灵的启迪和震撼。有论者认为这一图景是太阳崇拜的表现，但这恐怕只是诸多理解之一。用以构筑「什么都不像」之图景的要素，只是横线、斜线、点和圆，但它所具有的思维的高级远在形象画之上。

Saturday Jan 20 2018

公历二〇一八年·一月

大寒

星期六

农历丁酉年·腊月初四

今日大寒·一候鸡始乳

◎ 太阳神

新石器时代　内蒙古自治区阿拉善右旗

Sunday Jan 21 2018

公历二〇一八年·一月

二十一

星期日

农历丁酉年·腊月初五

廿四腊八·四日立春

◎ 女娲岩画

中石器时代　山西省吉县清水河柿子滩

此岩画距今约一万年，描绘了女娲补天的形象。中国古人很早就对星相有浓厚的兴趣，尧时就已设置专门观察天象的官员。岩画上部七枚圆点，似为北斗七星，以示天；中部女娲双臂上举，左手持物，似为正在补天；人物垂乳硕大，下身为双柳叶形，为生殖器的夸张表现，最下方有六枚圆点，当为生育象征。夸张的垂乳和生殖器，透露出了远古先民的生殖崇拜。传说中的女娲有两大贡献，一是补天，二是造人，此岩画所表现的正在于此。吉县挂甲山还有女娲伏羲庙、彩陶遗址等诸多文化遗迹。吉县地处古冀州的山西南部，正是中华远祖生活繁衍之地。

Monday Jan 22 2018
公历二〇一八年·一月

二十二

星期一

农历丁酉年·腊月初六
廿四腊八·四日立春

◎大王岩涂彩岩画

新石器时代　云南省文山麻栗坡县

此岩画1983年发现，现有画面高6.44、宽5.04米，面积32平方米。画像绘制使用了黑、红、白三种颜色，可见图像25个，包括人物13个、牛2头、花蕾8个及用作装饰的几何纹等图案。画面主体由齐高并列的两个人像组成，像高2.8、宽0.75米。这一岩画可谓我国南方岩画系统中的绝品，国际岩画学界认为它「代表着一种巨大的原始创造力」。绘制岩画的颜料为动物血、植物，并混以动物皮胶。色彩对比强烈，历数千年而不变，风格鲜明强烈，是研究原始宗教、民族、美术等方面的宝贵资料，具有重要的历史与艺术价值。2013年国务院核定为第七批全国重点文物保护单位。

Tuesday Jan 23 2018
公历二〇一八年 · 一月

二十三

星期二

农历丁酉年 · 腊月初七
明日腊八 · 四日立春

◎ 马鹿、飞雁

新石器时代　内蒙古阿拉善左旗骆驼山

岩画有刻画与涂绘两类，是古人对大自然和自身活动最早的艺术展示，目前全国有18个省或自治区约70个县发现几十万幅岩画。图示这幅刻有马鹿和飞雁，应该是草原上最常见的两种动物。尤为可贵的是画者心目中存有远近概念和主次构想，中间的雄鹿最大，细节最全，身躯粗壮，头角完整，周围母鹿则相对较小；大雁振羽高飞，头颈或左顾或右盼，整个画面生气充盈。

1987年，人们在这一人迹罕至的深山里发现了大量岩画，岩画内容多为人物形象，具有浓厚的生殖崇拜倾向。图中这幅女性形象，身材婀娜，细腰宽肩，面容姣好，头戴高帽，插有羽翎，两臂伸展做舞蹈状。肩膀上方的幼童形象，应该是她的孩子。新疆岩画人物快乐而单纯，线条洗练，十分动人。

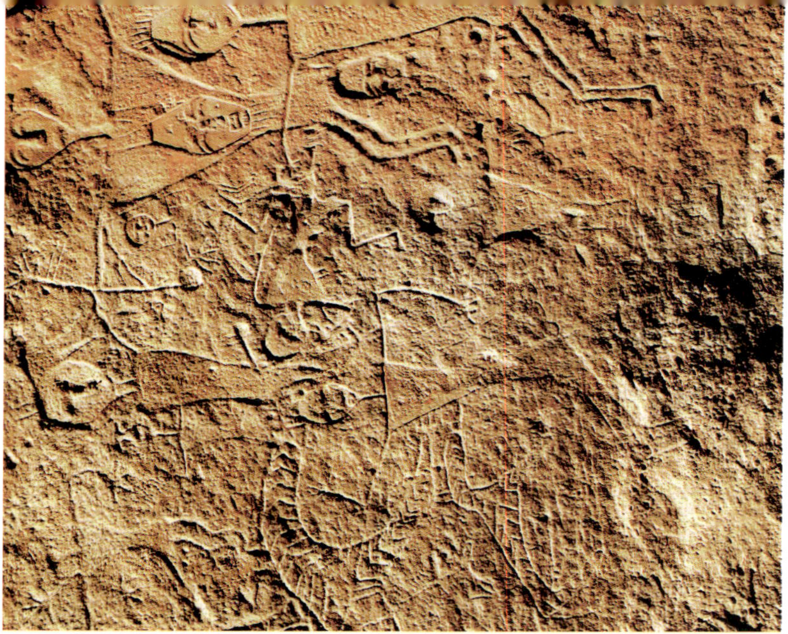

Wednesday Jan 24 2018

公历二〇一八年 · 一月

腊八

星期三

农历丁酉年 · 腊月初八

今日腊八 · 四日立春

◎ 舞人

新石器时期 新疆康家石门子岩画

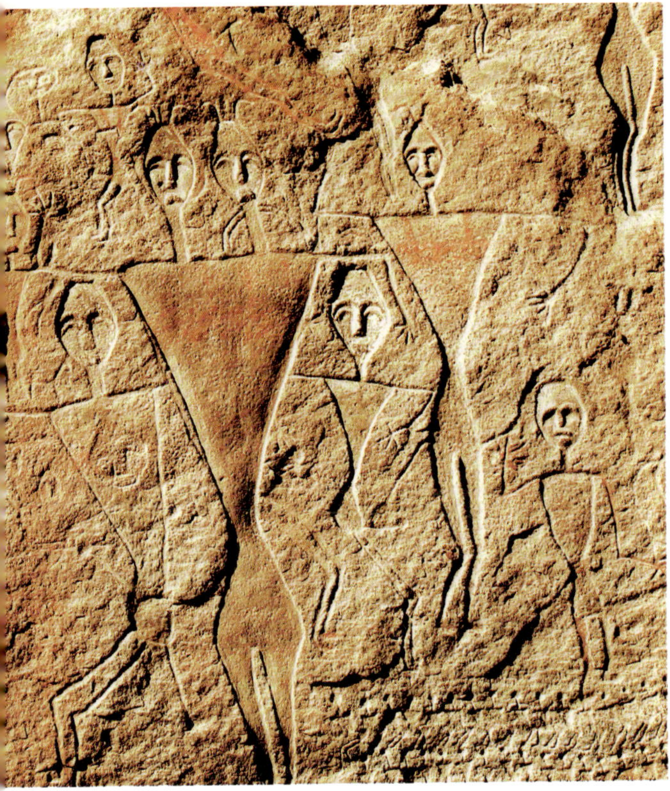

Thursday Jan 25 2018
公历二〇一八年·一月

二十五

星期四

农历丁酉年·腊月初九
今日二候征鸟厉疾

◎ **动物群**

新石器时代　内蒙古阿拉善右旗

此岩画动物形象布满画面，包括鹿、羊、雁以及犬类等。众多形象错杂一起，大小相宜，繁简有度，极高的艺术表现力令人惊叹。从动物形象的刻画水准来看，当年的刻画者有着娴熟的技巧，已不是灵机一动的信手涂鸦。可见新石器时期的华夏先民已经有了奔波果腹之余的闲暇，从而进行持续的艺术探索。

贺兰山岩画主要分布在贺兰山东麓，存量数以万计，岩画记录了在距今3000～10000年前人类与动物的生活场景，揭示了原始氏族部落自然崇拜、生殖崇拜、图腾崇拜、祖先崇拜的文化内涵，是研究中国人类文化史、宗教史、原始艺术史的文化宝库，也是中国游牧民族的艺术画廊。这幅《猛兽》寥寥几笔，神情毕肖，表现出极高的艺术手法。

◎贺兰山岩画（一一）《猛兽》

春秋战国

Friday Jan 26 2018
公历二〇一八年 · 一月

二十六

星期五

农历丁酉年 · 腊月初十
四日立春 · 八日小年

Saturday Jan 27 2018
公历二〇一八年 · 一月

二十七

星期六

农历丁酉年 · 腊月十一
四日立春 · 八日小年
今日五九第一天

◎ 贺兰山岩画（二）《太阳神》

贺兰山在古代是匈奴、鲜卑、突厥、回鹘、吐蕃、党项等北方少数民族驻牧游猎、生息繁衍的地方，岩画留下了他们的生活和情感。绵延200多公里的贺兰山腹地有大量珍贵岩画遗存，最早可推至冰川期之前，是中国早期岩画的重要代表。这幅《太阳神》刻制极其精美，轮廓清晰，眉毛、头发形成三道光芒，双目浑圆，口鼻阔大，将太阳充分拟人化。如果认定这是一幅人物画，那么这应该是中国最早的人物肖像了。

Sunday Jan 28 2018
公历二〇一八年 · 一月

二十八

星期日

农历丁酉年 · 腊月十二
四日立春 · 八日小年

◎ 广西花山岩画（一）

战国至东汉

花山岩画沿广西左江绵延一百余公里，规模庞大，非常壮观，在6000多平方米的石壁上有1000多个图像，最大人像高3米。2016年7月15日，在联合国教科文组织世界遗产委员会第40届会议上，中国世界文化遗产提名项目「左江花山岩画文化景观」与湖北神农架一起入选《世界文化遗产名录》，分别成为中国第49处和第50处世界文化遗产。花山岩画申遗成功填补了中国岩画类世界文化遗产项目的空白。

Monday Jan 29 2018

公历二〇一八年 · 一月

二十九

星期一

农历丁酉年 · 腊月十三

四日立春 · 八日小年

◎ 广西花山岩画（二）

战国至东汉

图示这类人物画在花山岩画中很多，颜料均为赤铁矿粉与动物脂肪混合，用草把或鸟类羽毛平涂于岩石，人物形象绘出外缘轮廓，有正面和侧身两种，正面为多，有的腰系兵器。花山岩画以群体人物活动为主要内容，极具祭祀、庆贺的仪式感和群体舞蹈样貌，反映了西南先民巫文化的盛行。整幅画面雄奇壮观，极具振奋人心的艺术感染力。

此岩画我国西南地区代表性岩画，颜料以赤铁矿粉与动物血调合而成，在距地面高2～10米的石灰岩崖面上绘制，可辨认的图像有1063个，包括人物、动物、房屋、树木、太阳等，多为狩猎和采集场面，也有舞蹈、战争等内容。沧源岩画已有3000多年的历史，采用剪影式轮廓画法描绘人物，风格泼辣热烈，造型古朴简洁，多为群体场面。

Tuesday Jan 30 2018

公历二〇一八年·一月

三十

星期二

农历丁酉年·腊月十四

今日三候水泽腹坚

◎ 云南沧源岩画

新石器时代

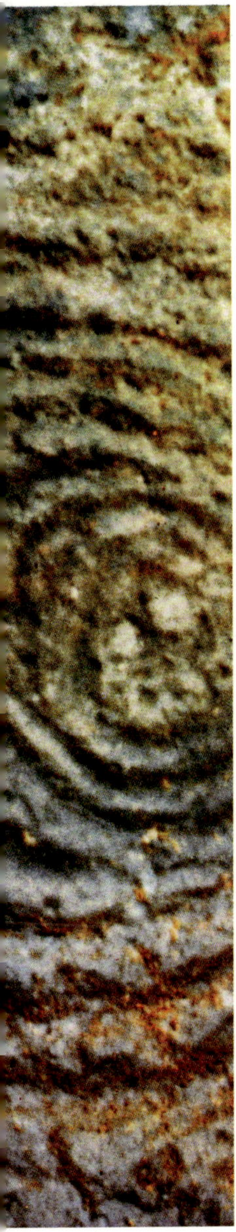

Wednesday Jan 31 2018

公历二〇一八年·一月

三十一

星期三

农历丁酉年·腊月十五

四日立春·八日小年

◎台湾高雄万山岩画人面像与同心圆

我国东南沿海系列岩画遗存丰富，台湾、香港、广东、福建沿海地区多有发现，有学者认为均属于太平洋岩画圈范畴。台湾万山岩画群位于台湾高雄县茂林乡鲁凯族万山社的传统领域中，共有4处14座刻石岩画被发现。这幅人面像与同心圆非常著名，刻痕很深，手法纯熟，依当地的民间祖先传说，同心圆代表着太阳。

國寶 2018

二月

凤鸣岐山

February

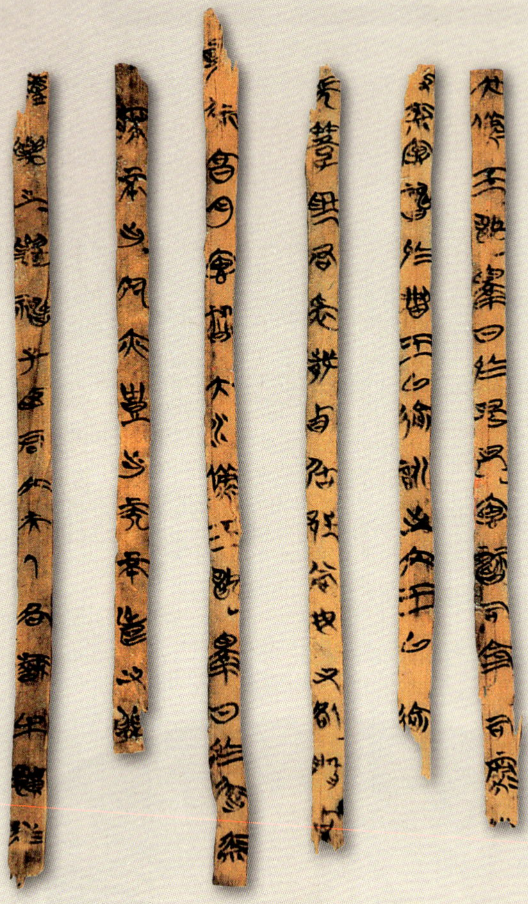

Thursday Feb 1 2018
公历二〇一八年·二月

一日

星期四

农历丁酉年·腊月十六
四日立春·八日小年

◎ 河南新蔡葛陵楚墓竹简

战国

这批竹简1994年出土，残简1571枚，是信阳、望山、包山、郭店之后的又一楚墓竹简重要发现，出土前已被盗墓者破坏。以楚国文字书写卜筮祭祷记录和遣策赗书，为研究楚国腹地和东部疆土之间在卜筮、祭祷等礼制风俗方面的异同提供了宝贵材料。

Friday Feb 2 2018
公历二〇一八年 · 二月

二日

星期五

农历丁酉年 · 腊月十七
今日世界湿地日

◎ 河南信阳长台关楚墓竹简

春秋

这批竹简1958年发现，有竹书、遣策和签牌等三类。其中竹书由竹简119支构成，学界或以为儒家著作，或以为《墨子》佚文，与传世先秦典籍非常相似。遣策竹简29支，是记载随葬品名称和数量的清单。签牌由三片组成，其中有字的二片。

玺、图像玺等。战国时期的印信顶部多有一个「穿鼻」，可用纹带挂在胸前或腰间，作为一种装饰，用来表明身份、地位。我国各地考古发掘发现许多战国古玺。传世战国古玺历来也很多，书坊出版自明隆庆至清光绪几百年间有印谱八十四种，明代即有《集古印谱》《甘氏印集》《宣和集古印史》《古印选》等印谱名著多种。当代古文字学家罗福颐在《古玺汇编》中选辑战国古玺5708枚。战国印玺出现在汉字书体流变的动态之中，思想活跃，诸体书法尚未定型，因而千姿百态，对后世书法篆刻艺术提供了可资借鉴的宝库。

Saturday Feb 3 2018

公历二〇一八年·二月

三日

星期六

农历丁酉年·腊月十八

明日立春·八日小年

◎ **印玺** 战国

中国印章文化始于商代，安阳曾出土距今3000年的铜玺。甲骨文「印」字为人仰面受烙印之状，当时以此为奴隶标记。春秋时期国君和官员已经使用印玺为身份证明。发展到战国时期，印章的使用和制作更加普及，用途也更加广泛，形式多样。战国印玺出土众多，其形式有阴文和阳文，印面形状分正方形、长方形、圆形、长条形、菱形等。通常是铜或玉制成，而现在流行的石料是明代之后的事情。战国印信分为官玺和私玺，为姓名章，此外还有吉语

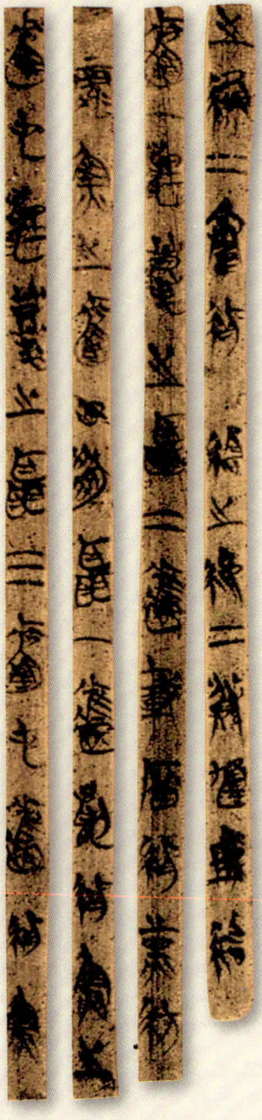

Sunday Feb 4 2018
公历二〇一八年 · 二月

立春

星期日

农历丁酉年 · 腊月十九
今日立春 · 一候东风解冻

◎ **曾侯乙墓竹简（一）** 前433年

曾侯乙墓竹简是简牍书法的代表作品之一，是已发现的中国古代最早的竹简，1978年在湖北随州市擂鼓墩曾侯乙墓发掘出土。同时出土的还有震惊世界的曾侯乙编钟。曾侯乙墓所出竹简有字简为240枚、计6696字，内容为遣策，连同出土的铜器、编钟与礼器等铭文一起形成珍贵的文字资料，对文字学和书法史研究有重大价值。

Monday Feb 5 2018

公历二〇一八年·二月

五日

星期一

农历丁酉年·腊月二十八日小年·十五除夕

今日六九第一天

◎曾侯乙墓竹简（二） 前443年

此批竹简整简一般长72～75、宽约1厘米。文字用墨写在竹面，顶头书写，每简一行，字数不一。除文字与下简相接者外，简下部都留有空白，字数最少的简只有4个字（118号）。写满的简，字数大都在50字上下，最多的有74字（212号）。简文中还使用了一些标明段落的、作方块或圆点等形的符号以及一些作用类似顿号的小短横。

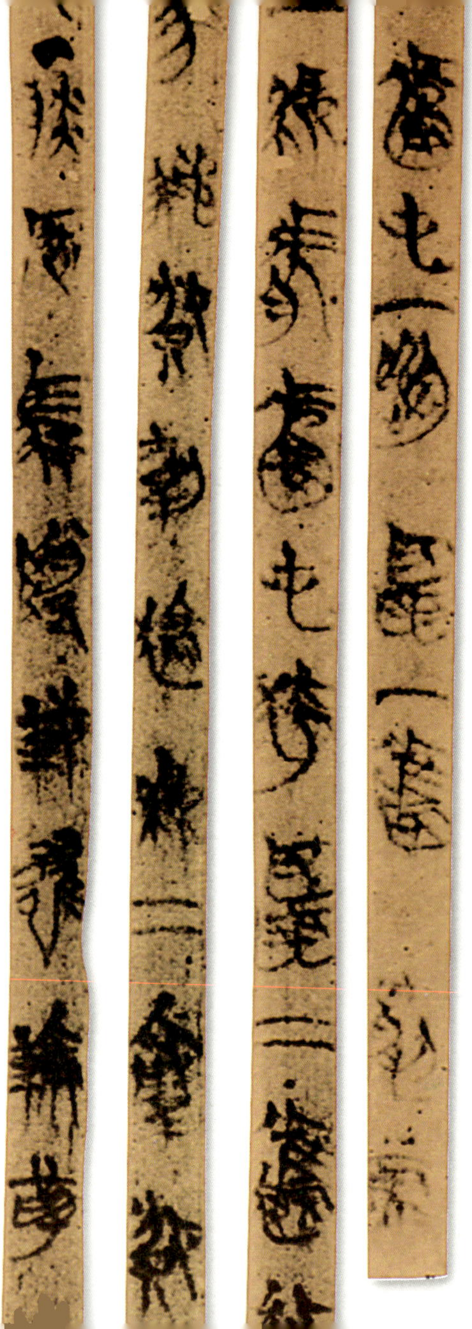

Tuesday Feb 6 2018
公历二〇一八年 · 二月

六日

星期二

农历丁酉年 · 腊月廿一
八日小年 · 十五除夕

◎ **曾侯乙墓竹简（三）** 前443年

曾侯乙墓出土竹简和各种器物上的文字，总字数为12696字。除竹简外，还有金文、石刻文、木刻文、朱书文等。发掘报告称「曾侯乙墓文字资料的丰富，是自有考古发掘以来所罕见的」，也是截止到1989年「自西晋时代发现汲冢竹书之后，这是先秦墓葬出土文字资料最多的一次」。曾侯乙墓的文字资料，不但是研究这座古墓的各种问题以及先秦时代历史、文化的宝贵资料，而且在文字学上也有着重大价值。曾国属于楚国文化圈，这批竹简文字带有很浓的楚风，但又有多样化特点。竹简等物上用墨笔书写的文字以及漆书文字，大都写得随意，可以代表当时的日用书体。另外还有后世少见的鸟篆体。曾侯乙墓竹简书法艺术反映了我国先秦时代书法艺术的高度和成就。

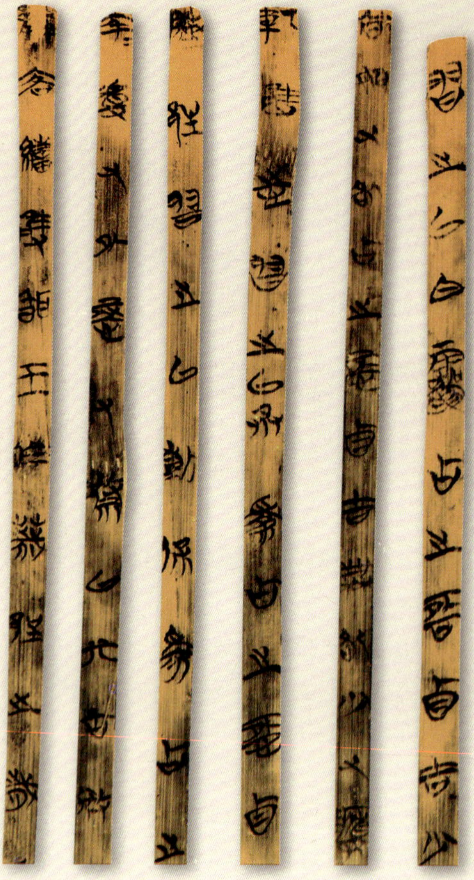

Wednesday Feb 7 2018
公历二〇一八年 · 二月

七日

星期三

农历丁酉年 · 腊月廿二
明日小年 · 十五除夕

◎ 湖北江陵天星观楚墓竹简

春秋战国

从春秋早期到公元前278年，江陵楚墓众多，出土文物7000余件，包括著名的越王勾践剑。天星观竹简中记载有公孙鞅（即商鞅）使楚的史实。

Thursday Feb 8 2018
公历二〇一八年·二月

小年

星期四

农历丁酉年·腊月廿三
今日小年·十五除夕

◎湖北荆门郭店楚简

战国中期　湖北荆门市郭店一号楚墓出土

根据竹简中「东宫之师」字样，专家推断墓主人为楚太子横的老师。入葬时间为公元前300年。现场从泥水中打捞出804枚竹简，整理出的文献为先秦儒、道两家典籍与前所未见的古代佚书，共十八篇，包括《缁衣》《五行》《老子》《太一生水》等，其中12篇儒家文献前所未闻。有关《老子》的论著，更是迄今为止发现的最早的版本。这批竹简共整理出13000多个楚字，这些楚简有些保持了楚地文字特征，有些是抄自齐鲁经典的文本，具有齐鲁简牍的风格。总体而言，郭店楚简结体舒展匀称，笔画简练不繁，为古代简牍书法上品。

Friday Feb 9 2018

公历二〇一八年·二月

九日

星期五

农历丁酉年·腊月廿四

今日二候蛰虫始振

◎ **四川青川郝家坪秦墓木牍** 战国后期

该木牍记载了秦武王二年（前309年）秦国政事。字体已远离小篆而靠近隶书，结体方而稍长，笔画平正者屡见不鲜，章法方面呈现出字距大而行距小的隶书特点，故而被称为我国最早的古隶。

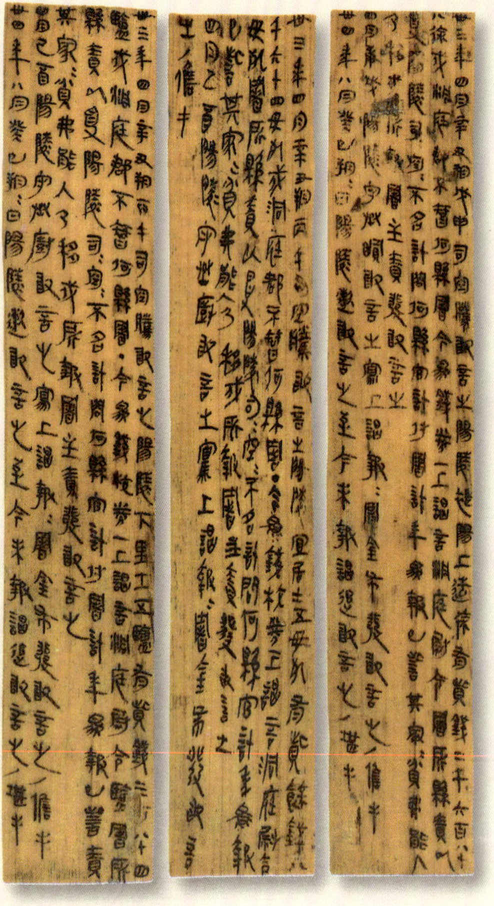

Saturday Feb 10 2018

公历二〇一八年 · 二月

十日

星期六

农历丁酉年 · 腊月廿五

十五除夕 · 十六春节

◎ **湖南湘西里耶木牍** 秦

2002年于里耶一口井中出土36000余枚秦简牍，数量超过此前全国发现的秦简牍总和。单枚长23、宽1.4～5厘米不等。我国古代自汉代许慎《说文解字》之后，多以简牍连称，而之前则称竹制为简、木制为牍。在使用上，竹简可用绳缀连成册，用于写经和传记，文字为单行，孔子就曾「韦编三绝」；木牍为单块木板，文字可多行，用于写奏章。

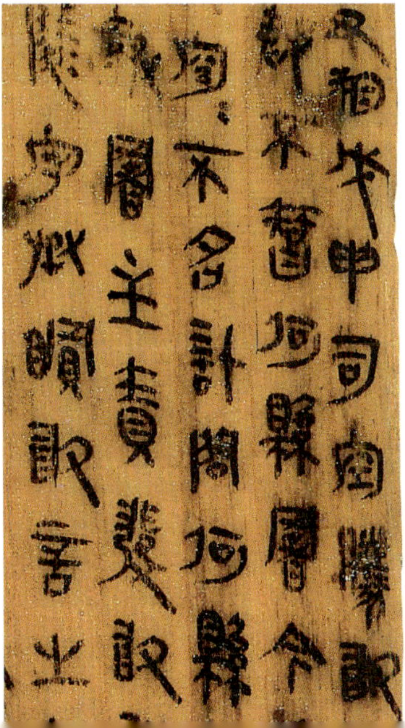

Sunday Feb 11 2018
公历二〇一八年 · 二月

十一

星期日

农历丁酉年 · 腊月廿六
十五除夕 · 十六春节

◎ 河北平山中山王方壶

战国　河北省文物研究所藏

此壶最受学术界珍视之处在于四个光平腹壁上刻有448个铭文，是迄今发现的第三长的铜器铭文。铭文记录了本壶的制作时间、用料、动机，颂扬了先王功业德行。其字笔画细巧，结构谨严，具有很强的规范性，在先秦铜器铭文中独树一帜，艺术性极高。铭文云：「择燕吉金，铸为彝壶，节于禋齐，可法可常，以飨上帝，以祀先王。」

Monday Feb 12 2018

公历二〇一八年 · 二月

十二

星期一

农历丁酉年 · 腊月廿七

十五除夕 · 十六春节

◎**河北平山中山王圆壶**

战国　河北省文物研究所藏

圆壶短颈鼓腹，两侧有二铺首、圈足，有盖，盖饰三钮，通高44.5、腹径32厘米，腹与圈足皆有铭文，腹部铭文59行182字。

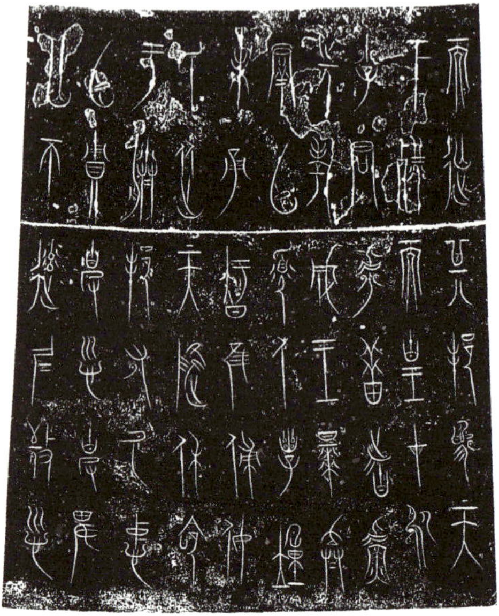

Tuesday Feb 13 2018
公历二〇一八年 · 二月

十三

星期二

农历丁酉年 · 腊月廿八
十五除夕 · 十六春节

◎ **河北平山中山王鼎**

战国 河北省文物研究所藏

此为中山王墓中同时出土的九件列鼎之首鼎，是我国迄今为止发现的最大的铁足铜鼎，铜身铁足，圆腹圜底，双附耳，蹄形足，上有覆钵形盖，盖顶有三环钮。鼎身刻有铭文469字，铭文字数仅次于西周毛公鼎。铭文风格接近三晋文字，字体修长，匀称流美，为先秦悬针篆典范。

Wednesday Feb 14 2018
公历二〇一八年·二月

十四

星期三

农历丁酉年·腊月廿九
今日三候鱼陟负冰
今日七九第一天

◎湖北云梦睡虎地秦简

1975年由当地一农民发现，逐级上报，遂发现古墓12座和370余件精美文物。围绕一具人体骨架的1155枚竹简，有字近40000。该简的发现震惊学术界和新闻界，成为建国50年来的十大考古发现之一。该简内容涉及方面极广，尤其是保存了秦完整法律记录，填补了秦法律遗失的空白。睡虎地秦简在文字学和书法史上也具有重大意义，其写法为古隶，亦称秦隶，更加摆脱小篆的屈曲线条而向平直方正迈进。

形象生动。那时人们正处在渔猎与农业并举的时代，所以半坡类型彩陶常以鱼纹装饰。人面头部有装饰物，口唇有相对鱼儿穿过，具有某种神秘意蕴。这件陶盆是覆盖在安葬死去儿童陶瓮上的陶盖，图案含有的巫气象可能是一种祈愿。这件陶器成为中国原始艺术创作的范例，是黄河流域仰韶文化的灿烂结晶。

◎ **彩陶盆绘人面鱼纹**

新石器时代　西安市半坡遗址出土

中国在距今一万年左右进入新石器时代，农业、畜牧业产生，文物标志为陶器出现了。中国陶器烧造技术此时已经十分成熟，人们不再满足于素烧，而是要进一步附加文化印记和美感，于是陶器彩绘出现了。这件文物于1955年在陕西省西安市半坡遗址出土。泥质红陶烧成，盆内壁画人面和鱼纹各两个，相间排列，

Thursday Feb 15 2018
公历二〇一八年 · 二月

除夕

星期四

农历丁酉年 · 腊月三十
今日除夕 · 明日春节

Friday Feb 16 2018

公历二〇一八年·二月

春节

星期五

农历戊戌年·正月初一

今日春节·十九雨水

◎鹳鱼石斧彩陶缸

新石器时代　河南省汝州市阎村出土

此器为仰韶文化典范作品，可谓中国彩陶时代的最高艺术成就。画面由一只巨大鹳鸟、一条鱼及一件石斧构成，鹳鸟占比之大，令人惊异。肥硕的身躯、结实的嘴和圆圆的眼睛，使这只鹳看上去似乎带着笑意，这一定是对生活充盈着富足感和乐观情绪的匠人所绘。那柄石斧已经不是简单的劳动工具，它极富装饰感的手柄具有几何图形的美感。通观整个画面，鹳、鱼和石斧的主体部分使用彩色平涂，而鱼、石斧及鹳的眼睛用线条勾勒轮廓，已经具备了两种绘画手段。从这件彩绘开始，中国画的形象和技法走上辉煌之路。

写意的、夸张变形的，各尽其态。今天的人们不禁要问：远古先民为什么崇尚、喜爱蛙类动物？这需要在蛙类生命力顽强、繁殖力旺盛的特点中寻找答案。古代自然灾害中，水灾和旱灾是两大祸害，但人们发现，蛙类却能适应各种恶劣环境，顽强生存并且繁衍下来，使得人们对蛙另眼相看。中国古代神话中，蛙类与月亮、财富关系密切，甚至传说中的女娲也与蛙有着关联，以蛙的形象入画，成为早期艺术的重要内容就不奇怪了。

Saturday Feb 17 2018
公历二〇一八年 · 二月

十七

星期六

农历戊戌年 · 正月初二
十九雨水 · 二日上元节

◎ 卧蛙纹彩陶瓶

新石器时代
甘肃秦安大地湾遗址出土

这件彩陶属于仰韶文化器物，蛙纹在中国早期彩陶中是常见图案，形成一种蛙文化，是华夏文化源头的重要内容。早期美术中，广西花山崖画上有蛙人，甘肃马家窑、青海乐都县柳湾、陕西华阴市西关堡、河南渑池县等地均有数量众多的蛙纹彩陶。最初的蛙纹简练而写实，晚近一些的逐渐以抽象线条达到图案化，其间写实的、

Sunday Feb 18 2018
公历二〇一八年 · 二月

十八

星期日

农历戊戌年 · 正月初三
明日雨水 · 二日上元节

◎ **日月山形纹灰陶尊**

新石器时代　山东莒县陵阳河出土

这一高60、口径29.5厘米的夹砂灰陶尊，在当时应算大型陶器了，在大汶口文化中属罕见之物，现为国家一级文物。尊上刻「日、月、山」的图案，似字亦似画，以象形面貌支持着古来便有的书画同源说，尤其珍贵。这三个形象以简练的线条纵向排列于陶尊接近上口的部位，刻画者显然有着十分崇敬的创作心理。远古时代，大自然是先民赖以生存栖居的生活环境，人们对日、月、山河充满崇敬和膜拜，日、月、山河的形象最早进入华夏先民的神话传说和艺术创作中，而且充满敬畏，至为庄严，与西方早期传说与艺术大异其趣。

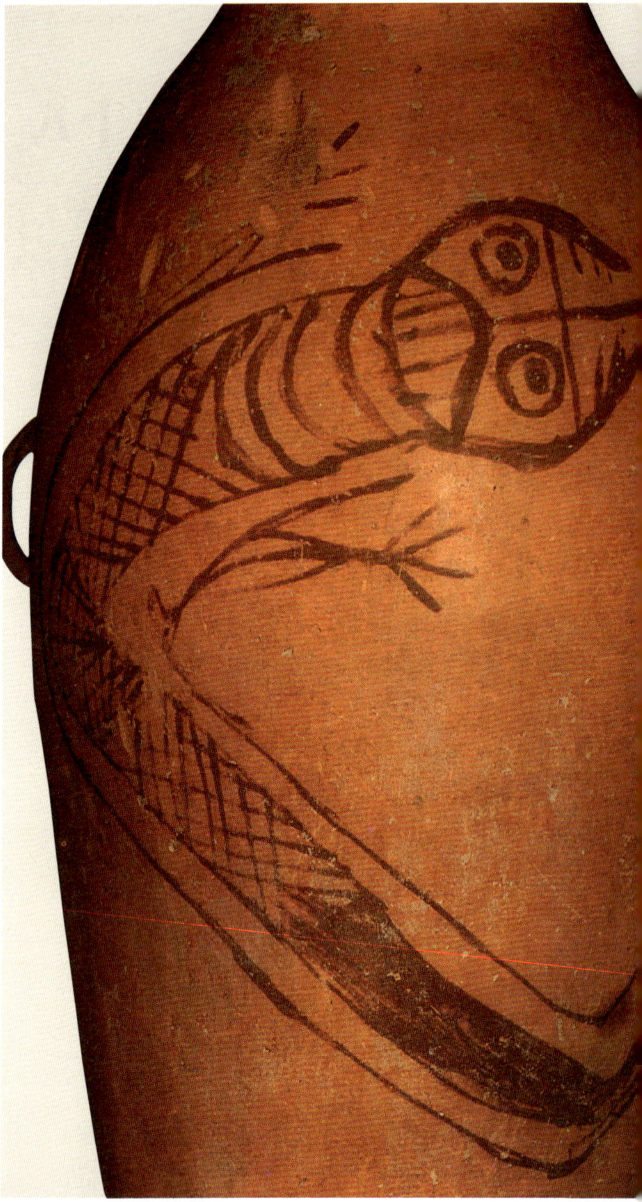

Monday Feb 19 2018
公历二〇一八年 · 二月

雨水

星期一

农历戊戌年 · 正月初四
今日雨水 · 一候獭祭鱼

◎鲵鱼纹彩陶瓶

新石器时代　甘肃省博物馆藏

此瓶出土于甘肃省甘谷县西坪遗址，高38.4、口径7、底径12厘米，腹部用黑色颜料绘一人首鲵鱼图像。鲵鱼是稀有的大型两栖动物，四肢短小，尾大而扁，身上有斑纹，因「声如小儿啼」，俗称「娃娃鱼」，主要分布于黄河以南的广大地区，但甘肃仅见于天水、武都两地，此瓶正好在这一范围内被发现。纹饰将鲵鱼作了拟人化处理：脸部器官用圆、十字、横线描绘，人首的头发与鱼的尾须自然相连，构图简单明了，线条奔放潇洒，属庙底沟类型文化。有人认为，天水一带是中华民族人文始祖伏羲的故里，双耳鲵鱼纹图像已具伏羲雏形。另有人认为，此图为华夏民族最早的龙。1996年9月，国家文物局将其定为国宝，现为甘肃省博物馆镇馆之宝。

过精心设计的，完整而有序，人物轮廓简朴轻巧，呈现出一组古代原始群舞的优美画面。这幅画面至关珍贵，证明了中国原始舞蹈的萌芽和形成起源自5000年前，远溯至人类发展的洪荒时期。这幅画面，是中国绘画的早期记录，同时是中国舞蹈的早期记录。

Tuesday Feb 20 2018
公历二〇一八年·二月

二十

星期二

农历戊戌年·正月初五
今日世界社会公正日

◎ 舞蹈纹彩陶盆

新石器时代　青海省大通县上孙寨出土

此盆1973年出土，属马家窑文化典型器，是迄今所知最古老的原始舞蹈图像，距今五千余年。陶盆为一浅口盆，沿口通圈纹饰，盆外周圈三条线形纹饰，陶盆内壁上有三组舞者，每组五人，手挽手列队舞蹈，两侧各有八道竖线纹饰，舞蹈人物下面由四道粗细不等的横线纹饰。以舞蹈人物为中心的画面是经

Wednesday Feb 21 2018
公历二〇一八年·二月

二十一

星期三

农历戊戌年·正月初六
今日国际母语日

◎宗日舞蹈纹盆

新石器时代　青海省同德县宗日遗址157号墓出土

此盆1995年出土，高12.5、口径22.8、底径9.9厘米，卷唇、鼓腹、平底，细泥红陶，内外黑彩。沿口和外壁均有纹饰，内壁上部绘有两组舞蹈人像，分别为11人和13人。头饰较宽大，下着裙装，匀称齐整，手拉手集体起舞。两组人像间以折线、斜线、圆点纹相隔，人物下面以四条线纹托住，整个画面流畅完满，极富艺术感染力。这件彩陶与青海大通县上孙家寨出土的舞蹈纹彩陶盆共同见证了中国原始舞蹈的光辉起源，也共同成为中国人物画的报晓之啼，它们已不再是岩画那样的粗朴率性的轮廓刻画和粗犷平涂，而已走向精心设计、疏密有度、主次分明的主观意识强烈的创作道路。

女娲及后羿射日的神话故事。箱盖中央及两侧，绘十三朵形如蘑菇的云纹。左侧上下两边各绘主干挺拔、枝叶对生的扶桑树和桂树。扶桑稍高，树上栖息着一对相向的金乌，枝端生长着十一个小太阳；桂树稍矮，树上栖息着一对相向的玉兔，枝端生长着九个月亮。后羿立于树下，挎刀引箭，两树间分别有一只金乌或玉兔中箭下坠。这正是中国古代后羿射日神话的描绘。盖顶的一端朱绘两条反向相缠绕的蛇，每条蛇有两个人面的头，并有五爪状尾，此似为早期的伏羲、女娲像。曾国为楚国附属国，两地习俗相连，楚地尚巫，文学艺术上具有奇异神妙的想象力，曾侯乙墓各种漆画，可与屈原瑰丽特异的诗歌共同展现楚文化的灿烂。

Thursday Feb 22 2018
公历二〇一八年·二月

二十二

星期四

农历戊戌年·正月初七
二日上元节·五日惊蛰

◎曾侯乙墓漆衣箱

战国 湖北随县擂鼓墩出土

曾侯乙墓出土漆衣箱共五件，此箱呈长方形，盖作圆拱隆起，长71、宽50、高38.5厘米。箱内髹红漆或黑漆；箱外以黑漆为地，用朱漆描绘花纹。五件衣箱的顶部及旁边的朱漆图案均不相同，有两件图案可明显看出与天文及天上的神话传说有关，其中一件在箱盖中绘北斗，两旁绘青龙、白虎，环绕着北斗，按顺时针方向注有二十八宿名称。由此可见，中国早在战国初期就已经有了二十八宿的观念，并且与青龙、白虎及北斗联系在一起，成为早期天文诠释。另外一件在箱盖上阴刻着「紫锦之衣」四字，并绘有扶桑、桂树、太阳、月亮、金乌、玉兔、伏羲、

Friday Feb 23 2018
公历二〇一八年 · 二月

二十三

星期五

农历戊戌年 · 正月初八
二日上元节 · 五日惊蛰
今日八九第一天

◎彩绘乐舞鸳鸯形盒漆画（一）

战国 湖北省博物馆藏

早在7000多年前的新石器时代，我国就已出现了油漆技术的萌芽，4000多年前的夏代开始出现漆器；至商代，我国已能制造精美的漆器艺术品。在这一过程中，中国古人发明了木胎、皮胎和夹胎（麻布胎）的漆器，并在漆器上进行绘画，成为寄身于漆器上的中国早期绘画作品。1978年，湖北随州市曾侯乙墓出土了一件彩绘乐舞图鸳鸯漆盒，此盒形制非常精巧，造型为一只立雕的鸳鸯，显著位置绘有图案，中为一舞蹈人物，双臂上举，作翩翩起舞状，旁有建鼓，应为伴奏之用。

图」，左侧绘击撞钟场面，右侧绘舞蹈、击鼓场面，景象完美，情调浪漫。此前，岩画、陶画虽然也有场面展示，但大都比较简单，而像此盒这样，人物、器物通过动态组合而成为特殊场景的画面尚不多见。此画面亦为研究曾侯乙墓出土乐器的演奏方法提供了形象的资料。此盒制作不晚于公元前433年，距今已有2400多年，是战国漆器中的代表作。

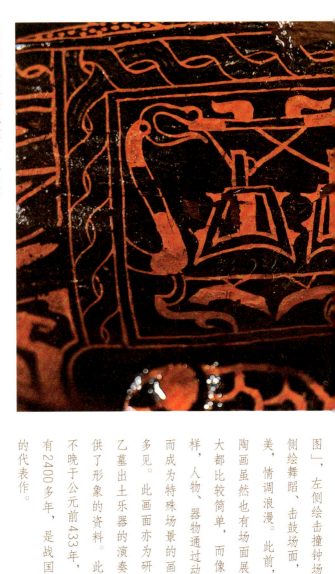

Saturday Feb 24 2018
公历二〇一八年 · 二月

二十四

星期六

农历戊戌年 · 正月初九
今日二候候雁北

◎ 彩绘乐舞鸳鸯形盒漆画（二）

战国 湖北省博物馆藏

此盒尤其值得重视的是漆盒腹部左侧绘有一幅「钟磬作乐

铜环钮以利启合。通体髹漆。内壁红漆，外壁先抹漆灰泥，打磨光滑后，再髹黑漆和红漆各一层，以红漆为地，用黑、金黄色相间地绘饰各种形态的龙、蛇、鸟、兽、神等图像共900多个，而龙占半数以上。足档中部绘一「田」字形窗口，两侧板各绘一堵格子式门。绕窗为各种动物，守门者为执戟神兽。此棺纹饰富丽，色彩鲜艳。

Sunday Feb 25 2018
公历二〇一八年 · 二月

二十五

星期日

农历戊戌年 · 正月初十
二日上元节 · 五日惊蛰

◎ **曾侯乙墓彩绘漆棺**

战国　湖北省博物馆藏

曾侯乙之内棺，棺长250、宽125～127、高132厘米，1978年夏出土于湖北省随县（今随州市）擂鼓墩。曾侯乙墓漆棺分内外两层，外棺表面只有彩色的图案，内棺外壁除繁缛的图案纹饰外，还有漆画。内棺是用大型梓木板榫接而成，棺口四角各用铅锡爪钉加固，作子母口扣合。棺两端各装两个

Monday Feb 26 2018
公历二〇一八年 · 二月

二十六

星期一

农历戊戌年 · 正月十一
二日上元节 · 五日惊蛰

◎ 曾侯乙墓彩绘漆棺（局部）

战国　湖北省博物馆藏

曾侯乙墓彩绘漆棺在户牖纹两旁各画八个怪物，兽面人身，手执双戈，两壁屈举，状若起舞。其中处于上层的四个，大头小身，头戴似熊头的四目假面具，脚踏火焰；处于下层的四个，头上有角，两腮有长须，颇似羊首，双腿染黑，胸饰交叉网结纹，耳饰云纹。下层四个羊首怪物是由百隶装扮的神兽，这组形象是一种驱鬼逐疫、祈求祥瑞的仪式。此外有两个羽人，人面鸟身，手执双戈，似在引导和护卫死者升天。内棺绘四只鸾凤，鸡头蛇颈鱼尾，展翅张爪，并有朱雀和白虎。在当时人们心中，朱雀、白虎也是护卫升天的神物。此外，还有其他神怪形象，并以各种纹样装饰，至为繁复，令人叹为观止。

Tuesday Feb 27 2018
公历二〇一八年 · 二月

二十七

星期二

农历戊戌年 · 正月十二
二日上元节 · 五日惊蛰

◎ **砖刻神人骑凤**

战国　陕西咸阳出土

此砖于1974年至1975年间在陕西咸阳秦都一号宫殿建筑台榭遗址出土，图在空心砖残片上，已不完整。上有一神人，正面戴山形帽，左耳似挂一曲体青蛇，左臂屈肘上举，手如鸟爪，两趾。神人左方有一凤，张口含珠，凤冠后伸，仅存头颈，其下与神人连接处有一环璧，已残缺。图中凤鸟刻画极为考究，线条流畅优美，具有极强的艺术感染力，是我国古代建筑构件中运用刻画手段的精品。

Wednesday Feb 28 2018
公历二〇一八年 · 二月

二十八

星期三

农历戊戌年 · 正月十三
二日上元节 · 五日惊蛰

◎木蓖彩绘角抵图

战国　湖北省江陵县博物馆藏

这一文物为木质彩绘，纵7、横6厘米，1975年于湖北江陵凤凰山秦墓中出土。木蓖为妇女梳头用具，正、背面上方均漆绘以人物图像，施以红、黄等色彩，但多已脱落，线条尚清晰可见，为我国早期罕见的绘画遗存。画面上三名男子身着短裤，腰间束带，似为专门服装，左边两个正在手搏，旁边另一人双手前伸，似在执行裁判。台上挂有帷幕飘带，象征是在专门场所进行。画面搏斗场景栩栩如生，人物动作姿态有异，十分传神。这一绘画说明当时手搏已经具有体育竞技和娱乐因素，成为中国体育史和娱乐史的重要文物依据。战国时期，连年战事，作战方式已由战车变为步兵作战，面对面近身相搏成为战斗常态，民间也流行尚武精神，促进了徒手搏击的发展。

國寶 2018

三月

——

天人际会

March

内，他们还发现了一块样貌奇特的「手帕」。盗墓者将这些宝物搜刮一空后，卖给了长沙浏阳门外一个古玩店，而那块貌似不值钱的「手帕」作为赠品白送给了古玩店老板。但就是这件白送出去的「赠品」，竟是世界上现存年代最早的帛书。

Thursday Mar 1 2018
公历二〇一八年·三月

一日

星期四

农历戊戌年·正月十四
今日三候草木萌动

◎ 长沙子弹库楚帛书

战国 美国纽约大都会博物馆藏

1942年，盗墓贼「长沙帮」（别号「土夫子」）盗掘了长沙城东南郊的子弹库楚墓，此地荒草丛生，但未料这里出土了中国最早的帛书——战国时期楚国《长沙子弹库楚帛书》，并最终落到美国人手中。当时，墓内的随葬品保存非常完好，漆器光亮如新，青铜剑拔出漆剑鞘时，竟然闪着点点寒光。就在一个竹笥

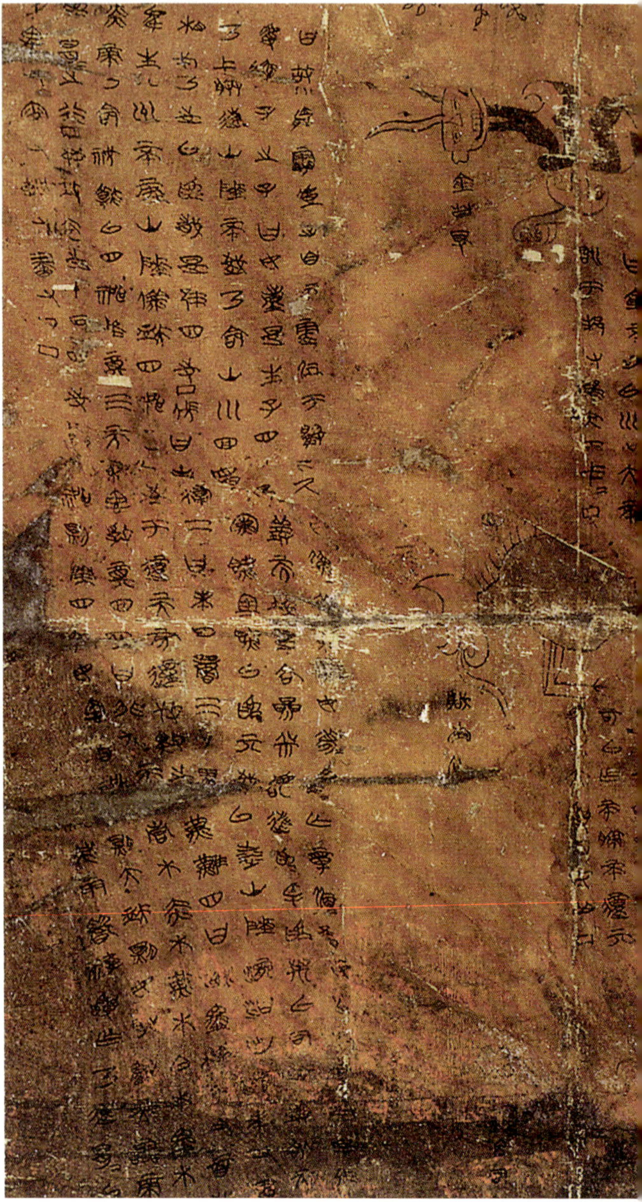

Friday Mar 2 2018

公历二〇一八年·三月

上元节

星期五

农历戊戌年·正月十五

今日上元节·五日惊蛰

◎长沙子弹库楚帛书（局部）

战国　美国纽约大都会博物馆藏

长沙子弹库帛书，有画有字，以字为主，周遭围拢着各种形象，十分神秘。画面中那些天神、地祇等鬼神形象，为中国古代历史、神话、绘画、书法等提供了极为珍贵的资料，堪称无价之宝。这件宝物出土后由一位中国收藏家保有，但却在1948年让一个美国军官骗走，寄往海外，再也无法追回。历史最为悠久的珍贵帛书实物就这样悄无声息地漂洋过海，被纽约大都会博物馆永久收藏，成为中国文物最令人痛心的无可弥补的损失。

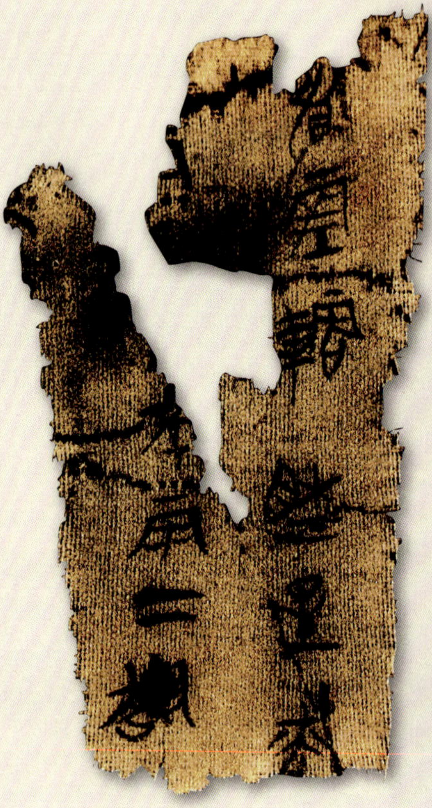

三日

星期六

农历戊戌年·正月十六
今日国际爱耳日

◎ 长沙子弹库楚帛书残片

战国　湖南省博物馆藏

长沙天心阁东南，原是一条东西走向的小山岗，子弹库就在山岗的识字岭与左家公山之间（现湖南省林业勘察设计院）。1942年，楚帛书在这里出土。楚帛书主体高38.5、宽46.2厘米，现藏美国，国内湖南省博物馆收藏有残片一件，原为著名考古学家及古文字学家商承祚收藏。20世纪90年代，其家属将其捐赠。残片最长处约4.6厘米，最宽处约1.7厘米，上有14个字。长沙子弹库楚帛书书写在丝织品上，字体是战国时期流行的楚文字，共900余字，分两大段，四周有12个图像，旁各附一段文字，四角为植物枝叶图像。它是目前出土文物中最早的古代帛书，也是一件千古奇绝的书法作品。这件帛书的书法尤具战国楚简牍特征，字体偏于扁形，笔画较为简练。战国时期楚文化历来充满想象色彩和巫文化特征，内容极为丰富，包括四时、天象、月忌、创世神话等，对研究战国楚文字以及当时的思想文化有重要价值。

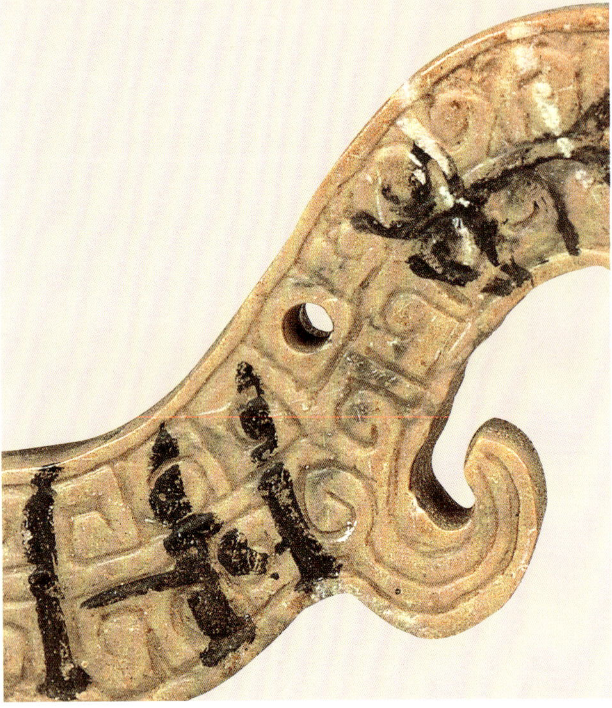

Sunday Mar 4 2018
公历二〇一八年 · 三月

四日

星期日

农历戊戌年 · 正月十七
明日惊蛰 · 八日妇女节
今日九九第一天

◎河北平山中山嚳王墨书玉器

战国

此墓葬于1977年发现，出土文物19000多件，其中有三项世界之最、四项中国之最，被国家文物局评为「中国20世纪100项考古发现」之一。出土大量青铜器，其中的中山王方壶、中山王鼎以及中山王圆壶合称「中山三器」，出土玉器则出人意外地存有毛笔书写的墨字。此件文物可以证明，墨书文字发端很远，应该是先有墨字，后有铜器铭文和石鼓文。

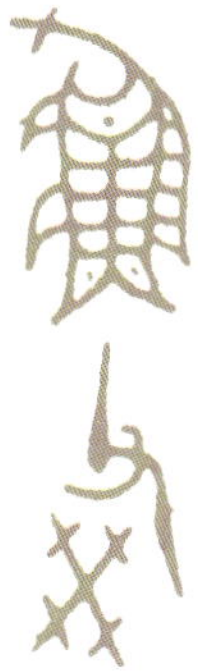

Monday Mar 5 2018
公历二〇一八年·三月

惊蛰

星期一

农历戊戌年·正月十八
今日惊蛰·一候桃始华

◎ **鱼父癸方鼎** 清 中国文化遗产研究院藏

铜器铭文是铸刻在青铜器上的文字，又称「钟鼎文」「金文」。《左传》记载夏代已有铸鼎，但出现文字的青铜器主要发现于殷墟，属于商代中晚期。这尊方鼎上的三个字非常漂亮，「鱼」字有细腻真切的象形感，甚至超过甲骨文和简牍文，它具有图腾意义，可能是铜鼎拥有者的族徽。「父」字在后代被误解最深，它是一只持物的手，然而所持不是劳动工具，而是男性生殖器。面对古文字，我们不能以今天的价值观去解析，古人的生殖崇拜在历史上延续了很长时间，这在早期岩画中也有大量体现。早期，「父」指所有男性，所以人名多用此字，如「造父」。「癸」的本义是冬天，其字像四方之水流向地中，意为冬季水枯。癸为天干之一，按五行说，壬癸在北，水位，属冬。

◎ **毛公鼎** 西周 台北故宫博物院藏

毛公鼎为西周宣王时期（前827～前782年）的青铜重器，因作器者毛公得名。鼎高53.8、口径47.9厘米，重34.5公斤。大口圆腹，二立耳，三蹄足，造型浑厚凝重，饰纹简洁古朴。鼎腹内铸有铭文32行499字，是现存青铜器铭文中最长的一篇，铭文内容记载周宣王为中兴周室，革除积弊，策命重臣毛公忠心辅佐王室，以免遭丧国之祸。宣王赋予毛公具有宣示王命的专权，并特别申明凡未经毛公同意的王命，毛公可预告臣下不予奉行。宣王又册封土地，厚赐毛公大量礼器、命服、车马、兵器等用于岁祭和征伐；并告诫勉励毛公尽忠竭力辅佐王室。毛公鼎铭文书法端庄雅训，结字略长，文字之间腾挪有致，灵活飞动，成为周代篆文典范。清末鉴赏家李瑞清题跋论道：「毛公鼎为周庙堂文字，其文则尚书也，学书不学毛公鼎，犹儒生不读尚书也。」

Tuesday Mar 6 2018

公历二〇一八年·三月

六日

星期二

农历戊戌年·正月十九

八日妇女节·十八龙抬头

府，收藏于中央博物馆。1948年，毛公鼎随大量珍贵文物南迁至台北。鼎有铭文32行499字，乃现存最长的铭文，是完整的册命，共五段，是研究西周晚年政治史的重要史料。毛公鼎被视为金文中的经典名作和书法艺术瑰宝。其书法生动多姿，表现出高超的形式美感，成为书法爱好者摩习的规范。

七日

星期三

农历戊戌年·正月二十
明日妇女节·十八龙抬头

◎ **毛公鼎铭**

清 中国文化遗产研究院藏

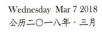

毛公鼎于清道光末年在陕西省宝鸡市岐山县周原出土，后落入一西安古董商之手，又经金石学家陈介祺、两江总督端方到了收藏家叶恭绰手中。1937年抗日战争爆发，叶氏于1941年密携毛公鼎逃往香港。不久，香港沦陷，叶家又将其辗转运回上海，典押给银行，后由巨贾陈永仁出资赎出。1946年，陈永仁将毛公鼎捐献给政

Thursday Mar 8 2018

公历二〇一八年·三月

八日

星期四

农历戊戌年·正月廿一

今日妇女节·十八龙抬头

◎ **大盂鼎** 西周 中国国家博物馆藏

1849年出土于陕西宝鸡眉县，因作器者为康王大臣盂而得名，现与之同出的小盂鼎已佚。出土后，历经左宗棠、潘祖荫等多人收藏。1937年日军侵华，潘家后人将宝物入藏地下。1951年，潘家将其捐献给国家。上有铭文19行291字，内容记载周康王对贵族盂的训诰和赏赐财富的命令。此鼎是迄今为止出土的西周时代形制最大的青铜器。金文笔画要比契刻在兽骨上的甲骨文粗壮，字形结构讲究，象形意味比甲骨文少，符号性强，行款整齐清楚，富于装饰性。

Friday Mar 9 2018
公历二〇一八年·三月

九日

星期五

农历戊戌年·正月廿二
十八龙抬头·廿一春分

◎ 大盂鼎铭

大盂鼎高101.9、口径77.8厘米，重153.5千克，三足，主体以云雷纹为地，颈部饰带状饕餮纹，足上部饰浮雕式饕餮纹，下部饰两周凸弦纹，为西周早期大中型鼎典型式样，雄伟凝重。铭文反映了当时社会状况，具有极高的史料价值。金文大都是刻范铸造，笔画衔接交汇之处往往有所扩张，于是形成铜器铭文特有的风范。大盂鼎铭文雄浑庄重，大气磅礴，与其鼎之壮伟相得益彰，具有很高的审美价值，成为西周前期金文书法典范。后世书法界历来重视大盂鼎铭文，学书者争相追摩，视为大篆范本。

Saturday Mar 10 2018
公历二〇一八年 · 三月

十日

星期六

农历戊戌年 · 正月廿三
今日二候鸧鹒鸣

◎ **大克鼎**　西周　上海博物馆藏

大克鼎，是西周孝王时期一名叫克的贵族为祭祀祖父而铸造的青铜器。清光绪十六年（1890年）出土于陕西扶风（今扶风县任村）一处窖藏。窖藏中一同出土的还有一套七件小克鼎，一套六枚编钟（克钟），另有盨两件，镈一件。大克鼎高93.1、口径75.6厘米，重201.5千克，通体造型沉稳，纹饰由三组对称的变体夔纹和宽阔的窃曲纹组成，相接处有突出的棱脊，显得富贵美观，为先秦青铜器中的上品。尤其是底部兽蹄形三足，壮伟大方。鼎腹内壁铸有铭文两段，共28行，计290字，主要记录克依凭先祖功绩，受到周王的册命和赏赐大量土地、奴隶的内容。大克鼎铭文在钟鼎文中也是上品，结体平正，雍容华贵，是学习金文的上等范本。

保存无恙，今举以捐献政府，公诸人民，其爱护民族文化遗产及发扬新爱国主义之精神，至堪嘉尚，特予褒扬，此状。」1952年，上海博物馆开馆，大克鼎、大盂鼎同馆展出，使公众同时欣赏到闻名半个多世纪的国之重器。1959年，中国历史博物馆开馆，大盂鼎等125件珍贵文物应征北上，大克鼎留藏上海博物馆。

Sunday Mar 11 2018
公历二〇一八年·三月

十一

星期日

农历戊戌年·正月廿四
十八龙抬头·廿一春分

◎ 大克鼎铭

大克鼎出土后，首先被天津人柯劭忞买下，大收藏家潘祖荫又用重金从柯氏手里购得。从此大盂鼎、大克鼎这两件西周最大的青铜器齐聚潘府。这之后，大克鼎经历了与大盂鼎同样惊险曲折的历程。1951年7月，移居上海的潘氏后人潘达于向政府致信：「窃念盂、克二大鼎为具有全国性之重要文物，亟宜贮藏得所，克保永久。诚愿将两大鼎呈献……」上海市文物管理委员会以隆重的授奖典礼表彰潘氏捐献之举，华东军政委员会文化部文物处处长唐弢主持，华东军政委员会文化部部长陈望道致辞，颁发了文化部长沈雁冰署名的褒奖状：「潘达于先生家藏周代盂鼎、克鼎，为祖国历史名器，六十年来迭经兵火，

订契约，详载核定土田经界及盟誓经过，为研讨西周土地准则的首要史料。散氏盘与毛公鼎、虢季子白盘并称为西周三大青铜器，加上大盂鼎并称为晚清四大国宝，均以长篇铭文和精美书法著称于世。散氏盘铭文厚朴奇古而又活泼灵动，实开「草篆」之先河，是铜器铭文中的上品，一直深得书法爱好者喜爱，奉为圭臬。

Monday Mar 12 2018

公历二〇一八年 · 三月

十二

星期一

农历戊戌年 · 正月廿五

今日植树节 · 十八龙抬头

◎ **散氏盘**

西周晚期　台北故宫博物院藏

周厉王时器，也称矢人盘、散氏鬲，乾隆年间出土于宝鸡凤翔县。因铭文中有「散氏」字样而得名。盘高20.6、口径54.6厘米。圆形，浅腹，双附耳，高圈足。腹饰夔纹，圈足饰兽面纹。通盘浇铸完美，图案精致，盘腹有铭文19行，满行19字，计357字，几乎铺满整个盘底。文字内容记叙矢人将大片土地移付于散氏时所

Tuesday Mar 13 2018
公历二〇一八年 · 三月

十三

星期二

农历戊戌年 · 正月廿六
十八龙抬头 · 廿一春分

◎ 散氏盘铭

散氏盘自清乾隆年间出土至嘉庆十五年一直在民间收藏。名士阮元曾翻铸此盘，并有铭文拓本传世。1810年冬，嘉庆皇帝颙琰50岁生日，两江总督阿林保购得此盘，献给嘉庆做寿礼。嘉庆皇帝并不爱好古玩，致使散氏盘入贡内府后，历经嘉庆、道光、咸丰、同治、光绪、宣统六朝而默默无闻，甚至无人知晓它收藏在什么地方。火烧圆明园事件时，风传散氏盘随园中物遗失，仅流传两只赝品。直到1924年，内务府核查养心殿陈设时才发现散氏盘藏在库房。同年，鹿钟麟胁迫溥仪出宫，紫禁城筹办故宫博物院，经时任故宫博物院院长马衡鉴定，故宫所藏散氏盘为真品。抗战期间，散氏盘随大量故宫文物南迁，后运抵台湾，安置于台北故宫博物院。

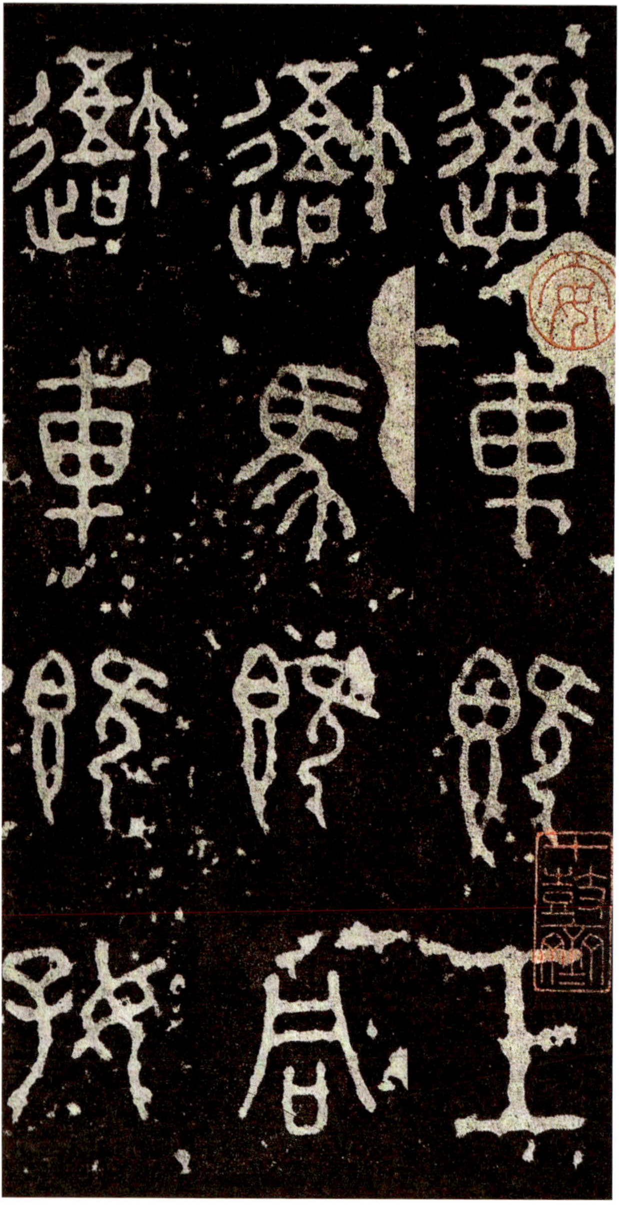

Wednesday Mar 14 2018
公历二〇一八年·三月

十四

星期三

农历戊戌年·正月廿七
十八龙抬头·廿一春分

◎ **石鼓文** 秦 故宫博物院藏

石鼓刻石一说为西周文物，一说为秦文物，但公认为秦刻石。文物外形似鼓，上有刻字。发现于唐初，共10枚，高约三尺，径约二尺，分别刻有大篆四言诗一首，共10首，计718字。石鼓刻石文字多残，北宋欧阳修录时存465字，明代范氏天一阁藏本仅462字，而今之「马荐」鼓已一字无存。石鼓文在文字学和书法史上占有极高地位，字体为大篆，是学习篆法的珍贵资料。2013年1月1日，《国家人文历史》杂志推出「秦石鼓文」是中国九大镇国之宝之一。

Thursday Mar 15 2018
公历二〇一八年·三月

十五

星期四

农历戊戌年·正月廿八
今日三候鹰化为鸠
世界消费者权益日

◎ 秦泰山刻石

刻石位于岱庙东御座内，是泰山石刻中最古作品。铭文为秦始皇功德铭和二世诏书，由丞相李斯篆书，原文222字，历经沧桑，现仅存10字「臣去疾臣请矣臣」七字完整，「斯眛死」三字残。国家一级文物，堪称稀世珍宝。此刻石原分为两部分：前半部系公元前219年秦始皇东巡泰山时所刻，共144字；后半部为秦二世胡亥即位第一年（前209年）刻制，共78字。刻石四面广狭不等，刻字22行，每行12字，共222字。两刻辞均为李斯所书。由于年代久远、风雨剥蚀及人为破坏等原因，此石残损严重，铭文也仅存二世诏书中的29字。秦泰山刻石的书体是秦统一后的标准字体小篆，由秦相李斯书写，对后世篆法影响很大。唐张怀瓘称颂为「画如铁石，字若飞动」「骨气丰匀，方圆妙绝」。

人日常用字为介于篆书和隶书之间的秦简牍书体，规范化却不如小篆。小篆书体成为中国书法史上全面继承金文笔法的成熟书体。小篆又称秦篆，是大篆的对称，小篆的出现，是汉字发展史上的一件大事，李斯对于小篆的整理和推广，功不可没。李斯所整理的小篆对汉字的规范化有重大意义。他成为中国书法史上第一个留下姓名的书法家，其字体势挺拔舒展，结构对称均匀，线质圆浑挺健，章法井然有序，极富美感，影响至今。传世为李斯书写的刻石作品有《泰山刻石》《琅琊刻石》《峄山刻石》等。

Friday Mar 16 2018
公历二〇一八年 · 三月

十六

星期五

农历戊戌年 · 正月廿九
十八龙抬头 · 廿一春分

◎ **李斯《峄山刻石》** 秦 山东省邹城市博物馆藏

刻石原立于邹县县衙大堂，民国初年移入孟庙致敬门内，1973年移入启圣殿内保存，现存于邹城市博物馆。李斯，字通古，生年不详，上蔡（今河南上蔡西南）人，初为秦国客卿，秦王政十年（前237年）下令驱逐六国客卿，李斯上《谏逐客书》阻止，为秦王政所采纳，后升任廷尉。秦统一天下后，李斯受重用，任丞相，参与制定法律，统一车轨、文字、度量衡制度。秦始皇死于出巡路上，他与赵高合谋，伪造遗诏，迫令始皇长子扶苏自杀，立少子胡亥为二世皇帝。后为赵高所诬，于秦二世二年（前208年）被腰斩于咸阳，并夷三族。公元前221年，李斯向秦始皇奏请「书同文字」，「罢六国不与秦文合者」，获准。秦重要文书、碑碣多由李斯书写，以小篆为官方标准用字。但秦

奇诡形象，便是夔和饕餮。我国最早的夔纹瓦当是出土于陕西扶风县陈村的西周瓦当，呈半圆形，上面饰有重环等纹饰，制作于西周晚期。夔是古代传说中的神异，牛头、一角、一足，横式则近似龙形，我国早期玉器、青铜器中常用为纹饰。饕餮是一种有头无身的想象中的猛兽形象。夔和饕餮形象在瓦当中的出现和变化发展，是从最早的玉器、青铜器推衍到瓦当的，这些在今人看来比较奇诡的形象从虚拟变为实相，直至成为具有深刻寄托的图腾意义的艺术形象。夔和饕餮是人对猛兽怀有恐惧、模仿心理状态的自然反映，后抽象为装饰性纹饰。

Saturday Mar 17 2018
公历二〇一八年 · 三月

十七

星期六

农历戊戌年 · 二月初一
明日龙抬头 · 廿一春分

◎ **夔纹瓦当**

西周 陕西扶风县陈村出土

《史记》记载：「桀为瓦室」夏桀时期华夏先民已经结束穴居状态，使立于土地上面的房屋成熟起来，并烧制用于屋顶的瓦，板瓦用于屋顶，筒瓦覆盖于两行板瓦之间，而瓦垄最前端的收束即为瓦当。我国现存最早瓦当为西周瓦当，出土于周原西周中晚期的宫殿建筑群遗址，素面无纹饰。但很快，纹饰瓦当出现了，像对待陶器一样，人们开始用朴素的方式美化自己手中的产物，并把身边习见的动植物形象再现于瓦当之上，而在各种具象之外，还有另外一类

Sunday Mar 18 2018
公历二〇一八年·三月

十八

星期日

农历戊戌年·二月初二
今日龙抬头·廿一春分

◎饕餮纹瓦当

战国 河北易县燕下都遗址出土

河北易县战国时代燕下都遗址曾出土有21片饕餮纹饰瓦当，同一遗址仅有4片为山字形纹饰瓦当，足见饕餮在当时已成瓦当纹饰的主流，是占据很久的瓦当纹饰「霸主」。饕餮是传说中一种凶猛擅吃的神兽，之所以成为早期瓦当的主流纹饰形象，与瓦当在建筑中的功用密不可分，那种「奇思百态」的凶猛形象，来源于青铜器和干盾，古人认为用以高悬屋檐，可以吓阻歹人，避免厄运。

Monday Mar 19 2018
公历二〇一八年 · 三月

十九

星期一

农历戊戌年 · 二月初三
廿一春分 · 卅一花朝节

◎ **山形纹瓦当**

战国 河北易县燕下都遗址出土

燕下都建于公元前4世纪的燕昭王时期，约战国中期，已有两千多年的历史。《史记·燕世家》记载，周武王灭商纣以后，封召公于燕，位于北京及河北中、北部。燕国的都城在「蓟」，称上都，在北京一带。到了战国时代，燕国为了应付南方各国，在河北易县建立了一军事重镇，称为「下都」。下都西依太行，南临易水，东部为河北平原，地势险要，居高临下，便于防守。燕下都城址呈长方形，东西长约8、南北宽达4公里，是战国都城中面积最大的一座。城址内除出土有铜器、铁器、陶器、石器等生产、生活用具外，还发现有许多兽首陶水管、筒瓦、板瓦等建筑构件。这件山形纹瓦当反映了战国中期瓦当图纹崇尚自然、期望如山坚固的愿望。

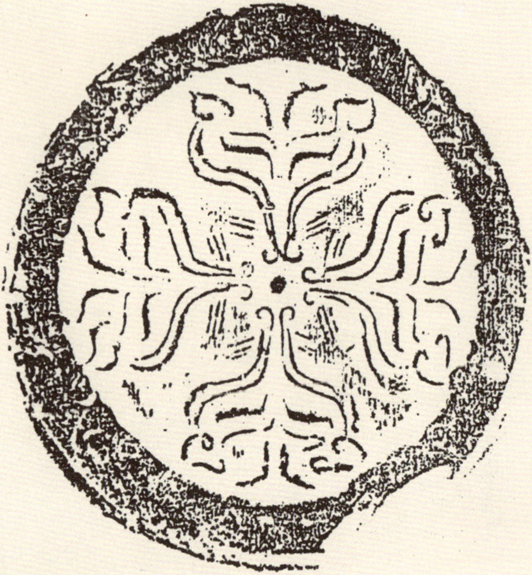

Tuesday Mar 20 2018
公历二〇一八年 · 三月

二十

星期二

农历戊戌年 · 二月初四
明日春分 · 卅一花朝节

◎ 狐面纹瓦当

战国　洛阳东周王城遗址出土

东周王城遗址位于河南省洛阳市，为东周时期的古城遗址，平面大体呈正方形，整个王城周长约15公里，有四面城垣和三个城角。城墙始建于春秋中期，战国至秦汉时曾多次修补。王城核心建筑物的宫殿群落位于城内的西南隅，多处大型建筑群基址被发现，还清理出东周时期烧制陶器的区域、粮窖80余座及5座大型战国墓葬等。城外还发现大型馆驿性质的建筑遗迹。另有大量珍贵文物出土。这件东周建筑遗物狐面瓦当制作极为精美，四只狐狸面孔全以线条构成，占据瓦面主体位置，将胡须设计为相互连缀的线条，既成为一种菱形图案，又增加了画面的整体感，非常高明。

Wednesday Mar 21 2018
公历二〇一八年·三月

春分

星期三

农历戊戌年·二月初五
今日春分·一候玄鸟至

◎ **动物瓦当**　战国　陕西凤翔出土

瓦当在中国传统建筑中不仅有防雨护屋的实际功能，它们还有美化生活的担当。瓦当身上所附着的文字、绘画、雕刻、文学、历史、审美、民俗、考古等文化含量非常丰富，构成一道别致精彩的中华文化风景线，绝非仅仅是一种建筑构件。饕餮纹饰出现之后，鸟雀、动物、花卉等自然图景和狩猎场面代之而起。古人已经从恐惧于大自然的种种不测而进入较为理性的精神境界。图中这几件出土于陕西凤翔的瓦当，各以其动人面貌凝聚了当时人们在狩猎、生活中的情景，对动物形象有非常准确地把握和再现。

之，亦苦民矣」。雍城时代，秦人政治上日趋成熟，军事上日益强大，经济上日渐发达，为建立中国历史上第一个统一的封建专制中央集权制王朝奠定了坚实的基础。秦国定都咸阳统一天下后，雍城仍是秦国的副中心，千古一帝秦始皇就是在雍城蕲年宫举行的加冕仪式。这件屋舍瓦当发现于雍城旧址，画面十分有趣，为一幅屋舍中的生活场景，再现了当时人们的居住状态。画面中，屋顶完整，顶上起脊，屋内有植物、水瓶和站立举手的人物。这类生活场景画面在后来的瓦当中很少出现，因此更加珍贵。

Thursday Mar 22 2018
公历二〇一八年 · 三月

二十二

星期四

农历戊戌年 · 二月初六
今日世界水日

◎ 屋舍瓦当　战国　陕西凤翔出土

周平王封护驾有功的秦襄公为诸侯，赐「岐以西之地」。秦德公（前677年）徙都雍城（今凤翔县城南），历经20位王公327年，秦国从弱到强，壮大崛起，雍城是秦人承前启后的重要里程碑。雍城总面积达51平方公里，宗庙、朝寝、市场、聚落、作坊、陵园、离宫别馆等建筑规整分布，成为春秋战国时期秦国政治、经济、军事和文化中心，是秦国沿用时间最长，规模最大、执政国君最多的一座都城。

西戎使者参观雍城时，被秦国壮丽的宫殿建筑所震撼，惊叹「使鬼为之，则劳神矣。使人为

Friday Mar 23 2018
公历二〇一八年 · 三月

二十三

星期五

农历戊戌年 · 二月初七
今日世界气象日

◎ 楚墓帛画《人物龙凤》

战国　长沙陈家大山楚墓出土

战国时期楚国帛画是迄今发现时代最早的以白色丝帛为材料的绘画。《人物龙凤》1949年出土于长沙陈家大山战国楚墓，图中帛画主体人物为一姿态优美妇女，两手前伸，合掌施礼，服饰线条简洁优美，细腰重髻，长裙曳地，具贵族气象，呈飘逸升遐状。人物头部上方有引颈长鸣的凤鸟，展翅腾飞，凤鸟对面有一夔龙举爪摆尾，左右对峙，上下翻飞，两相搏斗。这是一幅完美的中国古代人物画，画面布局主次分明，动态感十足，在中国绘画史上意义重大，它与长沙子弹库帛画《人物御龙》共同证明了中国古代人物画的出现与成熟早于山水画和花鸟画。

Saturday Mar 24 2018
公历二〇一八年·三月

二十四

星期六

农历戊戌年·二月初八
今日世界防治结核病日

◎ **子弹库楚墓帛画《人物御龙》**

战国　湖南长沙子弹库楚墓出土

《人物御龙》帛画是文物工作者于1973年重新清理20世纪40年代被盗的湖南长沙子弹库楚墓时出土，纵37.5、横28厘米。这是一次无比重要的意外收获。1973年，在熟悉该楚墓的人员引导下，考古人员对子弹库进行了科学的考古发掘，发现经过了30年时间，1942年盗掘时棺内栩栩如生的男尸，已经腐烂得只剩下一副骨架了。不过考古人员仍然发现了一幅棕色的长方形彩绘帛画，描绘的是墓主人乘龙升天的情景。这一幅帛画同1949年长沙陈家大山楚墓出土的《龙凤人物帛画》，时代大体相同，风格一致，是世界上现存最早的两张帛画。

Sunday Mar 25 2018
公历二〇一八年·三月

二十五

星期日

农历戊戌年·二月初九
卅一花朝节·四日寒食

◎ 子弹库楚墓帛画《人物御龙》（局部）

战国 湖南长沙子弹库楚墓出土

《人物御龙》画面正中绘一侧身执缰的男子，头戴高冠，身穿长袍，腰佩长剑，驾驭一条状似舟形的长龙。龙首高昂，龙尾上翘，龙身平伏供男子伫立，龙尾上部站着一只长颈仰天的鹤，龙首下部有一向左游动的鲤鱼，人物上方正中画一华盖。这幅帛画与《人物龙凤》同为中国美术史上迄今所见最早、最完整的绘画作品，到目前为止，中国出土的楚汉帛书、帛画数量寥寥，件件都是国宝。考古证明湖南长沙子弹库墓主为40岁左右男性，头骨与画中人物头部特征相似，一般认为这两幅帛画中的人物都是墓主肖像。他们分别被画成驾驭游龙和由龙凤导引飞翔升腾，意在表示死者灵魂不朽，升归天国。

Monday Mar 26 2018
公历二〇一八年 · 三月

二十六

星期一

农历戊戌年 · 二月初十
今日二候雷乃发声

◎ 宴乐射猎攻战纹壶

战国 故宫博物院藏

宴乐射猎攻战纹壶，侈口、斜肩、鼓腹、矮圈足，肩上有二兽首衔环耳，通高31.6、径10.9、最大腹径21.5厘米，重3.4公斤。这件铜壶是传世品，原出土地点不详。早年曾一度为德国人杨宁史所有，后收归国有。此壶花纹上的原有镶嵌物已失，由于曾经进行磨光打蜡处理，将镶嵌物残迹掩盖起来，已不可知是漆还是红铜了。此壶遍体嵌错花纹，从口至圈足分段分区布置。以双铺首环耳为中心，前后中线为界，分为两部分，形成完全对称的相同画面。自口下至圈足，被五条斜角云纹带划分为四区，除二环上饰斜三角云纹第四区为六片垂叶纹外，另三区均为比较活泼的以写实为特点的生活和战争题材图饰。

三十五，分为两组画面。左面一组为宴享乐舞的场面，七人在亭榭上敬酒，榭栏下有二圆鼎，二奴仆正从事炊事操作。右面一组为射猎的情景，鸟兽鱼鳖或飞或立或游，四人仰身用缯缴弋射，一人立于船上亦持弓作射状。这一区的画面虽分为两组，而相互间似有一定的联系，即出于同一主题，所表现的可能是天子、诸侯正在辟雍行大射礼。

◎ 宴乐射猎攻战纹壶（局部）

战国 故宫博物院藏

宴乐射猎攻战纹壶自上而下，颈部为第一区，共有十八人和二鸟兽，上下两层，左右分为两组，主要表现采桑，习射活动。采桑组二树十人和二鸟兽，树上、下共有采桑和运桑者五人，表现妇女在桑树上采摘桑叶，桑篮挂于树枝上，有的女子正在攀登，有的在树下相接。采桑者细腰长裙，为贵族妇人的服饰，似后妃所行蚕桑之礼。画中所有男子，束装，有的还戴佩剑。他们似在选取弓材，树前地面还陈设着猎获的禽兽。习射组四人在一建筑物下，前设箭靶。一人主射，一人从射，后有一人扶弓持箭，或为司射。前有一人跪坐檐下，相当于现今打靶时的报靶员。下层四人，似为列队待命习射的弟子。本组所描绘应是古时举行乡射礼时的场景。第二区位于壶的上腹部，全区有人物二十，鸟兽鱼鳖

Tuesday Mar 27 2018

公历二〇一八年 · 三月

二十七

星期二

农历戊戌年 · 二月十一

今日世界戏剧日

Wednesday Mar 28 2018
公历二〇一八年 · 三月

二十八

星期三

农历戊戌年 · 二月十二
卅一花朝节 · 四日寒食

◎ 宴乐射猎攻战纹壶《采桑图》 战国 故宫博物院藏

宴乐射猎攻战纹壶第三区为水陆攻战的场面。一组为陆上攻守城之战，横线上方与竖线左方为守城者，右下方沿云梯上行者为攻城者，短兵相接，战斗之激烈已达到白热化程度。另一组为两战船水战，两船上各立有旌旗和羽旗，阵线分明，双方都有蛙人潜入水中活动。画中战斗情景具体而微，刻画生动。作者以极其敏锐的观察力和丰富的想象力，准确地抓住每一个人瞬间的具有各自特征的动作，构成了一幅有血有肉的战争场面，完全脱离了商周以来传统的对称而呆板的图案风格。本区位于壶的下腹部，界面较宽，图中人物也最多。

鱼94只，虽略显庞杂，但内涵丰富，形象逼真，再现了古代社会的一些场景，这对研究2300年以前的社会习俗，生产、生活、战争以及建筑等，都有极为重要的价值。亦足以证明我国战国时代的绘画与装饰艺术已经达到相当高的水平，并对汉代画像石（砖）艺术及以后的绘画产生了积极的影响，所以它不仅是我国青铜器中的艺术珍品，在美术史上也应占有相应的位置。

Thursday Mar 29 2018
公历二〇一八年 · 三月

二十九

星期四

农历戊戌年 · 二月十三
卅一花朝节 · 四日寒食

◎ **宴乐射猎攻战纹壶《攻战图》**

战国　故宫博物院藏

宴乐射猎攻战纹壶第四区采用了垂叶纹装饰，这种纹饰出现于西周晚期而盛行于春秋以后，多饰于器物的下部，给人以敦厚而稳重的感觉。此器纹饰采用了生动活泼的画面与条带状几何形纹交错相间的布局，使动与静巧妙地结合，画面内容有条不紊，繁而不乱，形成了这种装饰的特征。全器纹饰中共有178人，鸟兽虫车。在秦代，安车又称辒辌车，曾作为秦始皇出巡乘舆。铜车马通体彩绘，所用的颜色以蓝、绿、白三色最多。八匹马通体白色，只有鼻孔、口腔等处施以粉红色。御官俑的面部和手上有两层彩绘，内层为粉红色，外层为白色，更加突出了人物肌肤的质感，头发为蓝黑色，长襦为天蓝色。车身上的彩绘，以白色打底绘以彩色纹样，色调素雅、清新。

Friday Mar 30 2018
公历二〇一八年·三月

三十

星期五

农历戊戌年·二月十四
明日花朝节·四日寒食

◎ **秦陵二号铜马车**

秦 秦始皇帝陵博物院藏

秦陵铜马车有两座，此为二号安车，通长317、通高106.2厘米，总重量1241千克。二号车辔绳末端有朱书「安车第一」四字，由此可认定其为古代安

Saturday Mar 31 2018
公历二〇一八年 · 三月

花朝节

星期六

农历戊戌年 · 二月十五
今日花朝节 · 三候始电

◎ 秦陵二号铜马车彩绘

秦 秦始皇帝陵博物院藏

彩绘的纹样有变相的夔龙夔凤纹、流云纹以及各种菱花纹和多种多样的几何纹。高车以菱形、方格形等几何纹样为主，间以各种云纹、旋涡纹，主要分布在车栏内侧、车轼表面和车伞下面。安车以夔龙夔凤纹为主，流云纹和几何纹成了边饰纹样，更突出了安车的帝王气势。铜车马大部分纹样是用彩色直接描绘，再用墨线或白线勾画边轮。也有一些纹样先勾画样稿，然后填色，最后用墨线勾画轮廓。车舆下层的图案采用堆绘法绘制，线条突起，有很强烈的立体感。彩绘不仅使铜车马更显华丽，同时也掩饰了铜车马在铸造时难以避免的沙眼、修补痕迹等缺陷，而且也延缓了青铜的氧化过程。在青铜器上彩绘这一艺术表现手法是秦代的创举，它突破了殷周时代在青铜器上铸纹和春秋战国时期金银错纹饰的局限，使青铜器上的纹样更加绚丽多彩。

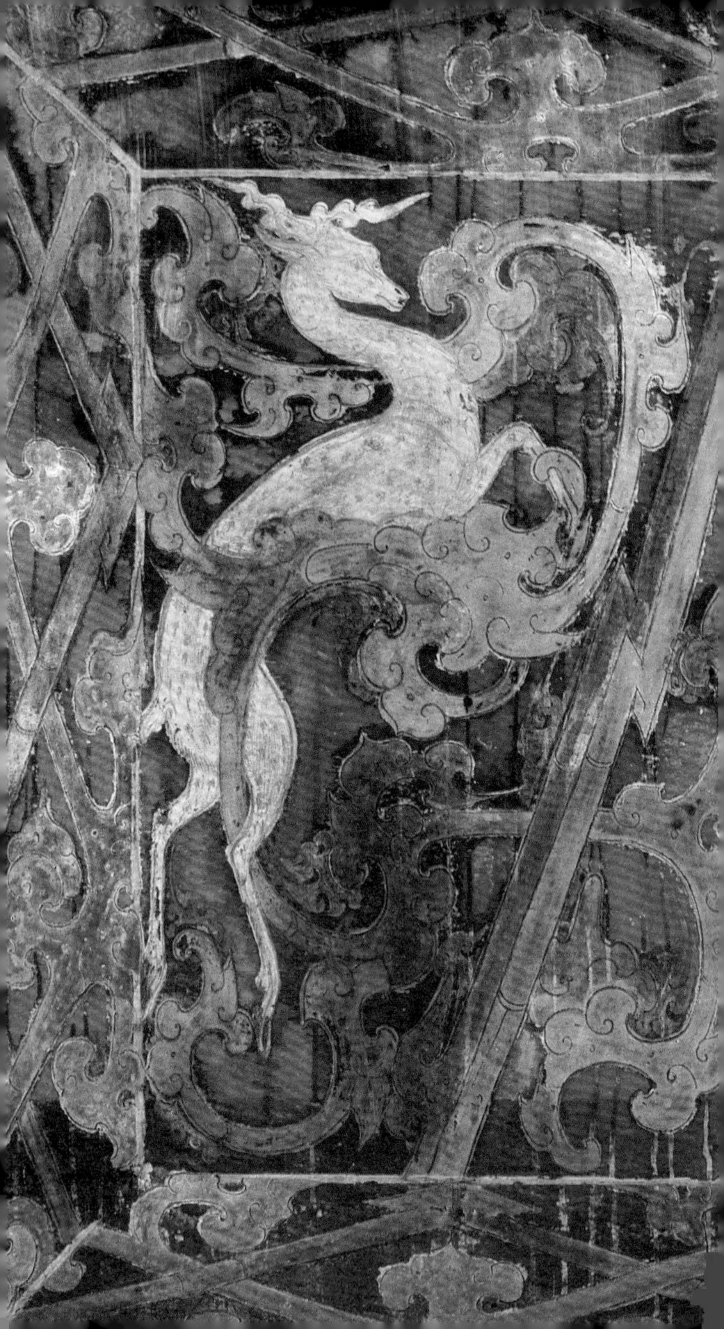

國寶2018

筆墨春秋 卷二

National Treasures 2018

Traditional Chinese Paintings and Calligraphy

汉魏高格

文物出版社

國寶 2018

四月

—

万里雄风

April

伟大腾飞时期，结束秦代暴政之后，迎来了国力走向强盛的时代。这枚「维汉三年大并天下」文字瓦当出自西汉初年。「汉三年」为公元前204年，刘邦在这一年击败赵国，俘获赵君，并成功地进行了与项羽之间的关键一役「成皋之战」，并取得胜利，为统一全国奠定了基础。这一瓦当上的文字，浓缩了这一年的战事，语气恢宏。在圆形瓦当上划分八格，铺满带有篆意的文字，规整而不失灵活。

Sunday Apr 1 2018
公历二〇一八年 · 四月

一日

星期日

农历戊戌年 · 二月十六
四日寒食 · 五日清明

◎ **维汉三年大并天下瓦当** 西汉

在古老的历史上，往日的驼队和军旅、皇宫和草屋都已化作历史烟云，但在沿途的黄沙泥土之下，瓦当却保存下来。即便是零星存在，也深含着过往时代的印记，成为历史的另一种证明。在有些地方，仅仅一枚瓦当，便可成为一座辉煌宫殿曾经存在的见证。没有那片看似灰蒙蒙的瓦当，一段历史就只能存在于史书的记载及人们的猜想中。汉代是华夏民族经济和文化的一次

人们的思想、情感、理想不但直接寄托于瓦当，而且开启了后世古典建筑中匾额、楹联、壁扆的出现，从而形成中国建筑独有的艺术特征，建筑中增添了书法、文学的因素，三位一体，拉近了人们与建筑的亲切感，人与建筑多了一层情感。文字瓦当对后世影响可谓超出想象。图中这枚「千秋万岁」瓦当，出土于号称「三秦要道、八省通衢」的陕西古城华阴，文字为含有鸟虫篆风格的篆书字体，将字与画结合起来，一派天真烂漫，具有很强的装饰性和祥瑞气象。

Monday Apr 2 2018
公历二〇一八年 · 四月

二日

星期一

农历戊戌年 · 二月十七
四日寒食 · 五日清明

◎ 千秋万岁瓦当

汉 陕西华阴出土

文字是瓦当最核心的部分，它为后人展示了两个重要的方面：字义和审美，藏在其后的则是古代伦理文化和审美趣味。由于存世先秦文献有限，瓦当文字成为甲骨、碑碣、简牍之外最宝贵的历史实证。中华民族文明史的追溯，瓦当功不可没。当文字出现在瓦当上面取代了以往的纹饰时，瓦当的历史便进入一个愈加灿烂辉煌的成熟阶段。文字瓦当增加了建筑的人文内涵，文字与建筑结合，使中国建筑更具有人文和艺术气息，

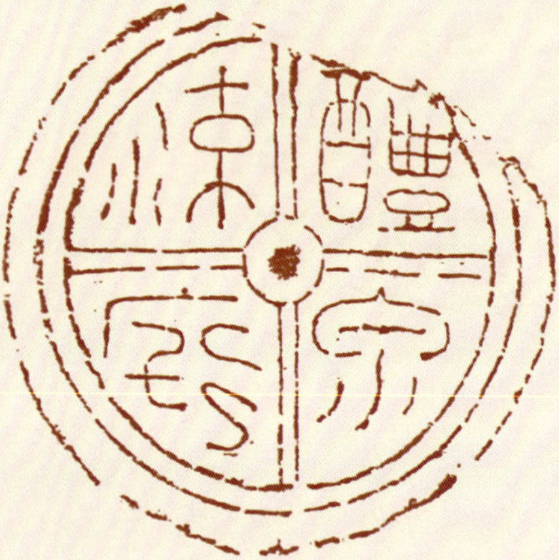

三日

星期二

农历戊戌年 · 二月十八
明日寒食 · 五日清明

◎醴泉流庭瓦当

西汉　陕西兴平茂陵出土

一枚或残或整的文字瓦当，其中所蕴含的历史、文化、风俗、美学等信息，往往都需要极其广博深厚的学识才可破解。在欣赏风格多样的瓦当文字的时候，还能够使人连带起对整个先秦两汉乃至后世的文化思考，可谓「瓦当串起一部历史」，有时却是改变某些既成看法。譬如「曲水流觞」的典故，人们马上想起的往往是晋代王羲之的故事，但如果看到「醴泉流庭」的瓦当，便会了解那样一种贵族生活情趣，很早就已开始存在了。这枚陕西兴平茂陵出土的瓦当，应为西汉时物，反映的是汉代贵族生活所追求的情趣。既然已经制成瓦当，足见已成为上层社会的一种时尚，那要大大早于王羲之「曲水流觞」了。

Wednesday Apr 4 2018
公历二〇一八年 · 四月

寒食

星期三

农历戊戌年 · 二月十九
今日寒食 · 明日清明

◎ **单于和亲瓦当**

西汉 内蒙古自治区召湾汉墓出土

1954年，内蒙古自治区包头市召湾汉墓出土了一枚「单于和亲」瓦当，属西汉时期遗物，四字，瓦当面有十字纹将每字隔开。《前汉书》：「单于者，广大之貌也，言其象天，单于然也。」汉初，屡有汉与匈奴和亲，史书均有记载，最著名的当属王昭君至匈奴为阏支。此枚瓦当虽不明到底是哪次和亲，但可以证明，当时匈奴极为重视民族和亲，所以制为瓦当，悬于殿檐。「单于和亲」瓦当可能用于单于寝殿。「单于和亲」每字结体方正，可视为带有隶味的篆书。

Thursday Apr 5 2018
公历二〇一八年 · 四月

清明

星期四

农历戊戌年 · 二月二十
今日清明 · 一候桐始华

◎ 吉语瓦当　西汉

我国建筑历来讲究营造祥瑞气氛，悬于屋檐的瓦当可谓表达主人情志的最佳选择，故瓦当中的大宗是吉语瓦当。「延寿」「吉祥」「长生」「长乐」等在汉代文字瓦当中最为常见，而且这些瓦当上的文字风格多样，可以从中发现从大篆、简牍到汉隶的发展演变历史。许多瓦当虽出于不知名的工匠之手，但文字自然洒脱，奇丽脱俗，对于书法篆刻热爱者，又是一份弥足珍贵的资料，从中可以得到极大启发。

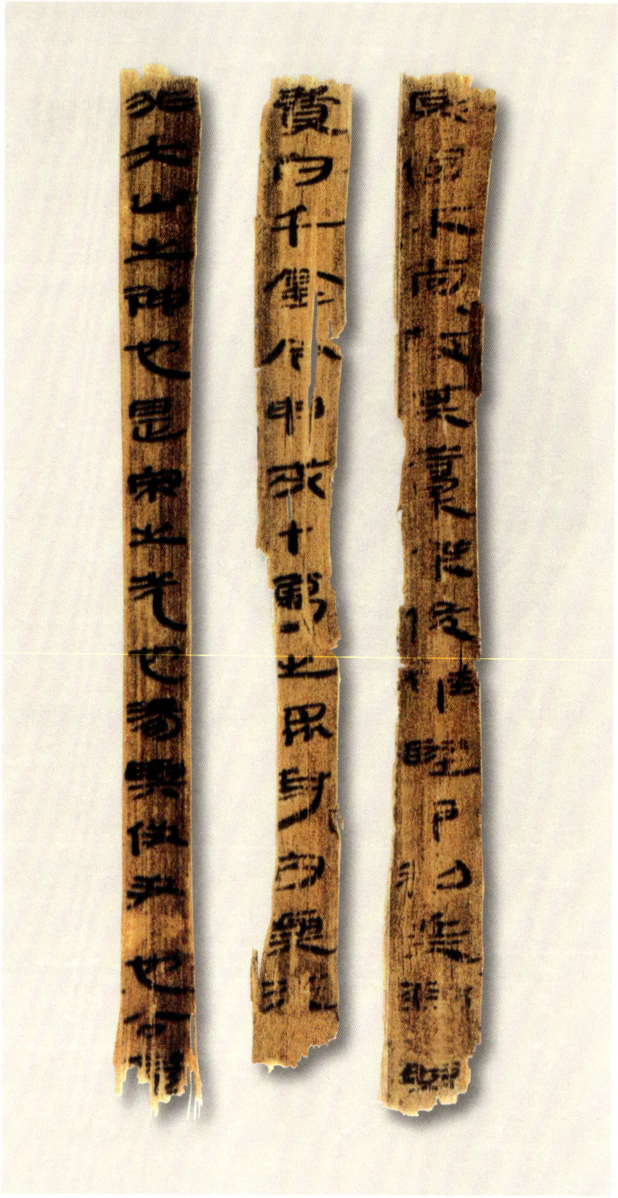

Friday Apr 6 2018
公历二〇一八年·四月

六日

星期五

农历戊戌年·二月廿一
十八上巳·廿日谷雨

◎ **银雀山汉简（一）** 西汉 山东临沂出土

1972年，在山东临沂银雀山的两座汉墓中，出土了大量汉简，这批简制成于公元前140～前120年（西汉文景至武帝初期），共计有完整简、残简4942枚及数千残片。内容包括《孙子兵法》《孙膑兵法》《六韬》《尉缭子》《晏子》《守法守令十三篇》《元光元年历谱》等先秦古籍及古佚书，1号墓出土竹简主要为兵法著作。这些竹简均为西汉时手书，是较早的写本，对研究中国历史、哲学、军事、历法、古文字学、简册制度和书法艺术等，都提供了可贵的资料。《孙子兵法》与《孙膑兵法》的同时出土，更是中国文化史上的盛事，证实了《史记·孙武吴起列传》有关孙武仕吴、孙膑仕齐，各有兵法传世的记载，使历史上长期存在的疑问得到解决。

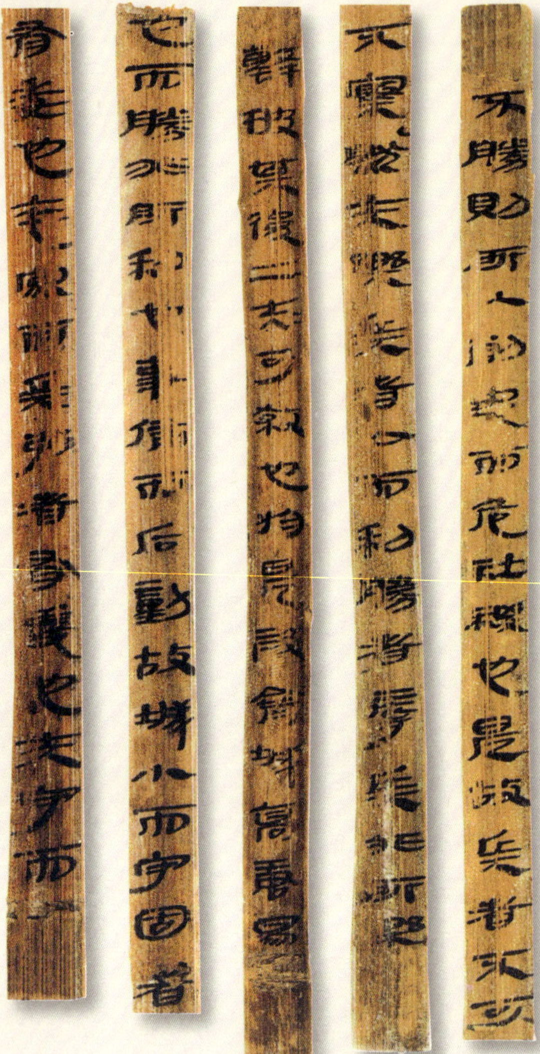

Saturday Apr 7 2018
公历二〇一八年·四月

七日

星期六

农历戊戌年·二月廿二
今日世界卫生日

◎ **银雀山汉简（二）** 西汉 山东临沂出土

银雀山1号墓出土的《六韬》《尉缭子》《晏子》等书，自唐宋以来就被疑为后人假托的伪书。此次发掘证实了以上书籍在西汉前期已经传世，并非后人假托。二号墓出土竹简32枚，为《汉武帝元光元年历谱》，以十月为岁首，是迄至20世纪发现的中国最早、也是最完整的古代历谱。所记的晦朔干支，订正了自宋代《通鉴目录》以来有关诸书的错误。银雀山汉墓竹简中竟无一儒家经典，道家和兵法类文献则占有相当大比重，余者为杂书，甚至包括《相狗经》。这一现象可为汉代崇尚黄老之学的又一佐证，十分耐人寻味，亦有学者认为当时离秦始皇焚书不远，儒学著作遭毁无存也是可能的。银雀山汉简与马王堆一号墓所出简帛书为同一系统，是书法史上的重要文献。

的重要典范，其内容分为檠、牍、牒、检、檄、札、册、符、传、柿及觚等。发掘出土的居延汉简纪年简最早者是汉武帝太初三年（前102年），最晚者是汉灵帝建宁二年（169年），时间跨度达270余年，内容十分广泛。这些珍贵的简牍，是研究西汉中期到东汉初年西北地区政治社会和历史文化的第一手资料，也是研究汉代历史的珍贵文献资料，具有极高的学术价值。

八日

星期日

农历戊戌年·二月廿三
十八上巳·廿日谷雨

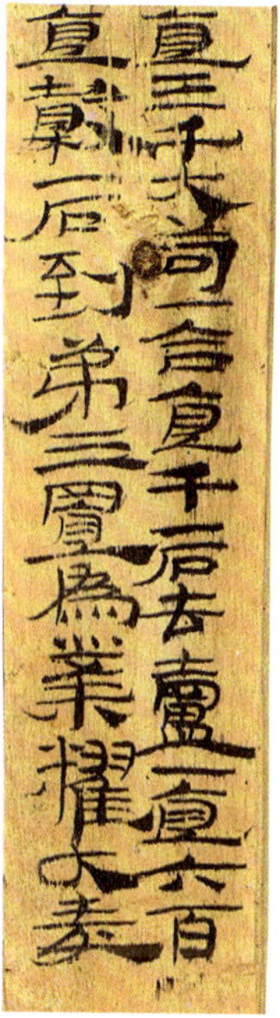

◎居延海汉简（一）

西汉 内蒙古自治区阿拉善盟出土

居延海位于内蒙古自治区阿拉善盟额济纳旗北部，额济纳河汇入其中。居延是匈奴语，汉代时称居延泽，是蒙古高原通往河西与西域的要道。居延汉简在20世纪30与70年代有两次重要发掘，70年代的发掘出土汉简2万余枚，数量相当于30年代出土汉简的两倍，尤其是发现簿册70多个。此后内蒙古考古所又获得汉简500余枚。居延汉简是我国简牍书法

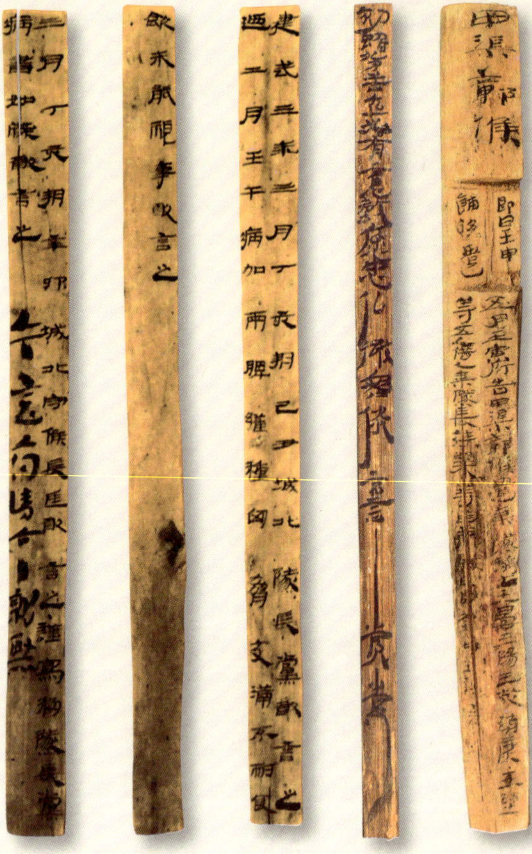

Monday Apr 9 2018
公历二〇一八年·四月

九日

星期一

农历戊戌年·二月廿四
十八上巳·廿日谷雨

◎居延海汉简（二）

西汉　内蒙古自治区阿拉善盟出土

居延海汉简是一个巨大的书法艺术宝库，被称为20世纪中国古代文明四大发现之一。《居延汉简》多为西汉时期守卫在居延边防一带的中下层官吏和士卒所写，在当时属于实用文书，因此不像篆书那样规整，而多随意性的即兴发挥。简牍书法是从篆到隶的过渡时期，既保留了篆书的某些圆弧笔画特征，又具有向隶书转变的平直、波捺趋向，形成一种特殊美感。另外书写者身份、文化水平极为庞杂，形成居延汉简丰富多彩的面貌。

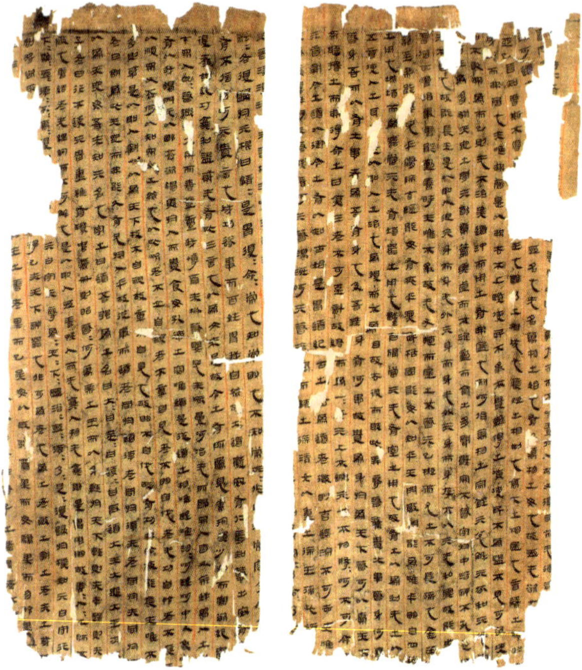

余万字。帛书书法分为以篆书为主和以隶书为主两大类，篆书写于汉高祖十一年（前196年），隶书抄写于汉文帝时期，并有一部分过渡书体，完整呈现中国书法从篆到隶的演进过程。这批帛书中的隶书稍含简牍韵味，严整而又优美，是汉字书法从简牍向隶书演变过程中的过渡书体，被当世书家称为「马王堆体」。

Tuesday Apr 10 2018

公历二〇一八年 · 四月

十日

星期二

农历戊戌年 · 二月廿五

今日二候田鼠化鴽

◎ 马王堆汉墓帛书

西汉　湖南长沙出土

马王堆汉墓是西汉初期长沙国丞相利苍及其家属的墓葬，1972～1974年，考古工作者在这里先后发掘了3座墓葬，墓葬随葬品十分丰富，共出土丝织品、帛书、帛画、漆器、陶器、竹简、印章、封泥、竹木器、农畜产品、中草药等遗物3000余件，包括自战国至西汉时期的天文、医学、养生、兵书、占卜以及《老子》《易经》等珍贵文献，有「百科全书」之称，共计20

聖人不達刑不襦傳因天時與之皆斷當
環受其殃國家有幸當者受殃國家無
黃帝問力黑唯余一人兼有天下滑民將生佞
揆之天下施之四海吾聞天下成法故曰不多一
懷下民以正一世之士夫是故讒民皆退賢人咸
守一一之解察於天地一之理施於四海何以知其
物之多皆閱一空夫非正人也孰能治此罷必
恆者天禁之爽事地禁之失令者君禁之三
剛不足以柔不足寺剛強而虎質者丘柔
天有恆日民自則之爽則損命環自服之天
國家不辱上下不當舉兵而栽之唯君之

Wednesday Apr 11 2018
公历二〇一八年 · 四月

十一

星期三

农历戊戌年 · 二月廿六
十八上巳 · 廿日谷雨

◎ **马王堆汉墓帛书（局部）**

西汉 湖南长沙出土

马王堆汉墓发现了大批帛书和两卷医简，均出自三号墓东边厢的长方形漆盒中。帛书大部分写在宽48厘米的整幅帛上，折叠成长方形；少部分书写在宽24厘米的半幅帛上，用木条将其卷起。出土时都已严重破损，经整理，知共有28件。其中除《周易》和《老子》二书有今本传世外，绝大多数是古佚书，此外还有两幅古地图（和今相似）。这是中国考古学古代典籍资料的一次重大发现。《周易》《老子》虽然有今本传世，但马王堆出土的古本内容与今传世本有不少差异。以前受疑古思潮影响，有人认为很多先秦的书是汉代以后的人作伪，马王堆帛书的出土，证明有些被认为作伪的书确实是先秦时代的著作。

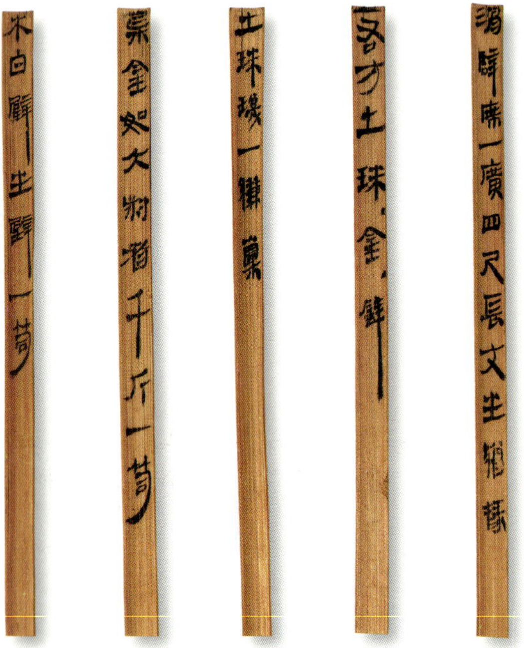

标明竹笥所盛之物品。

1973年12月至1974年初，马王堆三号汉墓中出土了大量简册与帛书，其中竹木简和木牍共610枚，其中220枚简为四种古代医书：《十问》《天下至道谈》《合阴阳》《杂禁方》，前三为竹简，后一为木简。这四种书均与房中术和养生有关。马王堆简牍书法端庄大方，结构较为严谨，有些竖画拉长，稍有夸张，但总体上平直笔画较多，已经非常靠近隶书。

Thursday Apr 12 2018
公历二〇一八年 · 四月

十二

星期四

农历戊戌年 · 二月廿七
今日国际载人航天日

◎ **马王堆汉墓简牍**

西汉　湖南长沙出土

1972年，湖南长沙马王堆一号汉墓出土竹简312枚，木楬49枚。竹简出土于东边厢北端，以墨书隶体书写，内容为记录随葬物品的遣策。这是至今所知简数最多的一部遣策。所谓遣策，是古人在丧葬活动中记录随葬物品的清单。这些遣策为研究汉初的经济史、生活史提供了珍贵资料。木楬分别出土于西边厢、南边厢和东边厢，原系于各个竹笥顶端，

陽何守長

貝丞苦

揚勝傳

臽畵夫兒

重四斤

立年六文

十二年

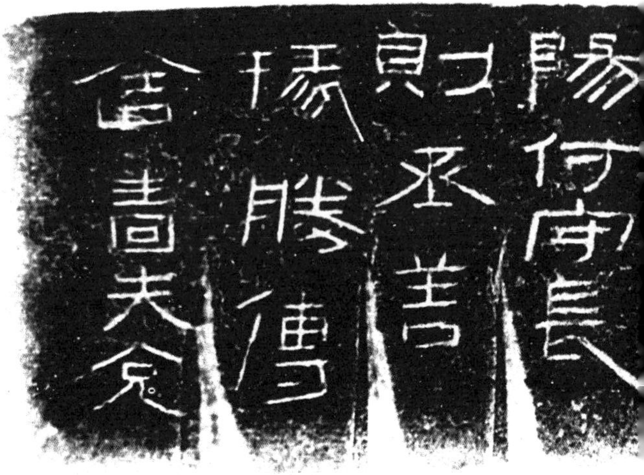

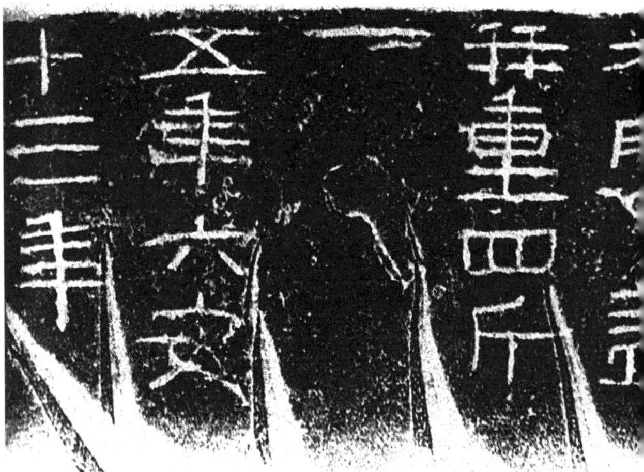

Friday Apr 13 2018

公历二〇一八年 · 四月

十三

星期五

农历戊戌年 · 二月廿八

十八上巳 · 廿日谷雨

◎ **阳泉使者舍熏炉铭** 西汉

这一铭文笔画平正，字形扁长，反映出汉字书法从简牍走向隶书时期的面貌。可以看出，其字已脱离简牍较远，结构疏朗大方，字距十分匀称。

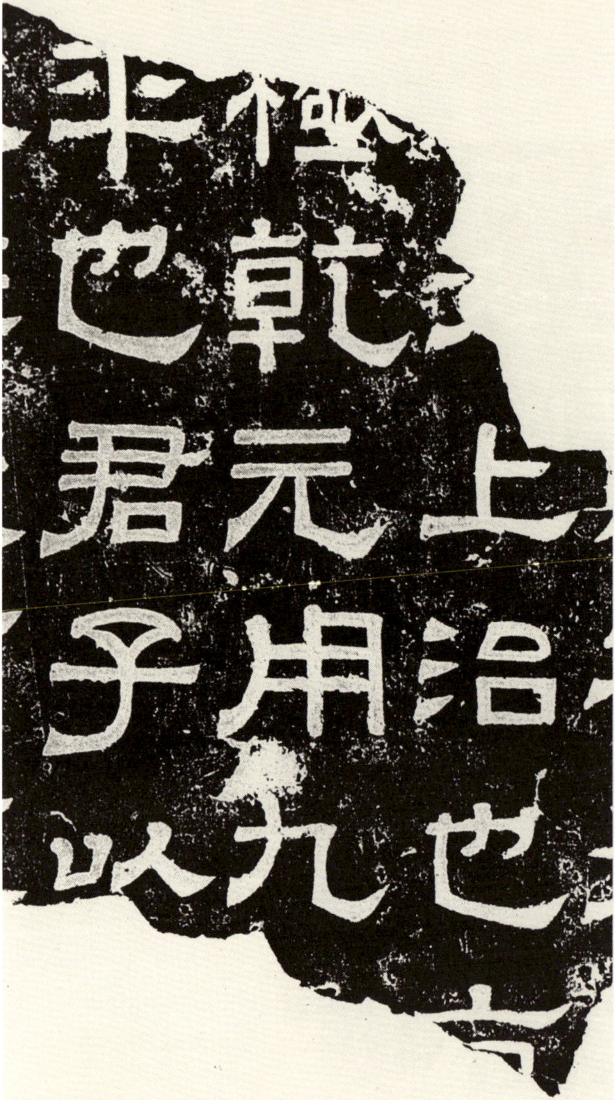
上治也
乾元用九
乎也君子以

Saturday Apr 14 2018
公历二〇一八年 · 四月

十四

星期六

农历戊戌年 · 二月廿九
十八上巳 · 廿日谷雨

◎ 熹平石经

东汉　西安碑林博物馆藏

汉灵帝时，下令校正儒家经典著作，派蔡邕等人把儒家七经（《周易》《鲁诗》《尚书》《仪礼》《春秋》《公羊传》《论语》）刻成46块石碑，每块石碑高3米多，宽1米多。从东汉灵帝熹平四年（175年）至东汉光和六年（183年），用时8年，立于洛阳城开阳门外洛阳太学所在地，所以人们又称之为《太学石经》。这部中国历史上最早的官定儒家经本，用隶书一体写成，字体方平正直、中规中矩。熹平石经后因战乱毁坏，自宋代以来偶尔有石经残石出土，现残石主要分藏西安碑林博物馆（491字），部分藏于洛阳博物馆及中国国家图书馆。

和六年二月一日故宗

Sunday Apr 15 2018
公历二〇一八年·四月

十五

星期日

农历戊戌年·二月三十
今日三候虹始见

◎ **甘谷汉简**

东汉 甘肃省博物馆藏

甘肃汉简在我国考古学中占有重要地位，其数量之多，内容之丰富，当属全国第一，素有汉简之乡的美誉。20世纪以来，在甘肃汉代烽燧遗址和墓葬中，出土汉简约3.5万枚，尤以居延汉简、敦煌汉简、武威汉简和甘谷汉简最为著名，号称中国四大汉简。甘谷汉简，简长23.5、宽2.5、厚0.4厘米，多为松木制作，出自东汉末刘姓墓。简文每枚两行，计60余字，是汉阳郡太守转发给所属县、乡的诏书、律令及敕命文书。字体已无篆书痕迹，而成为成熟汉隶，字取扁势，波捺夸张，风格洒脱飘逸，具有浓烈艺术感染力，有极高的文物和艺术价值。

Monday Apr 16 2018
公历二〇一八年 · 四月

十六

星期一

农历戊戌年 · 三月初一
十八上巳 · 廿日谷雨

◎幽州书佐秦君神道石阙

东汉　北京石景山老山北坡出土

1964年6月北京石景山老山北坡出土的东汉永元十七年（105年）「汉故幽州书佐秦君神道石阙」及残件石刻共17件，石阙上部雕螭虎，阙额隶书「汉故幽州书佐秦君之神道」，以阳刻方式刻成，被书法界公认为汉代隶书的精品。阙为汉代特有建筑，立于祠庙或坟墓前，常称之为「汉阙」。此阙是北京地区现存时代最早的石刻文物，它的发现使北京地区石刻铭文的起始年代大大提前，该阙拓片精品现藏于中国国家图书馆。其书法高矮不一，方笔，一派天真烂漫，洒脱自在，可知书者具有极强的自信。

直接关系。这是中国古代天文学观察的一个重要结晶，它反映的是华北和华中一带的星野。人们以北极星和北斗星座为中心，再把周围的亮星分为二十八小群，称为「二十八宿」，每一群有七宿，人们用想象力去描绘它们的轮廓，就想出了「青龙、白虎、朱雀、玄武」四种意象。

Tuesday Apr 17 2018
公历二〇一八年 · 四月

十七

星期二

农历戊戌年 · 三月初二
明日上巳 · 廿日谷雨

◎ **四灵瓦当**　新莽　西安王莽九庙遗址出土

王莽九庙遗址位于陕西省西安市莲湖区，是王莽（前45～23年）在位时按儒家传统礼制和阴阳五行学说兴建的礼制建筑群。整个建筑群由十二座形式完全相同的建筑组成，耗费巨大。为了建造它们，王莽下令拆用了长安西苑十余所宫殿的材瓦，用三年时间才建造完成。九庙建筑凝聚了两汉时期的工艺精华，尤其是为每组建筑围墙的四门专门特制的四神瓦当，工艺上乘，是秦汉瓦当之精品。中国古代有四灵崇拜，也称四神、四象、四维、四兽等，即青龙、白虎、朱雀、玄武，其起源与原始星辰崇拜有

Wednesday Apr 18 2018
公历二〇一八年·四月

上巳

星期三

农历戊戌年·三月初三
今日上巳·国际古迹遗址日

◎ **飞雁瓦当** 汉 陕西淳化甘泉宫遗址出土

此瓦当圆形，直径22.7厘米，主图为一大型飞雁口衔芦枝飞行。芦枝极富装饰性，枝条弯曲，如逆风而成，构为环形外缘，芦花作散状，已非自然真实状态，为艺术化形象。古人观察得知，大雁三秋自北往南飞，有北风为助；春自南方北还，南方丰饶，大雁易肥，飞翔不高，易触猎人之网，故而衔芦而行，避免触网。瓦当中大雁刻画细腻，双翅内外羽毛有差别表现，足见刻画者之精心。此瓦当有双重外环，一为连珠，一为三角正反纹饰，全图稳重美观。

Thursday Apr 19 2018
公历二〇一八年 · 四月

十九

星期四

农历戊戌年 · 三月初四
明日谷雨 · 一日劳动节

◎ **铜镜彩绘人物**

西汉 陕西西安出土

此镜直径28厘米，属西汉早期铜镜，1963年出土于陕西省西安市西北郊红庙村。镜体为圆形，镜背为多层次彩绘纹饰。描绘四组极富故事情节的画面：谒见、对语、射猎、归游，共绘19人、7马、6树、1车，绘制非常精细，比例得当，色泽艳丽，表现出很强的造型能力。各层次的装饰性色彩以朱红、石绿为主，浓烈大胆，确有大汉气象。

Friday Apr 20 2018
公历二〇一八年·四月

谷雨

星期五

农历戊戌年·三月初五
今日谷雨·一候萍始生

◎ 马王堆汉墓彩绘帛画

西汉　长沙马王堆一号汉墓出土

此帛画1972年出土，为西汉长沙相第一代轪侯利苍之妻墓中的大型帛画，覆盖在一号墓即辛追墓的内棺上，是我国现存最古老的绢类画迹。旧制以此为下葬仪式中导引亡者魂灵走向天国的幡旗。这幅作品长205、上端宽92、下端宽47.7厘米，以祈颂墓主人飞升为主题；呈T字形，画面内容有天上、人间、地下三部分，神话想象丰富，画面奇诡瑰丽，堪称同类之最，充分反映了西汉初年流行的神仙方术思想和汉初绘画艺术的风格及成就，极具文化内涵。可以使人们洞悉西汉时期的文化状况。马王堆一、三号汉墓出土帛画5幅，其中一号墓1幅，三号墓4幅，汉文帝时物。这幅辛追墓帛画是其中最为漂亮的，也是迄今发现的汉代最早的独幅绘画作品，更是国内已知画面最大、保存最完整、艺术性最强的汉代彩绘帛画。

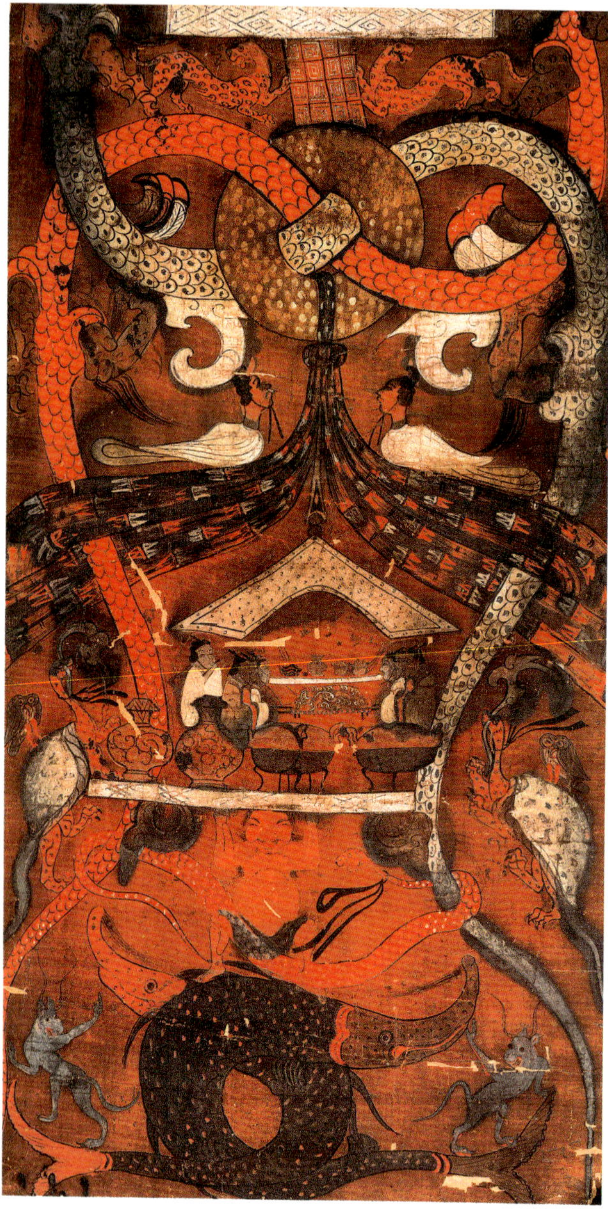

Saturday Apr 21 2018
公历二〇一八年 · 四月

二十一

星期六

农历戊戌年 · 三月初六
一日劳动节 · 五日立夏

◎ **马王堆汉墓彩绘帛画（局部）**

西汉　长沙马王堆一号汉墓出土

辛追墓帛画上部为天上景象，绘有神、龙、日、月，其神人首蛇身，披发而坐，蛇尾缠绕在下，似为神话中镇守天门的烛龙。左右画有五只仰天长啸的仙鹤，右上角为日中金乌，左上角为月中蟾蜍和玉兔。其下正中有大铎，振铎作响是欢迎升天之人的最高仪式。铎下为天门，两旁神豹、门神和飞龙恭迎升天夫人。中间部分以华盖作屋顶，下有神禽飞廉展翅，再下则是夫人生前出行图，身前、身后环绕子女和侍从。下部是地神鲧，脚踏两条巨大鳌鱼，旁有怪兽、神鸟，镇压地府中的妖魔。整个画面体现了古人对天国的想象和追求永生的幻想，布局严整，色彩浓艳，线条优美，展现出极高的艺术技巧，是中国古代绘画史上的杰作，具有难以估量的艺术价值。

的「地下私人图书馆」，其中大部分是失传已久的典籍。修复帛书时，在漆盒内发现一厚叠呈「泥砖」状的绢帛，约长22、宽16、厚8厘米。将「泥砖」放入较深的瓷盆内，用蒸馏水浸泡，借水的浮力揭剥，得400余片。马王堆出土的《导引图》，是现存最早的保健运动工笔彩色帛画，绘有44个做着如鸟飞、熊爬、猿唤等不同动作的全身人像，据说华佗的《五禽戏》曾受此启发。几十年来，不少体育机构根据《导引图》上的图像发展出了系列健身操。而帛画《地形图》是迄今发现的中国最早的地图，比例约1 ：180000，比《大清一统舆图》还精确。有人根据这幅古地图去找九嶷山、灌阳古城、洮阳古城等，都找到了。

Sunday Apr 22 2018
公历二〇一八年·四月

二十二

星期日

农历戊戌年·三月初七
今日世界地球日

◎ **马王堆汉墓帛画《导引图》**

西汉 长沙马王堆汉墓出土

马王堆帛画、帛书出土后，当即运往故宫整理。这批帛书共50余种，计12余万字，分别抄写在宽48厘米的整幅帛和宽24厘米的半幅帛上，涵盖政治、经济、哲学、历史、天文、地理、医学、军事、体育、文学、艺术等内容，相当于一座微型

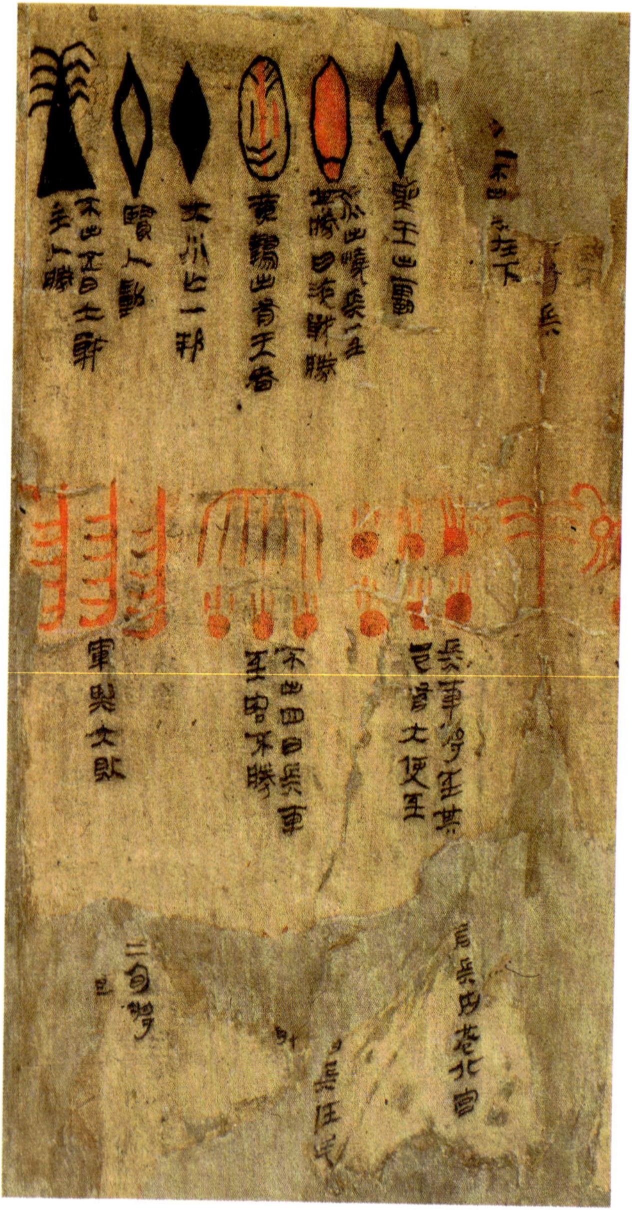

Monday Apr 23 2018
公历二〇一八年·四月

二十三

星期一

农历戊戌年·三月初八
今日世界图书和版权日

◎ **马王堆汉墓帛画《彗星图》** 西汉 长沙马王堆三号汉墓出土

此帛画1973年出土，从内容看是一幅占卜吉凶的帛书，上面绘有不同形状的彗星图，每幅图上都能看到长长的、像扫帚一样的彗尾以及圆圈或黑点形状的彗头。每幅彗星图下面写有占卜文字，注有彗星名称。这一距今已有2200多年的彗星图，是我国、也是世界上最早的彗星图。这部帛画上计有29幅彗星图、19种彗星，中国古代认为彗星是大凶之兆，29幅彗星图的占辞几乎全是兵、丧内容。

Tuesday Apr 24 2018
公历二〇一八年 · 四月

二十四

星期二

农历戊戌年 · 三月初九
今日中国航天日

◎ **马王堆汉墓帛画《社神图》** 西汉 长沙马王堆汉墓出土

此图右侧有题铭一行，字已不全，图形中下部以三条巨龙为烘托，尚存可以看清的大致组合成三组。正中黄首黑身飞龙上方为「太一」和「社神」，「太一」处残存文字两行：「太一将行，何□神从之」。「社神」形象较全，赤红皮肤，下身穿黑色短裤，眼睛浑圆，头上戴四条犄角帽，胸侧圆环中有一「社」字。「太一」右侧书「雷公」，左侧书「雨师」等字样，此二神形象残损。「社神」下方飞龙两侧为四大武将。该图虽然残缺，但大部分神祇均有名称或图形可考，其主要神祇有太一、社神、雷公、雨师、龙和麒麟等。马王堆墓主人葬于汉文帝十二年（前168年），年龄在30 ~ 40岁，是一位带兵将领。墓中出土的12余万字的帛书，涉及用兵之道甚多，此幅帛画充满尚武精神，属于兵家军中祭祀有关的挂图，与墓主人身份契合。

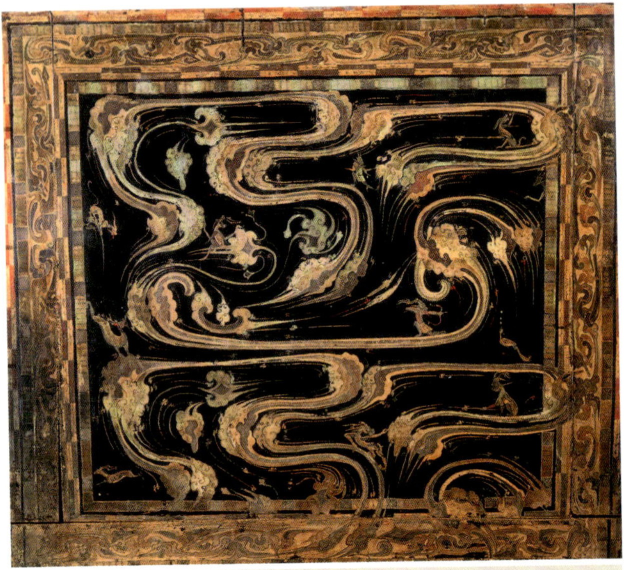

Wednesday Apr 25 2018
公历二〇一八年·四月

二十五

星期三

农历戊戌年·三月初十
今日二候鸣鸠拂羽
世界防治疟疾日

◎ 彩绘云气异兽图漆棺

西汉 长沙马王堆汉墓出土

此物现藏湖南省博物馆藏，高114、长256、宽118厘米，棺内髹朱漆，外以黑漆作地，彩绘为奔放飘逸的云气纹和「仙人降豹」「怪神操蛇」「巨鸟衔鱼」「仙人弹奏」等数十组110多个神怪图案。此画法前所未有，神兽与云气浑然一体，气韵横飞，有精细的云纹，也有劲健的「云气」，动态感十足中飞驰着神马、神兽、神鸟，横行寰宇，毫无束缚，表现出强劲的时代气息。如此魄力的绘画，极为罕见。

Thursday Apr 26 2018
公历二〇一八年 · 四月

二十六

星期四

农历戊戌年 · 三月十一
今日世界知识产权日

◎ 鸟兽云气图漆面罩

西汉　江苏扬州出土

扬州地区自春秋时期起已是经济和军事重地，西汉时盐铁业、铜业、手工业已非常发达，此地区已发掘的汉代墓葬中出土了大量精美文物。这件文物出土于1985年2月，木胎漆绘，为死者罩面所用，为漆绘精品，主体呈方形，纵70、横43.5厘米，外壁画面以飞动的云纹为衬托，绘有虎、豹、熊、鹿及鸟等神兽。画面以云纹为主，动物为辅。云纹飞扬流畅，极富动势；飞禽走兽或奔走、或飞腾，神态毕肖，形态各异，风格写实，极为生动，可视为精美动物画。现藏江苏省扬州市博物馆。

◎ **铜盘漆绘人物图**

西汉　广西壮族自治区博物馆藏

该文物为铜质漆绘，器纵13.5、口径50厘米，图中漆绘人物以线条描绘出人物衣袍轮廓，流畅优美，动态感十足。人物面容多为侧面，表情生动，笑容可掬，足见创作者是在非常愉悦的状态下完成的。画作技法非常纯熟，表现出的勾勒功力很有写意手法，非常传神。

Friday Apr 27 2018

公历二〇一八年 · 四月

二十七

星期五

农历戊戌年 · 三月十二

一日劳动节 · 五日立夏

Saturday Apr 28 2018
公历二〇一八年·四月

二十八

星期六

农历戊戌年·三月十三
今日世界安全生产与健康日

◎ 错金银畋猎图铜管

西汉 河北定县西汉墓出土

铜管错金银，纵26、径3.6厘米，上绘畋猎图。圆形图案排列其中。此一工笔精品让人目不暇接，堪可玩味。径仅盈寸之物，得如此精细描绘，可知西汉时期我国绘事已相当发达。这一各种飞禽走兽花卉蔓枝交织错杂，画面绵密，安排有致。大象安然，猴子淘气，山羊悠闲，兔儿飞奔，骆驼徐行，猛虎阔步，孔雀开屏，麋鹿疾驰，骑士张弓，雀鹤飞翔，间以菱形和画面也令人联想如今棉织物图案，其创作源头由来已久。

米。我国古代神话或传说中的神异，多为兽首人身或兽身人首，充满神奇想象。从先秦至两汉，这种缘自远古时代的带有自然神崇拜的宗教思想十分盛行，并在绘画、器物制作和文学作品中反复出现。此图亦为显例，人兽作疾奔狂舞状，身姿粗犷豪放，恣肆雄健。画法颇具写意特色，似率性涂彩，却又神形毕肖，令人叫绝。

Sunday Apr 29 2018
公历二〇一八年 · 四月

二十九

星期日

农历戊戌年 · 三月十四
今日国际舞蹈日

◎ 陶壶彩绘人身兽首图

西汉　山西浑源华村西汉墓出土

彩绘陶壶高44、腹径26.7厘米，1972年出土，山西省大同市博物馆藏。此图绘于器腹卷云纹饰中，纵16、横18厘

Monday Apr 30 2018
公历二〇一八年 · 四月

三十

星期一

农历戊戌年 · 三月十五
今日三候戴胜降于桑

◎ **漆奁彩绘车骑出行图**

西汉 湖南长沙砂子塘西汉墓出土

这件文物于1941年出土。奁是中国古代妇女存放梳妆用品的盒子，常常装饰得很精美。这件作品高10.1、口径15厘米，上下口有黑色、金色装饰带，中间主体部分为漆画，绘有贵族乘车出行情景，马为白色，做奔驰状，车辕、车轮为黑色，车厢为青绿色，配色和谐有序。另一画面为二人，衣服颜色各异，一旁有植物，画面结构错落有致。

敦詩悅禮膺祿美厚繼世郎吏幼而宿衛
有阿鄭之化是以三剖符守致黃龍嘉禾
之瑞動順經古先之以博愛陳之以德義
惡不肅而成不嚴而治朝中惟靜威儀抑
職不出府門政約令行強不暴寡知不詐
教無對會之事徼外來庭面縛二千餘人
倉庾惟億百姓有蓄粟麥五錢郡西狹中
峻緣崖俾閣兩山壁立隆崇造雲下有不

國寶 2018

五月

古碑秘语

May

贈送禮賻五百萬已上君皆不受

見雖二連居喪孟獻加等無以踰

以君為首郡請署主簿督郵五官

好不廢過憎知其善妾休歸在家

除郎中拜謁者以能高為光祿所

姦雄除其穢賊曜德戢兵怕然無

一華倉憂憔顇精傷神越終歿之

Tuesday May 1 2018
公历二〇一八年·五月

一日

星期二

农历戊戌年·三月十六
今日国际劳动节

◎ **朝侯小子残碑** 东汉 故宫博物院藏

此碑1914年出土于陕西长安县，碑高84.3、宽81.6厘米，碑阳存14行，行15字，碑阴漫漶，存10字，现共存196字。残石首行有「朝侯之小子」等字，残碑以此而得名。字体秀美飘逸，笔法劲健，在现存的汉代碑刻之中，此碑的书法应属上品。启功先生的《论书绝句》中对此碑赞道：「笔锋无恙字如新，体态庄严近史晨。吊是断碑犹可宝，朝侯小子尔何人。」

相河南史君
諱晨字伯時

從越騎校尉
拜建寧元年

於穆肅雍上
下蒙福長享

利貞與天無
極

Wednesday May 2 2018
公历二〇一八年·五月

二日

星期三

农历戊戌年·三月十七
四日青年节·五日立夏

◎ 史晨碑

东汉　原碑现存山东曲阜孔庙

《史晨碑》分前、后两碑，并刻一石，立于东汉建宁二年（169年）。前碑17行，行36字，末行字原掩于石座中，旧拓多为35字，新拓恢复36字，字径3.5厘米，碑文记载当时鲁相史晨及长史李谦上奏祭祀孔子的奏章；后碑全称《鲁相史晨飨孔子庙碑》，刻于建宁元年（168年）四月。14行，行35至36字不等。此碑为东汉后期汉隶走向规范、成熟的典型，被称为汉隶极则。《史晨碑》是孔庙珍品，与《礼器碑》《乙瑛碑》一起，并称为孔庙三大名碑。

糊上泥团，用自己的玺印钤上印记，然后放在火上烤干。奏章送抵国君，封泥完好，证明未被他人私拆偷阅，国君才敲掉泥封览阅。封泥随简牍而始终，所以出土封泥文物主要是秦汉时期的。封泥因其材质和规格的特殊性而在客观上要求文字必须适应它的需要，所有封泥文字形成一种独到的风格，并对我国印章文化产生深刻影响，「汉印」也成为后世篆刻家追摩的范本。

Thursday May 3 2018
公历二〇一八年 · 五月

三日

星期四

农历戊戌年 · 三月十八
今日世界新闻自由日

◎ **封泥** 西汉

封泥又叫作「泥封」，它是印章盖在泥团上干燥后留下的印记。原印是阴文，钤在泥上便成了阳文，四周则形成随形边缘。在我国，封泥自战国时期便开始使用，直到晋以后，绢帛特别是纸张逐渐替代了竹木简牍，封泥才退出实用。当时各诸侯国的下属向国君汇报，一本奏章就是一捆或数捆竹简，作为当时的一种保密措施，上奏官员将竹简捆好，在绳扣处

事 十 載 莫 兗
人 音 不 之 字
犯 書 頭 難 于
而 夯 以 扶
多 倦 傳 掩
縣 是 于 朝
奴 戟

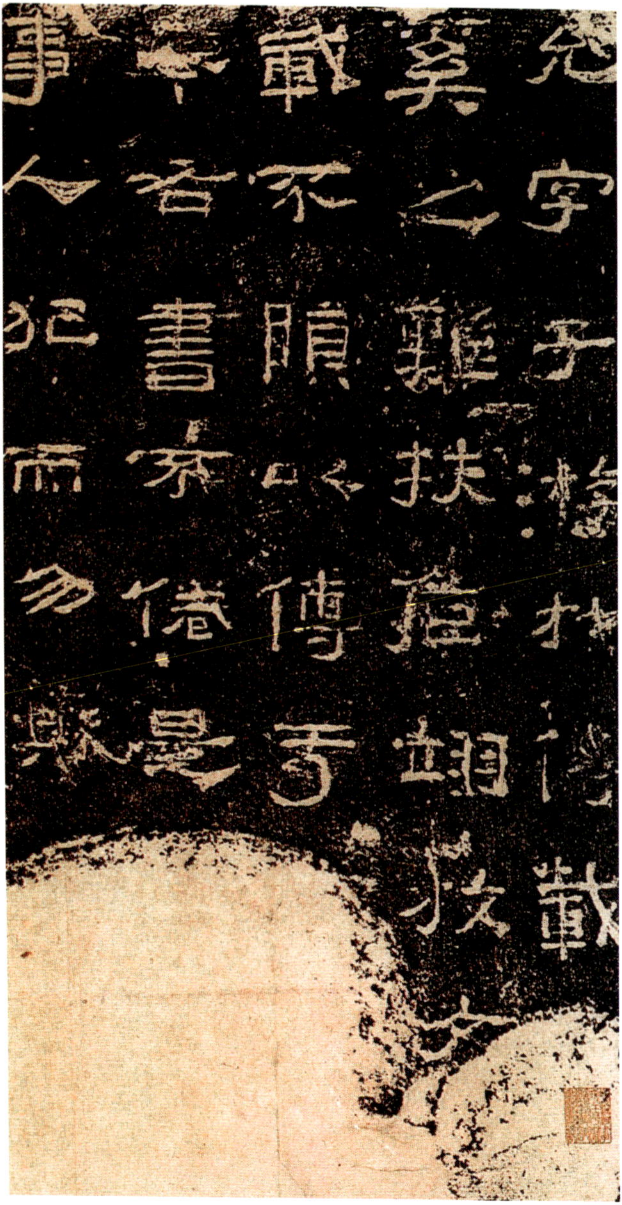

Friday May 4 2018
公历二〇一八年·五月

四日

星期五

农历戊戌年·三月十九
今日青年节·明日立夏

◎子游残石

东汉

此碑东汉元初二年（115年）六月刻，隶书，原碑一断为二，不同时期出土。下截存78字，因有「允字子游」字样，被称为《子游残石》，清嘉庆三年（1798年）四月出土于安阳丰乐镇之西门豹祠旁，移至孔庙，后又移置洛阳存古阁，今藏安阳文化馆。上截存93字，于1913年出土于河南安阳，因首行有「贤良方正」等字而得名，今藏天津博物馆。该碑原为邺县乡绅子游的颂德碑，对研究我国东汉安帝时期的「举贤良、延术士，讨叛羌」等史实，有着重要的史料意义。此碑在汉隶体系中格调非常独特，字形扁势，笔画宁短毋长，但波挑粗重，全章显得灵动生趣。康有为对此碑评价甚高：「浑厚之形而气态浓深，笔颇而骏，殆《张黑女碑》所从出也。」

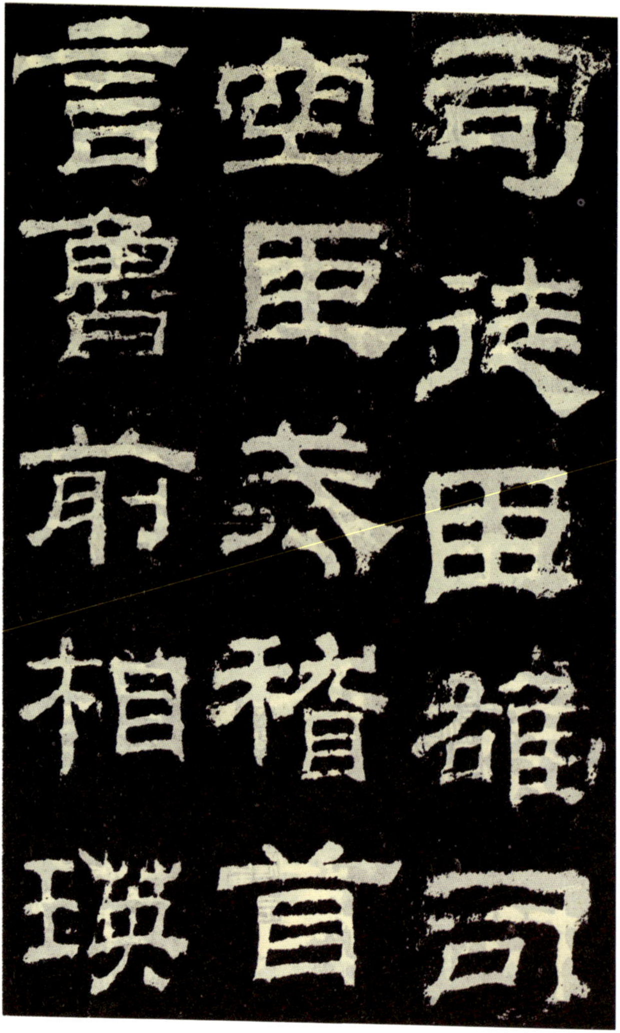
司徒臣雄司
空臣戒稽首
言魯前相瑛

Saturday May 5 2018
公历二〇一八年 · 五月

立夏

星期六

农历戊戌年 · 三月二十
今日立夏 · 一候蝼蝈鸣

◎

乙瑛碑

东汉 原碑现存山东曲阜孔庙

《乙瑛碑》为桓帝永兴元年（153年）刻，汉碑名品。高3.6、广1.29米。隶书，18行，行40字。碑刻内容为鲁相乙瑛代孔子后人上书朝廷，请设立一名掌握孔庙礼器的官吏，其级别为「百石卒史」，并提出此官任职条件。清代康熙年间著名书法评论家万经在其著作《分隶偶存》中称《乙瑛碑》「字特雄伟，如冠裳佩玉，令人起敬」。《乙瑛碑》字体稳重端严，已是东汉成熟隶书代表作，后世临习者甚多。

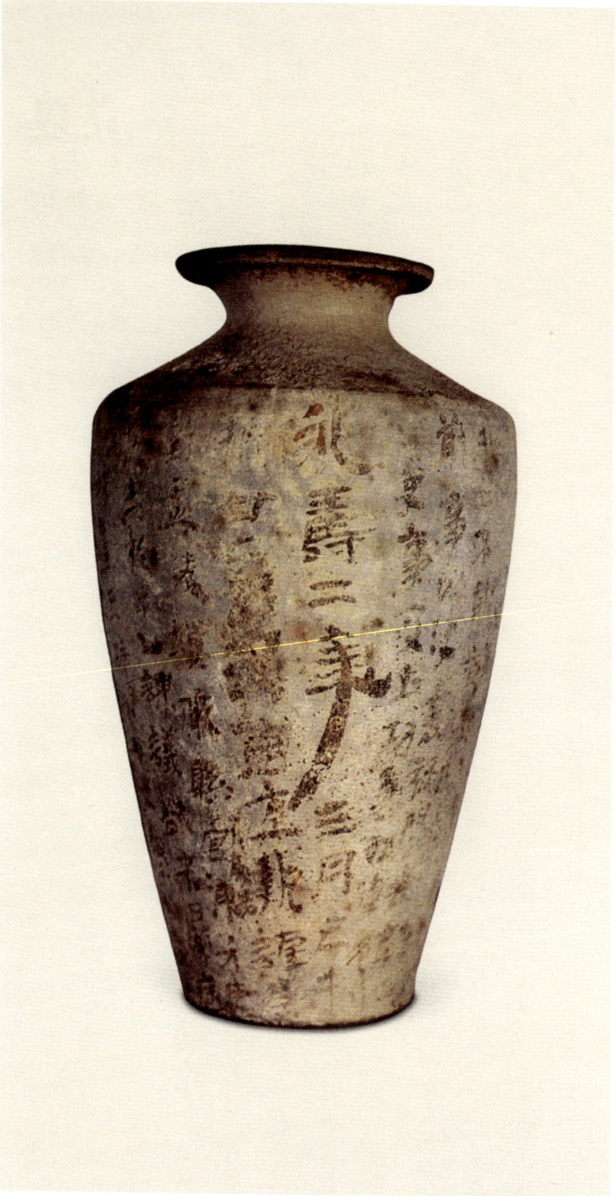

Sunday May 6 2018
公历二〇一八年 · 五月

六日

星期日

农历戊戌年 · 三月廿一
十三母亲节 · 廿一小满

◎ **永寿二年陶瓶**

东汉　日本书道博物馆藏

此瓶为汉桓帝永寿二年（156年）物，1914年西安出土，灰白色，高21.2、口径8.8、腹径14.3、底径6厘米。朱书题记20行，存209字。从两汉到魏晋，这是一个书法字体空前多元化的时代，还在秦篆为官方字体的时候，简牍、隶、草、行、楷就已进入酝酿期，汉字书法各体都已出现，只是进一步成熟与定型的问题。在民间书写中屡屡突破「规范」而向新的书体锐进。汉代简犊中，就有大量不「纯粹」的写法存在，它们是后世诸种成熟书体的滥觞。永寿二年陶瓶朱书题记有些字还存有隶意，但已明显出现行书意蕴，其中比较特殊的是「年」字，以长笔向下拉伸，尤具简牍味道。此瓶在中国书法史上具有特别重要的意义，是我国古代行书出现的证据之一。

廬言敦篤慈仁多恩誰库不可栗壽盡世丰遺

宜其不為知閭閻怨離世偏黄泉古聖所不惑壽衆

并入壽還恩悉慕除旦駕孝所殊義萬君子慶

根子廬曰富負土成墳徐義淺柏期真奠祠苦琇

家使名工高王刊石堅泛胡鹽君廷建重茶石縣西秦山

父龍委蛇猛焦延視女媛荃高陸熊嘩轂衆金馭年歿

之鳳仁慈音徽欻従著肅清煌漂巴色若僾逼逼目力扶衆賞性

遇父壽羅羅之道恩青共又皇臺窩刀夫及孝恩歿日血

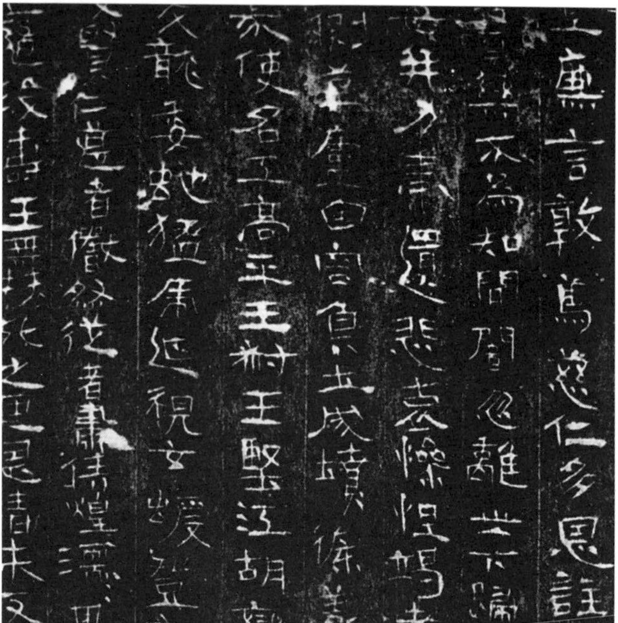

Monday May 7 2018
公历二〇一八年·五月

七日

星期一

农历戊戌年·三月廿二
十三母亲节·廿一小满

◎ 安国墓祠题记

东汉 山东嘉祥宋山村古墓出土

此题记东汉永寿三年（157年）刻，1980年出土。文字分为左、右两部分，左边10行461字，右边1行28字，是已知画像石题记中文字最长、内容最丰富且具有明确纪年的一件。这一题记用笔极为奇特，在汉碑中罕有与其匹敌者。率性天真，不拘一格，貌似草率之中却含有篆、隶、楷多种味道，尤其是其方正的结体、平直的笔画与后世楷书甚近，为楷书之源头提供了重要参考。

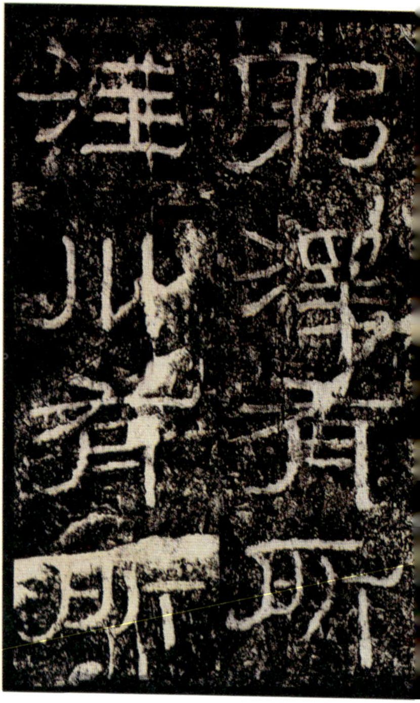

笔回锋，中锋行笔，笔画朴厚坚实，意态灵动，对后世影响很大。清代张祖翼评曰：「三百年来习汉碑者不知凡几，竟无人学《石门颂》者，盖其雄厚奔放之气，胆怯者不敢学也，力弱者不能学也。」商务印书馆旧版《辞海》封面字，即取自《石门颂》。褒斜栈道形势险峻、开凿困难，故历代文人歌咏、题刻者甚多。1967年此地修建大型水库，《石门颂》从崖壁上凿出，1970年迁至汉中市博物馆。

Tuesday May 8 2018
公历二〇一八年·五月

八日

星期二

农历戊戌年·三月廿三
今日世界微笑日

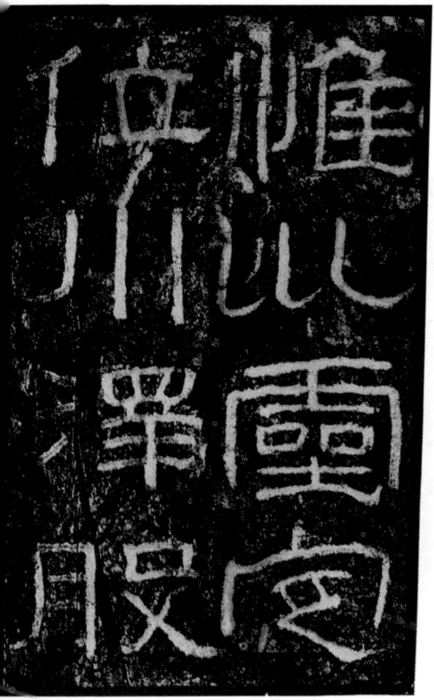

◎ **石门颂**　东汉

此隶书摩崖东汉建和二年（148年）十一月刻，全文共655字，是我国著名的汉刻之一，与陕西略阳《郙阁颂》、甘肃成县《西狭颂》并称为「汉三颂」。它镌刻在陕西汉中市褒城镇东北褒斜谷古石门隧道的西壁上，内容为汉中太守王升撰文表彰杨孟文等开凿石门通道的功绩，是东汉隶书摩崖石刻的代表作，被公认为古隶魁首。《石门颂》结字大气磅礴，起笔逆锋，收

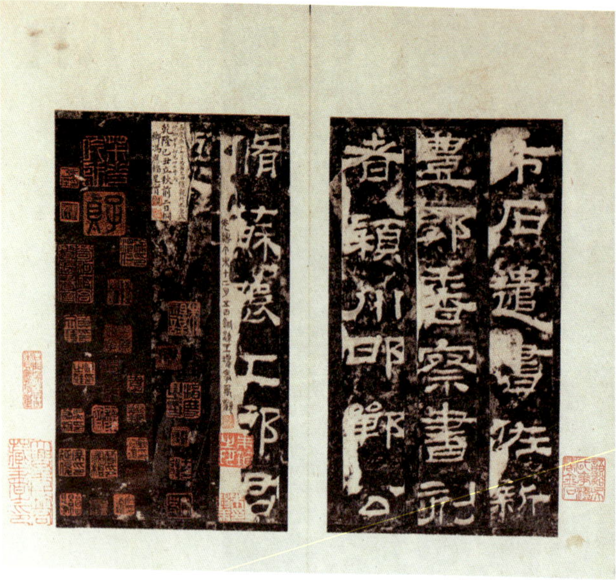

论者以为此碑古意略逊，略伤于俗。实则典雅工致，富丽精绝，在孔庙诸碑外别具风神。清初朱彝尊极为推崇：「汉隶凡三种，一种方整，一种流丽，一种奇古。惟延熹《华岳碑》正变乖合靡所不有，兼三者之长。」朱氏之论虽有过誉之处，然亦指出此碑能兼诸碑之长，特别是于方整中见流媚，典雅中寓富丽，乃他碑所不及。

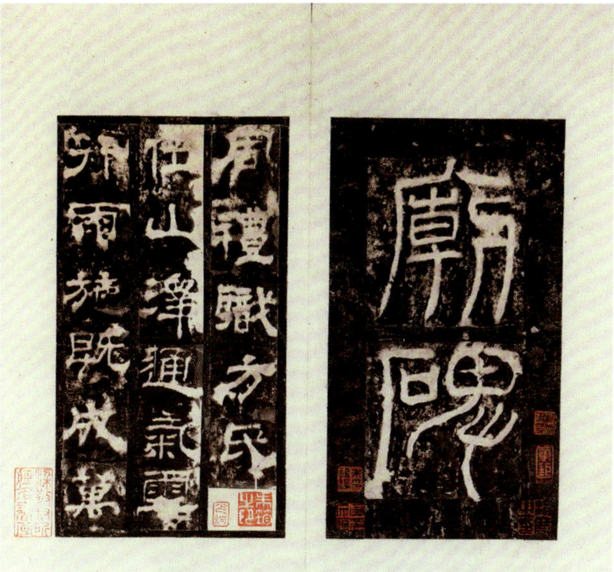

◎ **西岳华山庙碑** 东汉

此碑东汉延熹八年（165年）立于陕西华阴县西岳庙内，原石已毁于明嘉靖三十四年（1555年）的关中大地震。有

Wednesday May 9 2018
公历二〇一八年 · 五月

九日

星期三

农历戊戌年 · 三月廿四
十三母亲节 · 廿一小满

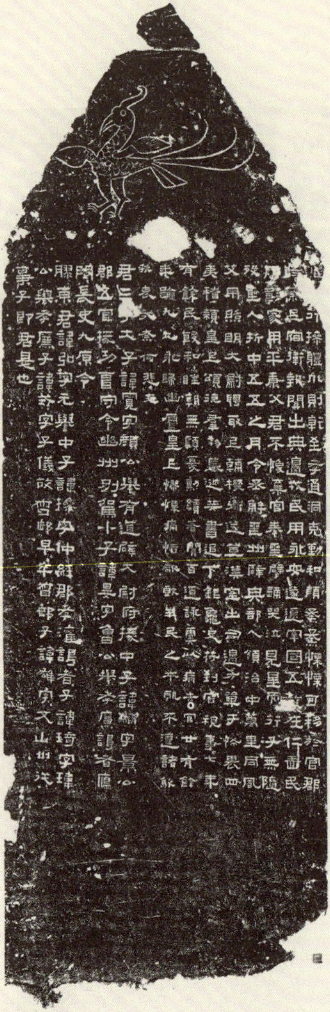

Thursday May 10 2018
公历二〇一八年 · 五月

十日

星期四

农历戊戌年 · 三月廿五
今日二候蚯蚓出

◎ 鲜于璜碑

东汉　天津武清出土

《鲜于璜碑》全称《汉雁门太守鲜于璜碑》，立于东汉延熹八年（165年），碑阳、碑阴共827字。1973年出土，现藏天津市博物馆。此碑书法风格近《张迁碑》，但更显文雅，字形或扁或长，变化多端，增强了总体的趣味性和章法的错落感。

調發十四鄉正相賦斂作治并土人犁
十萬重勞人功吏正患苦願以家錢義
作物歲歲作治乞不為縣吏列長伍長
施行復除傳後子孫明檢匠所作務令
府君教　大守丞印　延熹二年
月十九日丙戌宛令右丞慴告追鼓
遣景作治五駕瓦屋二閒闔欄楯拾尺
畢成言會月廿五日他如府記律令

Friday May 11 2018
公历二〇一八年 · 五月

十一

星期五

农历戊戌年 · 三月廿六
十三母亲节 · 廿一小满

◎ **张景残碑**

东汉 河南南阳汉画馆藏

张景碑，东汉延熹二年（159年）立，纵125、横54厘米，四周残损，存12行，行23字，共229字，隶书。此碑记述地方官同意乡民张景包修土牛、瓦屋等设施，以免其本家世代徭役之事。碑文隶法严整，气脉贯通，应为民间高手所作，人称可与著名汉碑《史晨》《乙瑛》《曹全》等相伯仲。碑中有一「府」字笔画颀长，占有三个字的位置，并呈刀币形，显系简牍书法痕迹，由此观之，作者也应是简牍妙手。1958年在南阳市南城门发现时，有残碑两块，另一为汉赵菿碑，隶书17行，可读者计81字，碑额阴文为「汉故郎中赵君之碑」。

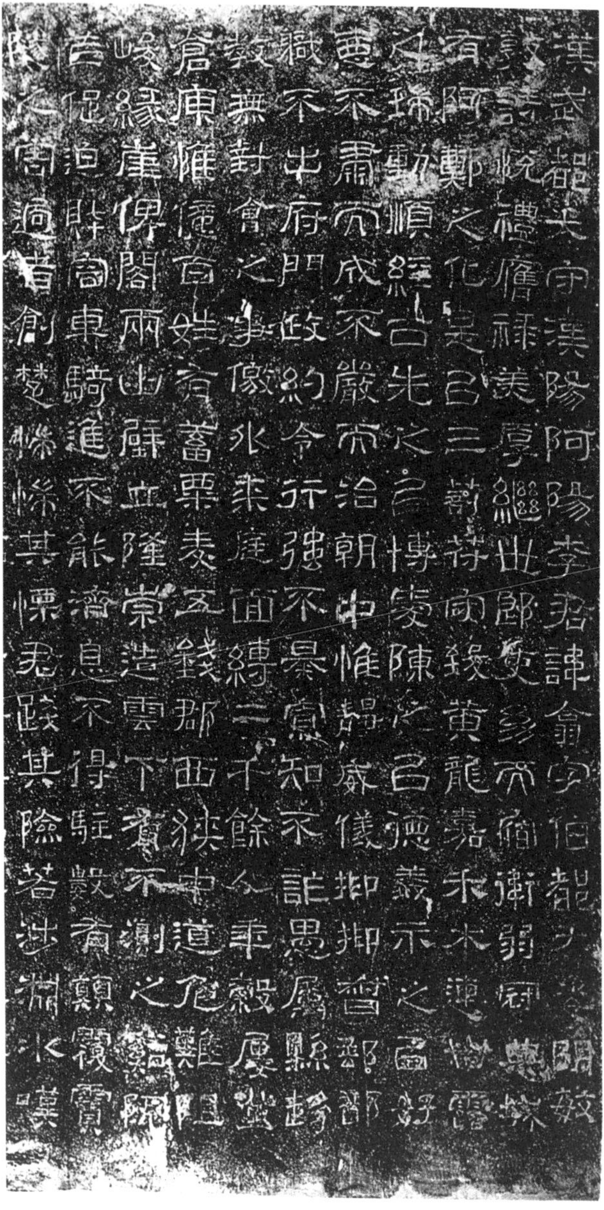
漢武都太守漢陽阿陽李君諱翕字伯都天姿明敏
敦詩悅禮膺祿美厚繼世郎吏幼而宿衛弱冠典城
有阿鄭之化是以三剖符守致黃龍嘉禾木連甘露
之瑞動順經古先之以博愛陳之以德義示之以好
惡不肅而成不嚴而治朝中惟靜威儀抑抑督郵部
職不出府門政約令行強不暴寡知不詐愚屬縣趨
教無對會之事徼外來庭面縛二千餘人年穀屢登
倉庾惟億百姓有蓄粟麥五錢郡西狹中道危難阻
峻緣崖俾閣兩山壁立隆崇造雲下有不測之谿阨
笮促迫財容車騎進不能濟息不得駐數有顛覆霣
隧之害過者創楚惴惴其慄君踐其險若涉淵冰嘆

Saturday May 12 2018
公历二〇一八年·五月

十二

星期六

农历戊戌年·三月廿七
今日国际护士节

◎ **西狭颂**

东汉 甘肃成县出土

《西狭颂》全名《汉武都太守阳阿李翕西狭颂》，仇靖书，立于东汉建宁四年（171年）。《西狭颂》上有「惠安西表」篆额，右侧有黄龙、白鹿、嘉禾、木连理、甘露降「五瑞」及「君昔在黾池，修崤嶔之道，德治精通，致黄龙、白鹿之瑞，故图画其像」之题记。《西狭颂》虽与《石门颂》《郙阁颂》同为汉摩崖三颂，却风格差异较大。不同于《石门》之野逸纵肆，《郙阁》之浑厚朴茂，《西狭》堪为静穆沉雄一路汉碑之代表。《西狭颂》用笔方圆兼备，结体方正，属成熟隶书，梁启超评为「雄迈而静穆，汉隶正则也」。

城野戰謀若涌
泉威牟諸賁和
德面縛歸死還

Sunday May 13 2018
公历二〇一八年·五月

十三

星期日

农历戊戌年·三月廿八
今日母亲节

◎ **曹全碑**

东汉 西安碑林藏

《曹全碑》全称《汉郃阳令曹全碑》，东汉中平二年（185年）立。明万历初年出土于陕西郃阳，明末清初时断为两截，《曹全碑》出土较晚，锋芒毕露，笔意如新，故在明末清初享有大名，至今不衰。此碑清雅秀美，灵动婉转，在汉碑中最具风韵之美，对后世影响极大，学隶者多选此碑入手。

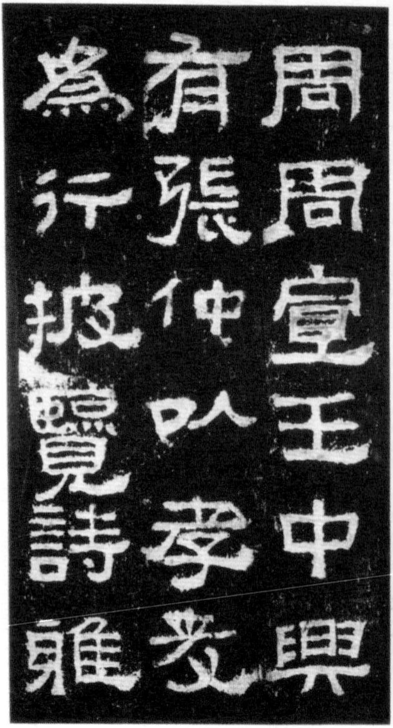

今张君表颂」。此碑于明初发现，立于东平儒学明伦堂前，当时铭文尚完好可读，清光绪十八年毁于火。原碑重新剔刻，但神气全非，幸碑阴文字尚完好如旧。最早拓本为明拓本。碑今存泰安岱庙。

《张迁碑》为汉碑中方笔类代表作，方整拙厚，古貌森严，线条厚重，笔法奇崛，有气壮山河之慨。此碑文字又兼有篆、草、楷韵味，在汉碑中别具一格，历来为人所推重。

Monday May 14 2018

公历二〇一八年·五月

十四

星期一

农历戊戌年·三月廿九

廿一小满·六日芒种

◎张迁碑

东汉　原碑现存泰安岱庙

全称《汉故谷城长荡阴令张君表颂》，立于东汉中平三年（186年）二月，纵317、横107厘米，15列，列42字。碑阴上列19行，下列3行。额篆书2行12字「汉故谷城长荡阴

Tuesday May 15 2018
公历二〇一八年·五月

十五

星期二

农历戊戌年·四月初一
今日三候王瓜生
国际家庭日

◎ 公羊传砖　东汉

此砖汉章帝元和二年（85年）刻，砖长33.6、宽12.5厘米，砖面草隶5行，为《春秋公羊传》隐公元年起首文字，共计54字，内容与今本《公羊传》小异。其书法带有隶意，属东汉民间草隶书体，行笔驰骤与舒婉紧密结合，风格朴素。此砖文与《急就章砖》《马君兴砖》以及安徽亳州出土的曹氏墓砖均为含隶意的章草，可知草隶在当时之流行，也证明了在隶书成熟前存在着草隶这一关键性的过渡书体。两汉时期，小篆、简牍体、草隶以至最终成熟的隶书在这一时期混用。各种书体相互渗透，相互影响。在官、民各方共同的作用下，汉字书法史上的巨大变革，即所谓「隶变」，终至完成。「隶变」完成非一日之功，参与其中的各种书体在这场交响乐中都是不可或缺的。

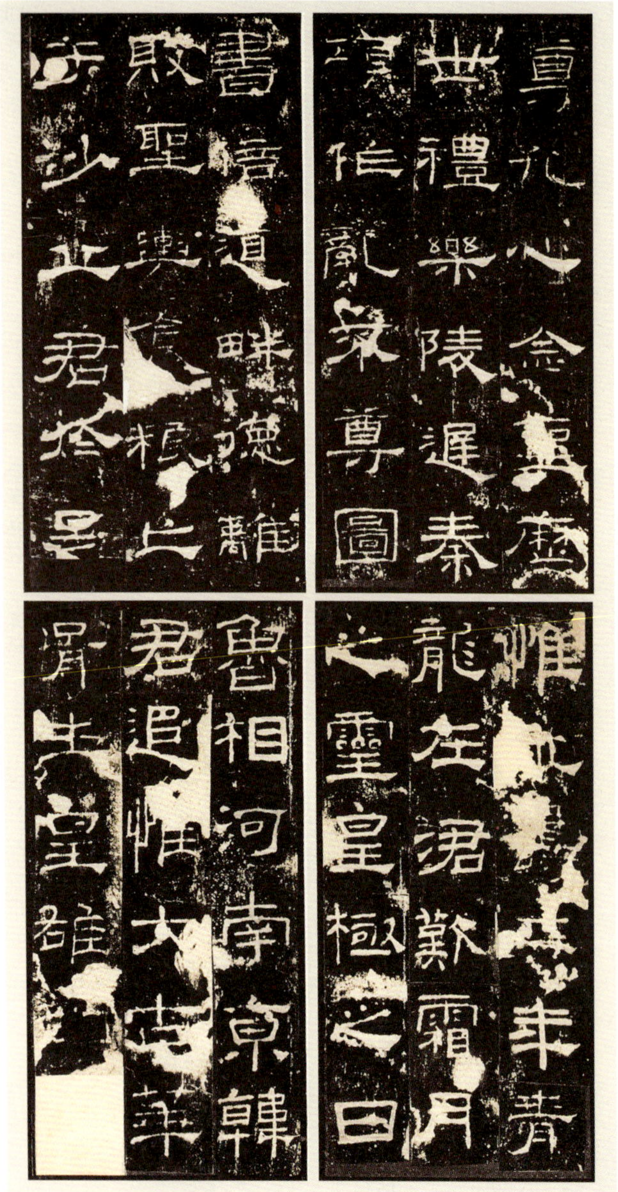
世禮樂陵遲秦
項作亂不尊圖
書倍道畔德離
敗聖輿食粮亡
於沙丘君於是
惟永壽二年青
龍在涒歎霜月
之靈皇極之日
魯相河南京韓
君追惟太古華
胥生皇雄

Wednesday May 16 2018
公历二〇一八年·五月

十六

星期三

农历戊戌年·四月初二
廿一小满·六日芒种

◎ 礼器碑

东汉 原碑现存山东曲阜孔庙

此碑东汉永寿二年（156年）立，记述鲁相韩敕修饰孔庙、增置各种礼器事。碑文字迹清劲秀雅，肃穆超然，为汉隶典范之一，历来被推为隶书极则。金石家对其评价甚高，明郭宗昌《金石史》评：「汉隶当以《孔庙礼器碑》为第一。」「其字画之妙，非笔非手，古雅无前，若得之神功，非由人造，所谓『星流电转，纤逾植发』尚未足形容也。汉诸碑结体命意，皆可仿佛，独此碑如河汉，可望不可即也」。清王澍《虚舟题跋》评：「此碑尤为奇绝，瘦劲如铁，变化若龙，一字一奇，不可端倪。」清杨守敬评：「汉隶如《开通褒斜道》《杨君石门颂》之类，以性情胜者也；《景君》《鲁峻》《封龙山》之类，以形质胜者也；兼之者惟推此碑。要而论之，寓奇险于平正，寓疏秀于严密，所以难也。」

Thursday May 17 2018
公历二〇一八年 · 五月

十七

星期四

农历戊戌年 · 四月初三
今日世界电信和信息社会日

◎ 彩绘人物图铜筒

西汉 广西壮族自治区博物馆藏

此铜筒高41.8、底径13厘米，1976年出土于广西贵县东五公里罗泊湾一号贵族墓中。墓葬规模巨大，结构复杂，建化肥厂时发现。有关部门发掘时发现曾被盗，但仍留存很多珍贵文物。墓葬前、中、后三室均有巨型杉木椁箱，随葬坑有大量陶、铜、铁、漆、玉、木等材质器物，包括金铜车马器、大批漆器、各种乐器和多种铜鼎、灯、镜及金属炊具，竹笛、鼓、棋盘等乐器和玩具以及水果、食品。部分具有战国和秦代风格，部分为西汉初年风格。此墓葬中尚有人殉7具，自十几至二十几岁不等。这件竹节形铜筒上有多个彩绘人物，生动自然，特别有生活气息。一般而言，西汉早期彩绘多为神话故事，而此物的画面走向人间俗世生活，是一个非常重要的画史节点物证。

此箱木胎漆绘，纵26、横46.5厘米。画面黑漆底色，红漆绘云气和舞虎。云气是汉代绘画常见纹饰，此图云气使用工笔画法，极为精细，左右对称而又稍有变化，灵动十足，同时不失装饰意味。画面中间一只老虎伸展前肢作舞蹈状，张口伸舌，非常有趣，反S形身躯极尽扭动之态，双后足抓紧地面，撑起整个身躯，如人站立。劲健夸张的臀部、伸展如竹枝的前爪，都很有喜感。

◎彩绘虎舞图漆箱

西汉 扬州市博物馆藏

Friday May 18 2018

公历二〇一八年 · 五月

十八

星期五

农历戊戌年 · 四月初四

今日国际博物馆日

十九

星期六

农历戊戌年·四月初五
廿一小满·六日芒种

◎彩绘上林苑斗兽图（局部）

西汉　美国波士顿艺术博物馆藏

此砖质彩绘，纵73.8、横240.7厘米，洛阳八里台汉墓山墙局部。该图绘于由五块空心砖组成的梯形山墙上。除其中一块矩形空心砖正中塑一高浮雕公羊外，余皆以白灰作地彩色画人兽。图像多剥蚀脱落。这一彩绘线条明快流畅，色彩柔和，颜色基调一致，人物表情生动，表现出一定的故事情节，引人想象。

Sunday May 20 2018
公历二〇一八年 · 五月

二十

星期日

农历戊戌年 · 四月初六
明日小满 · 六日芒种

◎ **彩绘禽鱼人畜图**

东汉 美国纳尔逊 · 艾金斯艺术博物馆藏

此陶质彩绘画面中心为一鱼一鹳，有水草点缀，周遭四人各自持物，间隔以犬、豕、鸡、鹅。人物高冠博带，坐姿，外围为荷叶边形成的画心。整个画面，形象生动，富有机趣，显得非常祥和。

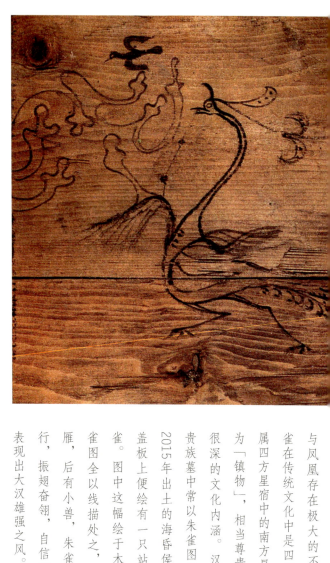

与凤凰存在极大的不同。朱雀在传统文化中是四灵之一，属四方星宿中的南方星团。作为「镇物」，相当尊贵，具有很深的文化内涵。汉代一些贵族墓中常以朱雀图案装饰。2015年出土的海昏侯墓内棺盖板上便绘有一只站立的朱雀。图中这幅绘于木案的朱雀图全以线描处之，前有飞雁，后有小兽，朱雀阔步疾行，振翅奋翎，自信而豪迈，表现出大汉雄强之风。

Monday May 21 2018
公历二〇一八年 · 五月

小满

星期一

农历戊戌年 · 四月初七
今日小满 · 一候苦菜秀

◎ 木案画朱雀图　东汉

很多人将朱雀误认为是凤凰，或是凤凰的一种。实际上朱雀

彩、主题丰富，深刻反映了当时的社会风情和审美风格，成为研究我国古代政治、经济、文化、民俗的宝贵文物。图中这幅牛车画像砖，画面中仰头的黄牛、弯曲的鞭子、拽直的缰绳以及车尾飘起的车幔，都极富动态感。作品线条劲健流畅，布局谨严有序，手法极其细腻，确为画像砖中的精品。

佛诞

星期二

农历戊戌年 · 四月初八
今日佛诞日
国际生物多样性日

◎牛车画像砖
东汉 河南邓州出土

画像砖集雕刻和绘画于一体，具有一定文化内涵和特殊艺术效果，其画面往往天真质朴，留下古代生活、文化、礼俗的深刻印记，极具观赏和研究价值。画像砖通常采用阴线刻、阳线刻、减地平面阳刻、浅浮雕等多种手法，无论尺幅大小，都含有一种深沉雄阔的气魄和质朴无华的神韵。画像砖形制多样、图案精

Wednesday May 23 2018
公历二〇一八年·五月

二十三

星期三

农历戊戌年·四月初九
六日芒种·十七父亲节

◎井盐生产画像砖
东汉 四川郫县出土

画像砖高40、宽46厘米，上有山川、树木、井架、桥梁、工人、卤池、辘轳、灶火、柴草、野兽、禽鸟、猎人等图案，形象丰富，层次分明，在诸多汉画像砖中是难得的表现生产画面的精品。现藏于四川省郫县文管所。

Thursday May 24 2018
公历二〇一八年 · 五月

二十四

星期四

农历戊戌年 · 四月初十
六日芒种 · 十七父亲节

◎ 车马过桥画像砖

东汉　四川博物院藏

此砖高40、宽45.5厘米，1956年四川成都跳蹬河出土。画面由人、车、马、桥四种形象组成，明快清晰，以后面跟随的正在爬坡的马显示出动态感，非常高明。桥貌似简单，实际样样不少，横竖双铺的桥板、四排竖帐桥柱、双马所驾棚车、骏健的宝马、三个不同身份样貌的人物。画面主题突出，层次有致，给后世留下了鲜活的汉代生活景象。

舞，旋转跪立，并踏出有节奏的音响。当代舞剧《丝路花雨》中有此表演。最右边是一人在表演古代百戏之一的跳丸，亦称「弄丸」，戏者掷丸上下翻飞，迅捷交替，此戏战国时已流行。一丸在手，多丸在空中，当时已有能抛接九丸的记录。又有抛接剑的，称为「跳剑」，技高者可抛接七剑。这三种古老杂技表演一直传承至今。

Friday May 25 2018
公历二〇一八年·五月

二十五

星期五

农历戊戌年·四月十一
六日芒种·十七父亲节

◎ 倒立、盘舞、跳丸画像砖

东汉 四川彭州出土

这块画像砖表现的是一组不同的杂技，再现了我国汉代时期杂技的表演情形。最左边在层层加高的几案之上，是一个倒立演员，从发髻上看，是一位少女。中间一位正在表演盘舞，为中国古代一种舞蹈，文献有载，又称盘鼓舞、七盘舞。舞蹈时将盘、鼓覆置于地，盘、鼓数目不等，舞者有男有女，在盘、鼓上跳跃起

Saturday May 26 2018
公历二〇一八年 · 五月

二十六

星期六

农历戊戌年 · 四月十二
今日二候靡草死

◎ 汉阙画像砖

四川大邑安仁镇出土

阙是我国古代在城门、宫殿、祠庙、陵墓前用以记官爵、功绩的建筑物，用木或石雕砌而成。西周时代已出现，一般是两旁各一，称「双阙」；也有在一大阙旁再建两小阙的，称「一对二」「子母阙」。古时「缺」和「阙」字通用，两阙之间空缺作为道路。阙的用途为表示大门，城阙还可以登临瞭望。阙不是寻常之物，而是用来体现礼制的规格。北京紫禁城午门亦称「五凤楼」，虽采用一主四辅的形式，但实际上却是由古代的阙变化而来的。图中之阙为汉代样貌，属子母阙，即一主阙二辅阙，每阙由台基、阙身、阙楼、阙顶四部分组成。台基、阙身上雕出柱、枋和栌斗，阙楼上雕楼面平坐木枋、花窗和挑檐斗，屋顶雕瓦饰，非常完整。这一画像砖也标志着墓主生前享有的高官规格。

舞姿雄健，鼓上有汉代建鼓流行的流苏羽葆装饰，实物应该非常美观。这种表演形式本出自西域，在远离西域的四川出现这一画面，说明西域乐舞不仅已进入中原，并且浸淫至西南地区，同时又将中原「建鼓舞」与西域「骆驼载乐」的表演形式相结合了。这一文物见证了两千年前的民族舞蹈历史，成为真实可信的珍贵史料。同时画面精细入微的描刻也为汉代绘画艺术水平留下宝贵证明。

Sunday May 27 2018

公历二〇一八年·五月

二十七

星期日

农历戊戌年·四月十三

六日芒种·十七父亲节

◎ **骆驼载乐画像砖** 东汉

东汉时期，西域与中原交往频繁，人们对西北各族独具风格的乐舞文化及生活用具乃至饮食都产生了浓厚兴趣，《后汉书·五行志》载：「灵帝好胡服、胡帐、胡床、胡坐、胡饭、胡空侯、胡笛、胡舞，京都贵戚皆竞为之。」中亚以及更远地区的舞蹈、音乐沿着丝绸之路传至中原内地，四川汉墓出土的骆驼载乐画像砖即反映了当时的盛况。砖上刻一骆驼，背上两人对击建鼓，

Monday May 28 2018

公历二〇一八年 · 五月

二十八

星期一

农历戊戌年 · 四月十四

六日芒种 · 十七父亲节

◎ 长沙马王堆汉墓二龙穿壁漆棺彩绘

西汉 湖南省博物馆藏

龙是古代人们尊重的神物，而玉璧是古代礼制活动中的重要礼器。古人认为玉璧不仅能够通天，而且还能令死者尸体不朽，所以古代墓葬中常常出现龙和玉璧的形象。这一习俗在战国时期贵族墓葬中尤其流行，而且把玉璧和龙进行艺术组合，称作二龙穿璧。其形制通常是中间一面巨大的玉璧，两条龙穿璧缠绕，周围加以各种隆重纹饰，形成丰满画面。

Tuesday May 29 2018
公历二〇一八年 · 五月

二十九

星期二

农历戊戌年 · 四月十五
六日芒种 · 十七父亲节

◎木牍画飞虎图

新莽 甘肃居延地区甲渠侯官（破城子）遗址出土

此木牍纵9、横6.6厘米，出土于1974年，曾被制成梳子。此物两面中一面有隶书文字，一面绘图，图中绘一飞虎举头长啸，腰间有翅，向上振起，随时拔地飞天之态。通画用单线描绘，笔法简练，但神态毕出，细节不丢。

食图》乃墓室壁画，砖质，墨彩，17厘米见方，画幅中心人物突出，左手掐腰，右手托举一盘，盘中为某种菜肴。此画的大写意手法，寥寥数笔，人物衣裙相貌跃然而出，充满生活情趣。作者着意寻常民间生活和人物，用今天的话来说，非常接地气。

Wednesday May 30 2018
公历二〇一八年 · 五月

三十

星期三

农历戊戌年 · 四月十六
六日芒种 · 十七父亲节

◎ 壁画进食图

魏晋　嘉峪关市文物管理所藏

魏晋南北朝是两汉之后我国古代的一个艺术繁荣与发展的重要时期，以人物画为主要题材的绘画创作开始繁荣，寻常人物逐渐取代两汉的灵幻色彩。当时的西北地区经济、文化获得较大发展，这一地区的彩绘砖画成为重要的艺术文化形式。远从西汉开始，中央政府就大量向河西地区移民，汉代迁入河西屯垦的人口在数以十万，以补充连年战争带来的人口稀疏亏空。中原百姓的西迁，带来文化的交汇和繁荣，用绘画装饰墓室的习俗随之风行，客观上为后世留下了丰富多彩的艺术珍品。这幅《进

的基础上形成了自身独特的风格。这幅《牧马图》以简练娴熟的笔画勾勒出西北牧人扬鞭牧马的情景。人物面部少数民族特征明显，服饰、长靴都是西北地区习见的装束；六匹骏马有的涂色，有的只是简单勾勒轮廓，但那种奔驰无碍的情景毕现眼前。这种畜牧业题材绘画在西北地区有不少文化遗存，为人们留住了那时的生活瞬间。

Thursday May 31 2018

公历二〇一八年 · 五月

三十一

星期四

农历戊戌年 · 四月十七

今日三候麦秋至

世界无烟日

◎ 砖画牧马图

魏晋 甘肃嘉峪关新城五号墓出土

曹魏时期，魏武帝提倡薄葬，结束了两汉厚葬之风，但人们采取另外的方式装饰墓室，出现很多清新风格的艺术品，彩绘砖画即其中一种。魏晋时期西北地区战事渐少，农业、畜牧业获得很大发展，中原丰厚的文化底蕴传入西北地区，带去了前所未有的文化兴盛与繁荣，这在墓葬中体现为墓室彩绘砖画的兴起，并在中原绘画

國寶 2018

六月

洛水仙踪

Jun

是断裂。清嘉庆十八年（1813年）毁于火。现存有宋、明拓本。264年，三国吴孙皓继帝位，残暴昏庸，政局不稳。276年，改元天玺。为了稳定人心，佯称天降神谶文，为吴国祥瑞，于是刻碑，立于建业（今南京）天禧寺。此碑的建立与迷信有关，而碑文的书写也甚奇异，虽是篆书，但不同于任何篆书面目，若篆若隶，在书法史上最为奇特。康有为曾惊叹为「奇书惊世」。清代金石学家张廷济论道：「吴《天玺纪功碑》雄奇变化，沉着痛快，如折古刀，如断古钗，为两汉来不可无一不能有二之第一佳迹。」其书起笔方重，有隶书笔意，转折处则外方内圆，下垂处呈悬针状。后世篆刻家多受此碑启发，取其笔意入印。

Friday Jun 1 2018
公历二〇一八年 · 六月

一日

星期五

农历戊戌年 · 四月十八
今日国际儿童节

◎ **天发神谶碑** 三国

此碑又称《吴天玺纪功颂》，三国吴天玺元年（276年）刻。石呈圆幢形，环而刻之。宋时原石断为三段。上段21行，中段17行，下段10行，共存213字，故又称《三段碑》。一说此碑乃三石垒成，非

移居他地几辈之后仍对外表明旧籍，此时朱然其实居丹阳。左侧一枚书「丹杨朱然再拜问起居故鄣字义封」，这是将现住地与旧籍一并注明了。丹杨即今丹阳。这些名刺虽仍有隶书味道，但楷书特征已非常明显，笔画中的起笔、收笔和转折中的顿笔几乎完全是楷书。故此物在书法史上非常重要。

Saturday Jun 2 2018
公历二〇一八年·六月

二日

星期六

农历戊戌年·四月十九
六日芒种·十七父亲节

◎

朱然名刺

三国　马鞍山朱然家族墓博物馆藏

名刺以竹或木制成底板，墨书持有人的名字官职、爵位、籍贯、所居乡里等，用于拜谒时递给受访之人，相当于现在的名片。安徽马鞍山东吴朱然墓出土的三枚木刺，是我国目前出土的年代最早的木刺实物。右侧一枚，书「弟子朱然再拜问起居字义封」，「义封」是朱然的字，由于古人认为名是父母所赐，与别人见面时由别人随便称名是对自己父母的不敬，名只能自称或由长辈称晚辈，平辈之间称名为非礼，因此还需要在名刺上书写的字，以方便别人在见面时称呼自己的表字。谦称「弟子」，是拜谒尊者、长辈时所用。中间一枚，书「故鄣朱然再拜问起居字义封」，朱然是会稽郡故鄣（今浙江安吉）人，古人很注重籍贯，甚至

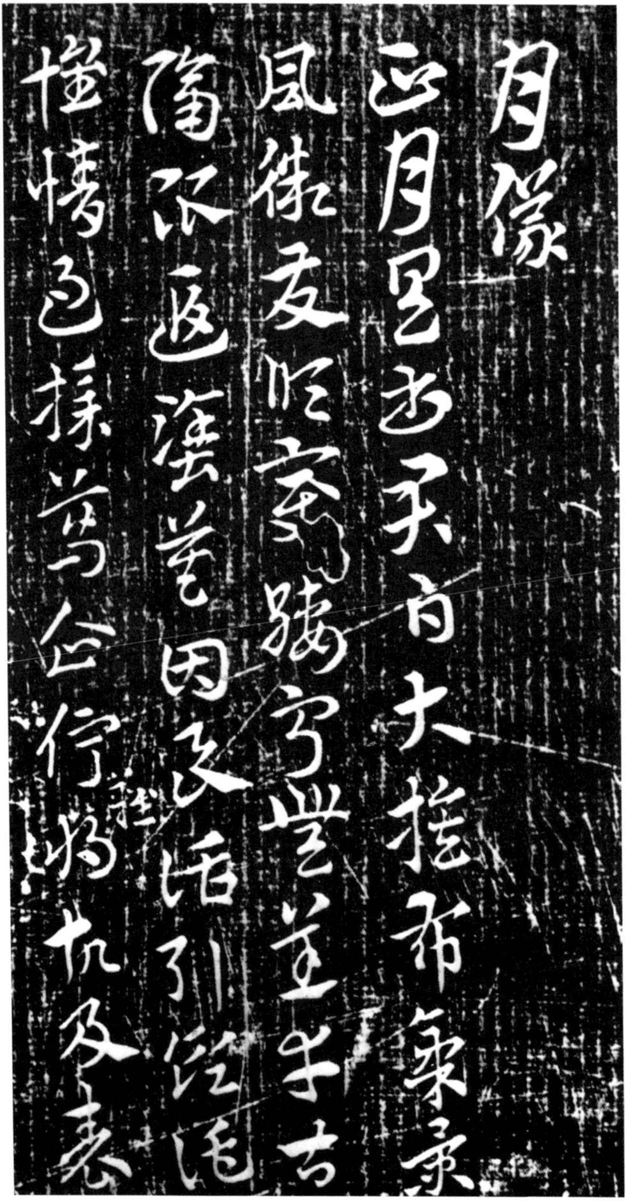

Sunday Jun 3 2018
公历二〇一八年·六月

三日

星期日

农历戊戌年·四月二十
六日芒种·十七父亲节

◎索靖《月仪帖》 西晋

此为章草名帖，今见为《邻苏园法帖》拓本，纵32厘米，书信文例，按月令书写，该拓本已缺4～6页，存18页。索靖（239～303年），字幼安，张芝之姊孙，敦煌人，官历尚书郎、酒泉太守等。因曾为征西司马，故人称「索征西」。年轻时就洛阳太学，为「敦煌五龙」之一，博通经史。迎讨河间王颙安之乱时受伤而卒，封安乐亭侯，谥曰庄。索靖擅章草，有《出师颂》《载妖》《七月》等帖，并著有书论《草书状》一篇传世。历来凡习章草者必学索靖。相传汉代的军事文牍之中，不便于在行伍中以隶书书写传递，于是便出现了简便写法的章草。章草是汉字在演变过程中的产物，比隶书更自由简便。

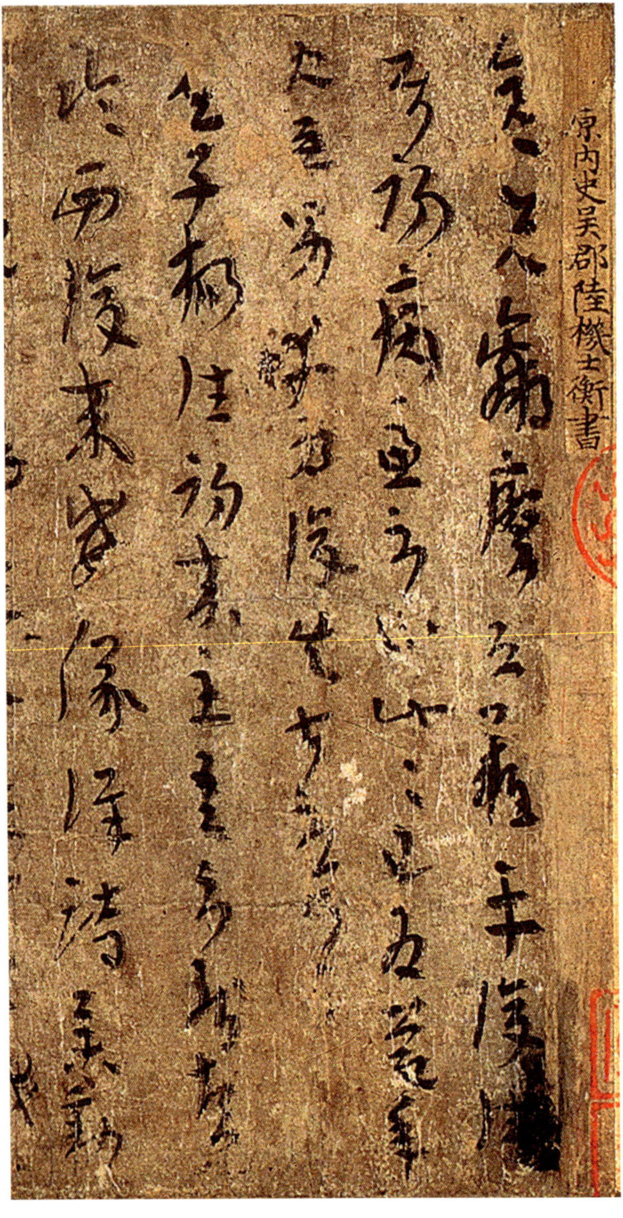
晋内史吴郡陆机士衡书

彦先羸瘵恐难平复
往属初病虑不止此此已为庆
承使唯男幸为复失前忧耳
吴子杨往初来主吾不能尽
临西复来威仪详跱举动

Monday Jun 4 2018

公历二〇一八年·六月

四日

星期一

农历戊戌年·四月廿一

六日芒种·十七父亲节

◎ 陆机《平复帖》

西晋 故宫博物院藏

《平复帖》为牙色麻纸本墨迹，9行84字。手卷，纵23.7、横20.6厘米。陆机，字士衡，吴郡（今苏州）人，西晋著名文学家和书法家。他的《平复帖》是我国古代存世最早的名人法书真迹，内容为陆机问候友人的手札，上有宋徽宗赵佶泥金题签与「宣和」「政和」二印。此帖字体介于章草、今草之间，对后世影响很大，历代书评家评述甚多，清人顾复称「古意斑驳而字奇幻不可读，乃知怀素《千字文》《苦笋帖》、杨凝式《神仙起居法》，诸草圣咸从此得笔」。董其昌赞道「右军以前，元常之后，唯存数行，为希代宝」。1937年末，收藏家张伯驹不惜倾家荡产从溥心畬手中购得此帖，历经艰险，悉心保管，使帖未流失海外，后献给国家。

羲之頓首喪亂之極
先墓再離荼毒追
惟酷甚號慕摧絕
痛貫心肝痛當奈

Tuesday Jun 5 2018
公历二〇一八年·六月

五日

星期二

农历戊戌年·四月廿二
今日世界环境日

◎ 王羲之《丧乱帖》

西晋　日本皇宫藏

王羲之书法作品现无一件真迹存世，传世王羲之作品均为摹本。据说唐太宗李世民极爱王羲之书法，把天下所藏都带入其陵墓陪葬。《丧乱帖》为行草墨迹，白麻纸本，纵28.7、横63厘米，唐时传入日本，或谓鉴真和尚东渡时带去。《丧乱帖》8行，同《二谢帖》5行、《得示帖》4行共摹于一纸。上有梁徐僧权、姚怀珍签押和日本桓武天皇「延历」年号。《丧乱帖》于痛苦不安情绪中所写，用笔自然挺劲，随情绪变化而出现轻重缓疾气象，完全摆脱了隶书和章草的限制，成为十分纯粹的行草体，被认为是较近王羲之书法本来面貌，为研究王羲之书风的重要材料。此帖在日本流传1300余年，被视为国宝，为中国书界所知不过百余年。清光绪十八年（1892年），杨守敬首先摹勒于《邻苏园法帖》，影印本1934年后传入中国。

永和九年歲在癸丑暮春之初會
于會稽山陰之蘭亭脩稧事
也羣賢畢至少長咸集此地
有崇山峻領茂林脩竹又有清流激
湍暎帶左右引以為流觴曲水

芒种

星期三

农历戊戌年·四月廿三
今日芒种·一候螳螂生

◎ **王羲之《兰亭序》**

东晋　湖南省博物馆藏

兰亭序，又名《兰亭集序》，晋代书法家王羲之撰写，历代书法名家公认天下第一行书。东晋穆帝永和九年（353年）三月初三，王羲之与谢安、孙绰等四十一人，在山阴城（今浙江绍兴）的兰亭修禊，各有诗，辑为《兰亭集》，王羲之为之书写序文，记叙兰亭山水之美和聚会雅兴。法帖共28行，324字。《兰亭序》是王羲之51岁时的得意之笔，对中国书法艺术的影响无可与之匹敌者。王羲之生活的时代，正是魏晋玄学盛行、两汉儒家经学崩溃的时代，个性解放的人学强有力地取代了先秦神灵美学思想，让书法成为表现人格个性、诗意情怀以及人文价值的艺术手段。毫无疑问，《兰亭序》成为中国艺术史上的一个标志性事件，行书自此登上历史舞台，书法家个人魅力开始展现，书法成为一种文化表达。惜乎真迹已不存，唐太宗曾命当时多位以书法著称的朝臣摹写《兰亭序》，传世有五大摹本，此本为褚遂良所摹写。

中顏曰三希堂 御筆又識

晉王珣伯遠帖

珣頓首頓首伯遠勝業情

期群從之寶自以羸患

志在優遊始獲此出意

不剋申分別如昨永為疇

古遠隔嶺嶠不相瞻臨

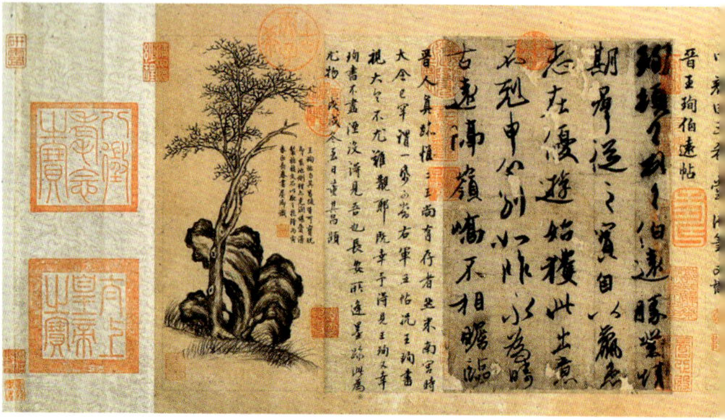

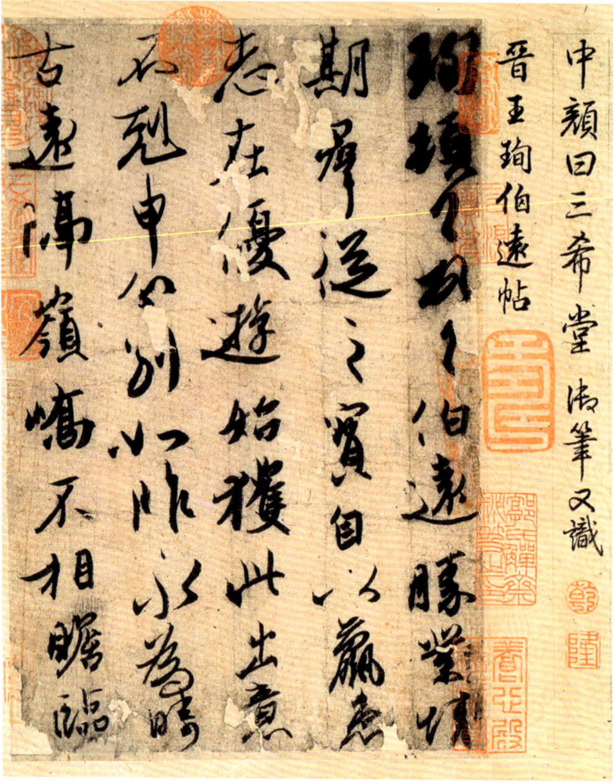

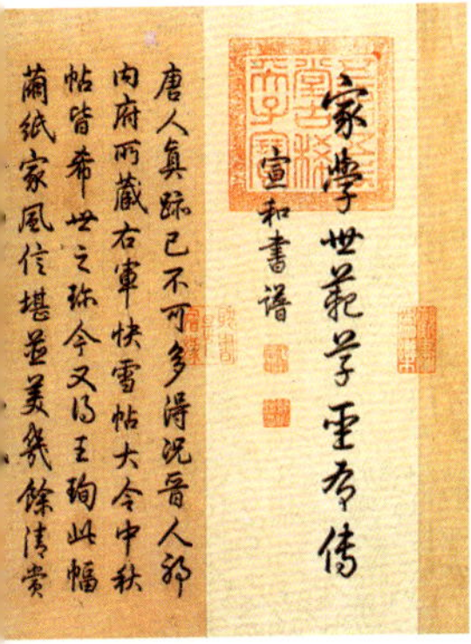

Thursday Jun 7 2018

公历二〇一八年 · 六月

七日

星期四

农历戊戌年 · 四月廿四

十七父亲节 · 十八端午节

◎ **王珣《伯远帖》** 西晋 故宫博物院藏

王珣（350 ~ 401年），字元琳，琅琊临沂人，出身于东晋王氏一族。祖父王导、父王恰均精于书法，王羲之为其堂叔。《伯远帖》是难得的东晋名人法书真迹，为东晋王氏家族存世的唯一真迹，一直被书法家、收藏家、鉴赏家视为稀世瑰宝。《伯远帖》是王珣问候亲友疾病的信札，为行书早期典范之作，通篇充满「逸气」，这正是晋人书法所追求的最高境界。董其昌在《画禅室随笔》中评价此帖「潇洒古淡，东晋风流，宛然在眼」。清人姚鼐的赞语更加形象：「如升初日，如清风，如云，如霞，如烟，如幽林曲洞。」清乾隆帝把《伯远帖》和王羲之的《快雪时晴帖》、王献之的《中秋帖》（后二者非真迹，为描摹本）称为「三希」，建三希堂，编刻大型法书丛帖为《三希堂法帖》。

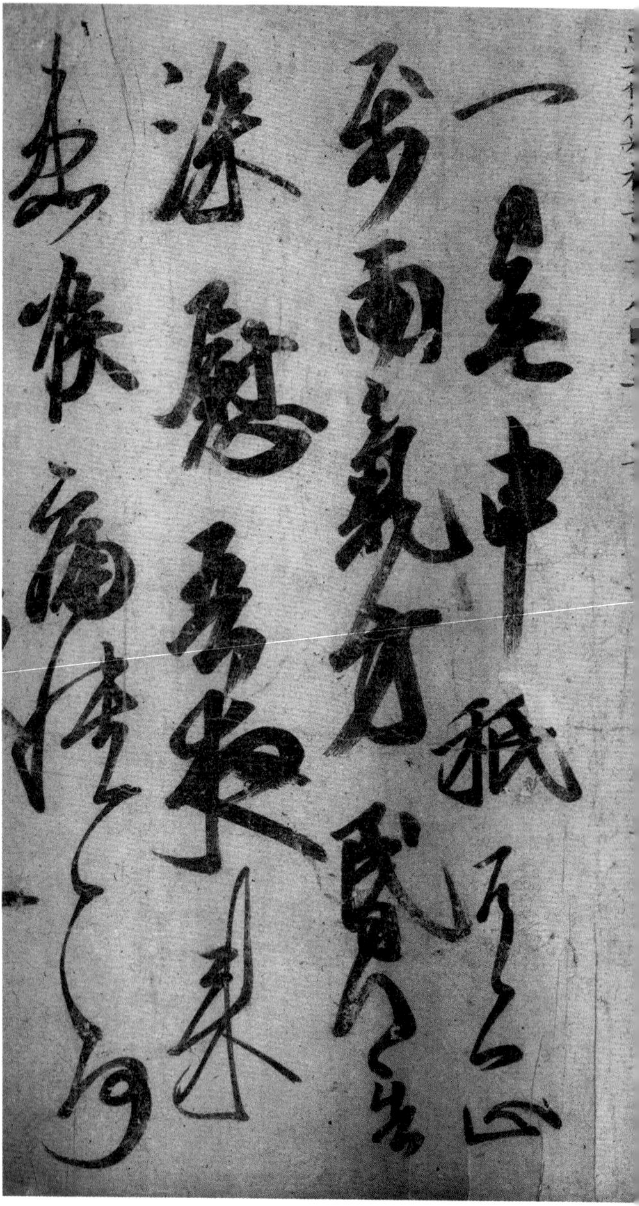

Friday Jun 8 2018
公历二〇一八年·六月

八日

星期五

农历戊戌年·四月廿五
今日世界海洋日

◎ **王志《无申帖》** 南朝·梁 辽宁省博物馆藏

王志（460～513年）字次道，琅琊临沂人。《无申帖》书法为行草，在南北朝书法中别具一格，对二王笔法有所继承而又具自家神韵。前三列字行楷多，后二列草法多，书写速度愈来愈快，如疾风暴雨突至，完全进入书家创作状态。后世米芾书法明显受其影响。

晉故振
威將軍
建寧太
守爨府
君之墓

君諱寶子字寶子建寧同樂人也君少稟瓌偉之質長挺高邈之操通曠清恪
發自天然冰絜簡靜道兼行葦淳粹之德戎晉歸仁九皋唱於名響束帛集於
閨庭抽簪俟駕朝野詠歌州主簿治中別駕舉秀才本郡太守寧撫氓庶物物
得所春秋廿三寢疾喪官莫不嗟痛人百其躬情慟發中相與銘誄休揚令終
永顯勿翦其辭曰
山嶽吐精海誕陼光穆穆君侯震響鏘鏘弱冠稱仁詠歌朝鄉在陰嘉和處淵
流芳宮宇數仞循得其牆馨隨風烈耀與雲揚鴻漸羽儀龍騰鳳翔矯翮淩霄
將賓乎王鳴鸞紫闥濯纓滄浪庶民子來摯維同響周遵絆馬曷能赦放位才
之緒遂居本邦志鄴方熙道隆黃裳當保南岳不騫不崩享年不永一匱始倡
如何不弔殲我貞良回抱聖姿影命不長自非金石榮枯有常幽潛玄宮攜手
顏張至人無想江湖相忘於穆不已肅雍顯相永惟平素感慟忾慷林宗沒矣
令名遂彰爰銘斯誄庶存甘棠嗚呼哀哉
太亨四年歲在乙巳四月上恂五

主簿楊磐
錄事孟慎
西曹陳勃
都督文禮
都督董徹
省事陳奴
省事楊賢
書佐李仂
書佐劉兒
幹吏任升
幹吏毛禮
小吏楊利
威儀王

Saturday Jun 9 2018
公历二〇一八年·六月

九日

星期六

农历戊戌年·四月廿六
今日中国文化和自然遗产日

◎ 爨宝子碑

东晋 云南曲靖南杨旗田出土

此碑立于东晋义熙元年（405年），清乾隆四十三年（1778年）出土，今存曲靖市一中校园内。碑高5尺4寸，宽1尺8寸。碑额书「晋振威将军建宁太守爨府君之墓」15字；正文13行，满行30字，共336字，字径约1寸；下列题名13行，行4字。碑文字体在楷、隶之间。爨宝子（380～403年），建宁同乐（今云南陆良）人，19岁即就任建宁（今云南曲靖）太守，对外宾服于中原王朝，对内行平等和睦之策，人民安居乐业，各得其所。死后僚属和百姓为其树碑。魏晋是书法史上新旧杂糅、楷隶相参的时期，《爨宝子碑》便具有这种转型期的特点。史上因《爨龙颜碑》体量大而称之为「大爨」，称《爨宝子碑》为「小爨」，合称为「二爨」。

宋故龍驤
將軍護鎮
蠻校尉寧
州刺史邛
都縣侯爨
使君之碑

十日

星期日

农历戊戌年 · 四月廿七
十七父亲节 · 十八端午节

◎ 爨龙颜碑

南朝

此碑始建于南朝刘宋孝武帝大明二年（458年），发现于云南省陆良县城东南约10公里的贞元堡，通高3.38、上宽1.35、下宽1.46米，碑阳正文24行，行45字，共927字，是云南现存晋宋间最有价值的碑刻之一，爨氏为东汉末至唐初著名的「南中大姓」，是当时滇东和滇池地区的世袭统治者。墓主爨龙颜历任建宁、晋宁二郡太守及宁州刺史，碑文记载了爨氏历史和墓主祖孙三代的仕历，为人们研究爨氏家族及南北朝时云南的历史提供了宝贵的资料。此碑为清金石学家、云贵总督阮元于道光七年（1827年）发现，遂即令知州张浩建亭保护。1986年将此碑移入邻近新修复的斗阁寺大殿内。康有为对此碑推崇备至，赞其「下画如昆刀刻玉，但见浑美；布势如精工画人，各有意度。当为隶、楷极则」。此碑书法奇诡难学，但学有所得者往往出奇制胜。

如來如不可得色如中如來不可得如來如中色如不可得色
法相中如來法相不可得如來法相中色法相不可得受想
行識法中乃至一切種智亦如是憍尸迦如來色中不合不散
受想行識如中不合不散如來離色如不合不散離受想
行識如不合不散乃至一切種智亦如是如來色法相中不合
不散受想行識法相中不合不散乃至一切種智亦如是憍
尸迦如是等一切法中不合不散是深神力用无所受法故一如

Monday Jun 11 2018
公历二〇一八年 · 六月

十一

星期一

农历戊戌年 · 四月廿八
今日二候䴗始鸣

◎安弘嵩《大智度论残卷》（局部）

北凉　故宫博物院藏

《大智度论》是一部非常重要的佛教典籍，对中国佛教影响深远。敦煌藏经洞出土的《大智度论》写卷数量多达279件，这些写卷多为南北朝时期写本，具有极高的研究和校勘价值，但由于自然或人为原因，不少写卷断成数截，分藏于世界各地，给学术研究带来很大不便。安弘嵩《大智度论残卷》，纸本，宽25.1、长342.5厘米。写经从隶书脱化而成，楷中间行，流利劲畅，墨韵沉著，可谓难得的精品。安弘嵩，十六国时期北凉专事佛经译写的僧人，事迹不详。汉字书体自汉至魏晋经历了由隶至楷的演变，北凉地处西域，其传世墨迹和碑刻较之中原同期作品仍保留有较多隶意。

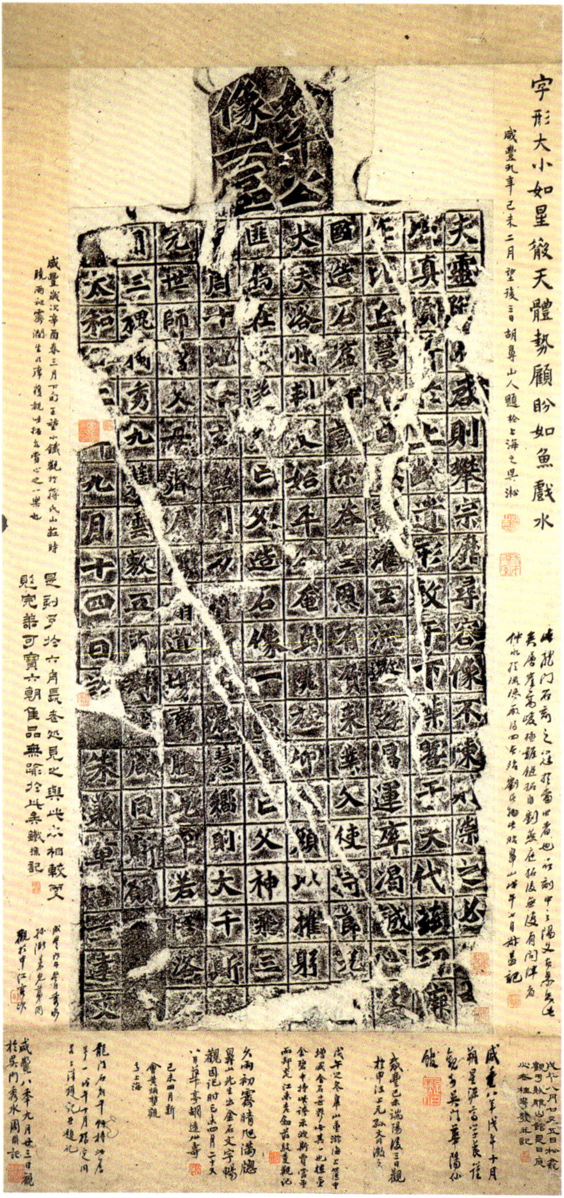
字形大小如星散天體勢顧盼如魚戲水

Tuesday Jun 12 2018
公历二〇一八年·六月

十二

星期二

农历戊戌年·四月廿九
今日世界无童工日

◎ 始平公造像记

北魏　洛阳龙门石窟古阳洞北壁

自494年孝文帝迁都洛阳，龙门即开始大造石窟，从北魏至唐150余年中，造像10万余尊，碑刻和题记3600余块。《始平公造像记》即为佛龛题记，孟达撰文，朱义章楷书，10行，行20字，北魏太和二十二年（498年）九月十四日造讫，其书体一反南朝靡弱的书风，多取方笔，斩钉截铁，锋芒毕露，开创北碑方笔的典型，历来被许为北碑第一，为龙门二十品之一。全文皆取阳刻法，逐字界格，为历代石刻所仅见，而且把书者、撰文者姓名连同刊立时间列于其上，共同构成一幅完整的北碑书法作品。康有为称其「雄峻伟茂，极意发宕，方笔之极规也」，「遍临诸品，终于《始平公》极意疏荡。骨格成，体形定，得其势雄力厚，一生无靡弱之病」。包世臣言其「具龙威虎震之规」。

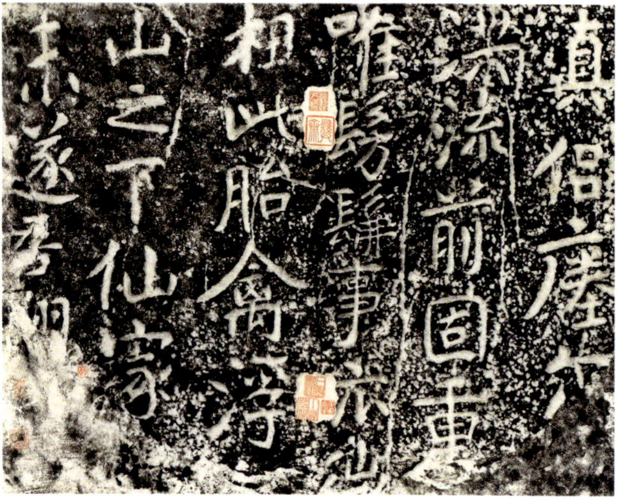

鹤铭》残石打捞考古再次开工，动用多种现代技术手段，受到了国内外广泛关注。

《瘗鹤铭》宋拓本共15页，每页2字，纵24.5、横14.6厘米。经历代专家考证，《瘗鹤铭》原文应在160字左右，其书艺历代评价极高，北宋黄山谷评为「大字无过瘗鹤铭」，明王世贞评：「此铭古拙奇峭，雄伟飞逸，固书家之雄。」书法艺术成就极高。此铭究竟是何人所书，历来存有争议。此碑之所以被推崇，因其为南朝时代书法气韵，特别是篆书的中锋用笔的渗入，加之风雨剥蚀效果，增强了线条的雄健凝重及深沉韵味。此碑拓本久传海内外，既是成熟的楷书，又可从中领会楷书发展过程中之篆、隶笔势遗踪。

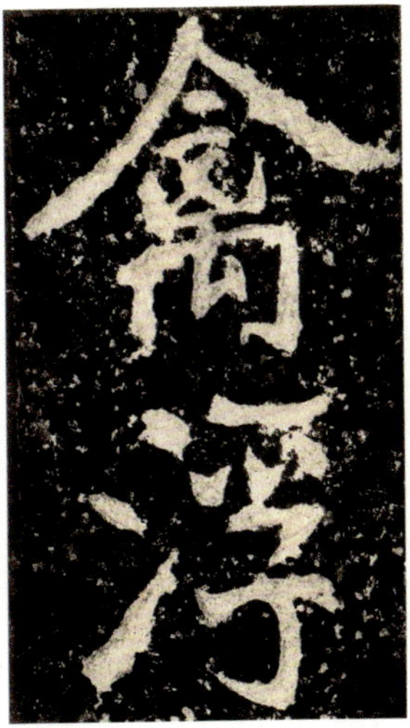

Wednesday Jun 13 2018
公历二〇一八年 · 六月

十三

星期三

农历戊戌年 · 四月三十
十七父亲节 · 十八端午节

◎瘗鹤铭 南朝

此铭刻于南朝梁天监十三年（514年），存90余字，原刻在江苏镇江焦山西麓断崖石上，后遭雷击崩落于长江。北宋熙宁年间，修建运河，捞出一块断石，为《瘗鹤铭》一部分。一百年后南宋淳熙间，运河重修，又打捞出四块，与先前打捞上来的那块断石拼凑在一起，恰是失传很久的《瘗鹤铭》。明洪武年间，五块断石复又坠江。清康熙时，镇江知府陈鹏年花巨资募人打捞，在距焦山下游三里处将这五块残石捞出，共93字。乾隆二十二年嵌于焦山定慧寺壁间。1997年，镇江博物馆和焦山碑刻博物馆联合对《瘗鹤铭》残石进行考古打捞，发现了「欠」和「无」二字。2008年10月8日，《瘗

出身除奉朝請優遊
文才秀儁慕其雅尚
朝廷以君蔭[illegible]如此
德[illegible]宣暢以熙平之

Thursday Jun 14 2018
公历二〇一八年·六月

十四

星期四

农历戊戌年·五月初一
十七父亲节·十八端午节

◎

张猛龙碑

北魏　原碑现存山东曲阜孔庙

《张猛龙碑》全称《鲁郡太守张府君清颂碑》，北魏正光三年（522年）正月立，无书写者姓名，碑阳24行，行46字。碑阴刻立碑官吏名10列。额正书「魏鲁郡太守张府君清颂之碑」3行12字。为正宗北碑书体。向被世人誉为「魏碑第一」，书法劲健雄俊。清杨守敬评其「书法潇洒古淡，奇正相生，六代所以高出唐人者以此」。沈曾植评：「此碑风力危峭，奄有钟梁胜景，而终幅不染一分笔，与北碑他刻纵意抒写者不同。」康有为谓「结构精绝，变化无端」「为正体变态之宗」。该碑已开初唐楷书法则之肇始，习魏碑者以此碑为首选。

相近，而渊穆时或过之。」又说：「大字如小字，惟《鹤铭》之如意指挥、《经石峪》之顿挫安详，斯足当之。」清康有为称之为「榜书之宗」。他在《广艺舟双楫·榜书》中说：「《经石峪》圆笔也，《白驹谷》方笔也，然以《经石峪》为第一。其笔意略同《郑文公》。草情篆韵，无所不备。雄浑古穆，得之榜书。较『观海』书尤难也。若下视鲁公『祖关』『逍遥楼』、李北海『景福』、吴琚『天下第一江山』等书，不啻兜率天人视沙尘众生矣，相去岂以道里计哉！」清杨守敬说：「北齐《泰山经石峪》以径尺之大书，如作小楷，纡徐容与，绝无剑拔弩张之迹，擘窠大书，此为极则。」

Friday Jun 15 2018
公历二〇一八年·六月

十五

星期五

农历戊戌年·五月初二
十七父亲节·十八端午节

◎ 泰山经石峪金刚经

此为著名摩崖刻石，刻于山东泰山南麓斗母宫东北一公里处花岗岩溪床之上，南北长56、东西宽36米，约2000多平方米，是汉字刊刻面积最大的作品。泰山经石峪2000多个径一尺多的大字，镌刻在一处巨大的溪床石壁之上，现场壮观，震撼人心。佛教在南北朝时期传播很快，除了修建大量的寺院供养以外，还大量镌刻佛经于石碑崖壁。经石峪摩崖《金刚经》书体在楷、隶之间，偶有篆意，古拙朴茂，静谧安详，为历代书家所推崇。清包世臣在《艺舟双楫》中说：「《泰山经石峪大字》与《瘗鹤铭》

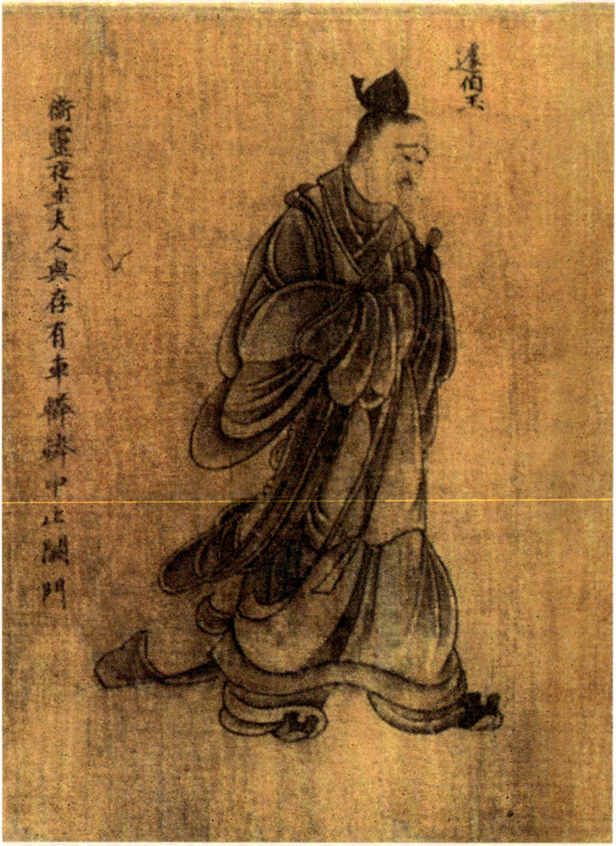
蘧伯玉
衛靈夜坐夫人與存有車轔轔中止闕門

Saturday Jun 16 2018
公历二〇一八年 · 六月

十六

星期六

农历戊戌年 · 五月初三
今日三候反舌无声

◎ 顾恺之《列女仁智图》（一） 东晋 故宫博物院藏

顾恺之（约346～407年），字长康，小字虎头，无锡人，东晋大司马参军，后任通直散骑常侍。《世说新语》中对他多有记述，是一位颇有风度的人物，多才艺，工诗赋，擅书画，是中国最早一批文人画家中的卓越者。他的出现，标志着中国绘画艺术进入画家阶段。他画人物尤善点睛，自述：「四体妍蚩，本无关于妙处；传神写照，正在阿堵之中。」在中国绘画史上，他第一个明确阐述眼睛对塑造人物的重要性，这段话成为画论名言。他同时也是画论家，著有《论画》《魏晋胜流画赞》《画云台山记》等，提出「迁想妙得」「以形写神」等著名论点，对中国绘画的发展有深远影响。图为《列女仁智图》之「遽伯玉」，表现的是春秋时期卫国贤臣遽伯玉在无人监视的情况下坚持「不欺暗室」的故事。

大权旁落于外戚手中，危及刘氏政权。楚元王四世孙光禄大夫刘向（前77～前6年）针对这一情况，采摘古来诗书上所记载的贤妃、贞妇、宠姬等资料，编辑成《列女传》一书呈送汉成帝，希望他从中吸取经验教训，以维护刘氏政权。全书按妇女的封建道德行为准则和给国家带来的治、乱后果，分为母仪、贤明、仁智、贞顺、节义、辩通、孽嬖七卷，此图即其中「仁智卷」部分。「仁智卷」共收集15个列女故事。此卷为残本，其中「楚武邓曼」「许穆夫人」「曹僖负羁妻」「孙叔敖母」「晋伯宗妻」「卫灵公夫人」「晋羊叔姬」7个故事保存完整。

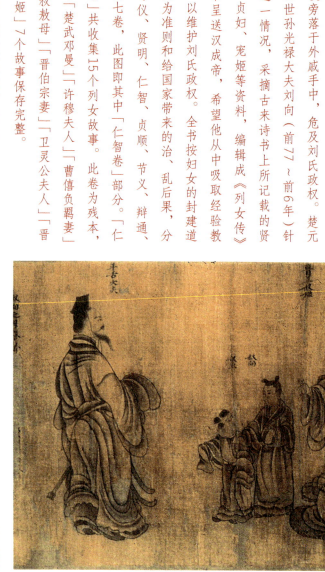

Sunday Jun 17 2018
公历二〇一八年 · 六月

十七

星期日

农历戊戌年 · 五月初四

今日父亲节

世界防治荒漠化和干旱日

◎顾恺之《列女仁智图》（二）

东晋　故宫博物院藏

《列女仁智图》的创作起源于汉成帝时事，汉成帝沉湎于酒色，宠信赵飞燕姐妹，朝政

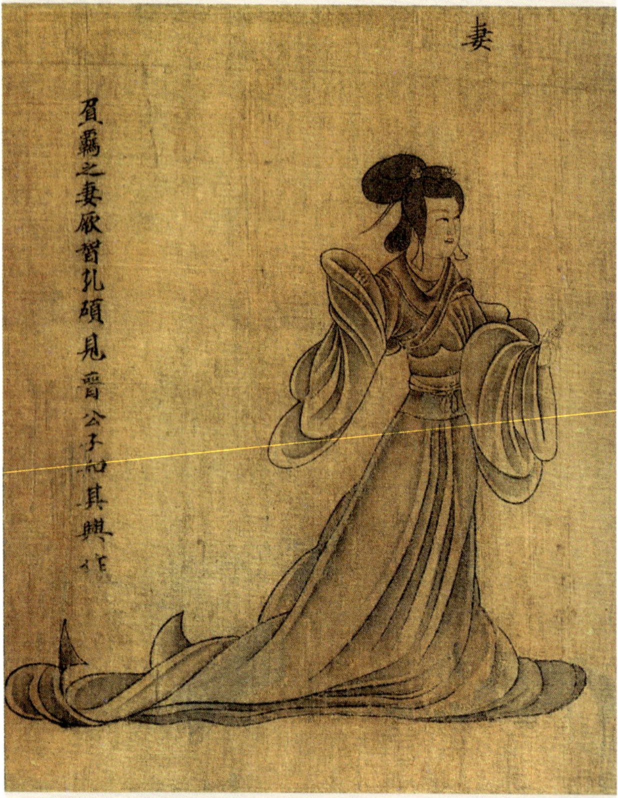
妻
負羈之妻厥智孔碩見晉公子知其興作

Monday Jun 18 2018
公历二〇一八年·六月

端午

星期一

农历戊戌年·五月初五
今日端午节·廿一夏至

◎ 顾恺之《列女仁智图》（三）

东晋 故宫博物院藏

《列女仁智图》是一种讽谏之作，其中「负羁之妻」，表现的是春秋时曹国大夫僖负羁妻子的贤德故事。《左传·僖公二十三年》载：晋公子重耳逃亡时路过曹国，曹君听说他生有骈胁，想一看究竟。大夫僖负羁劝谏阻止。曹君不听。僖负羁妻知道此事后，劝丈夫以美食玉璧结好重耳，进行安慰。之后重耳在齐国即位，当与曹国发生战争时，打败曹国并俘获曹君，谴责他不用僖负羁之罪，并命令军队无入僖负羁之宫，宽待其族人。后人以「负羁妻」指有识见的妇女。此图负羁妻形象优容，前伸左手，微举右臂，似述说状。人物发髻、衣裙具为上层妇女样貌。裙摆颀长，似有夸张，但对于表现人物风采极有助力。

《洛神赋图》是中国绘画史上第一幅改编自文学作品的画作，它是顾恺之读到曹植的《洛神赋》后创作出的巨幅作品，再现了文学中浪漫而又凄迷的爱情故事。《洛神赋图》在布局上采用了连续多幅画面表现一个完整情节的手法，在构图上运用了卷轴的形式，便于阅览，完整且统一。曹植和洛神在不同背景下反复出现，使故事情节得到演进。作品对环境的描绘促进了后世山水画的发展。《洛神赋图》开创了中国传统绘画长卷的先河，把表现对象神韵作为艺术追求的目标，从而把绘画境界提到一个新水平，中国绘画从此走上重视人的内心世界并表达画家主观感受的道路。从这个角度说，《洛神赋图》是划时代的伟大作品。

Tuesday Jun 19 2018
公历二〇一八年 · 六月

十九

星期二

农历戊戌年 · 五月初六
廿一夏至 · 七日小暑

◎顾恺之《洛神赋图》（一） 东晋 故宫博物院藏

顾恺之《洛神赋图》原作为设色绢本，横572.8、纵27.1厘米。是由多个故事情节组成的类似连环画而又融会贯通的长卷，原件现已失，传世的有宋代的四件摹本，分藏故宫博物院、辽宁省博物馆和美国弗利尔美术馆。

教化，助人伦」的说教，而是开创出一条新的审美道路。画卷从右端开始，第一段描绘了黄昏，曹植率领众随从经过洛水之滨时遇到风姿绝世的洛神凌波而来。曹植解玉佩相赠表达对洛神的深切爱慕，二人情意缠绵。洛神与诸神舒袖歌舞，极尽幻美。但最终人神殊途，含恨别离。洛神乘云车远去，鲸、龙、云、气腾飞托举。曹植目送洛神远去，眼含无尽哀伤。洛神亦频频回首，似有不舍与依恋。洛神离去后，曹植压抑不住思念。驱舟追赶云车，但再也寻觅不到洛神的踪影。《洛神赋图》以绘画手段将曹植《洛神赋》的主题再现出来，富有浪漫主义色彩，充满诗意。

◎顾恺之《洛神赋图》（二）　东晋　故宫博物院藏

中国艺术自魏晋南北朝时期开始，从「神」的世界走向「人」的世界，《洛神赋图》具有开创意义并是集大成者。它开创了一种新的艺术传统，主题不再是歌颂女性的道德，而是赞美她们的美丽，并张扬一种人性的理想。不是「成

Wednesday Jun 20 2018
公历二〇一八年·六月

二十

星期三

农历戊戌年·五月初七
明日夏至·七日小暑

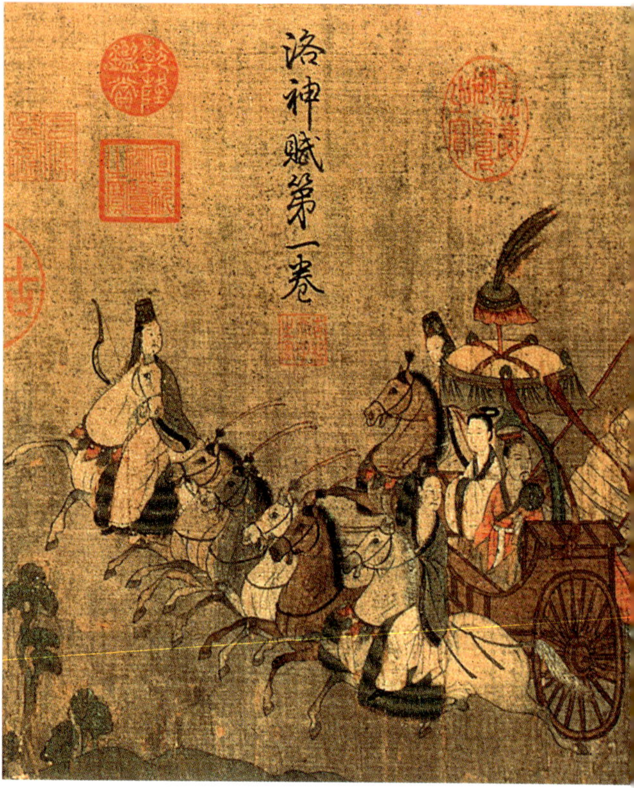

有历代皇帝的题和跋，包括清乾隆皇帝的御题和藏印。这卷宋摹本在一定程度上保留了顾恺之艺术的若干特点，画风仍存六朝遗韵，是保存较好、也是最接近原貌的一件。作品绢本设色，全幅作品共画了61个人物，画面中对山石、树木和马匹以及想象中的云霓、水兽、神仙车辇的描绘十分生动，使人如见其景，如闻其声。

Thursday Jun 21 2018
公历二〇一八年 · 六月

夏至

星期四

农历戊戌年 · 五月初八
今日夏至 · 一候鹿角解

◎ 顾恺之《洛神赋图》（三）
东晋　故宫博物院藏

故宫藏本中有元代赵子昂行书抄录的《洛神赋》全文，也

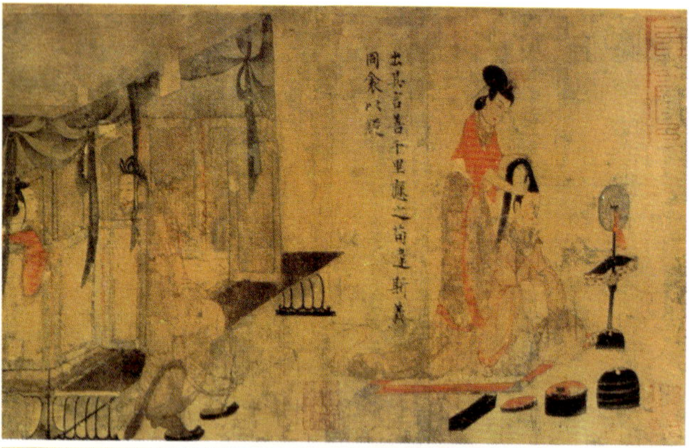
出其言善千里應之苟違斯義
同衾以疑

Friday Jun 22 2018
公历二〇一八年·六月

二十二

星期五

农历戊戌年·五月初九
七日小暑·十八天呒节

◎ 女史箴图

东晋 大英博物馆藏

《女史箴图》为东晋绘画作品，一说为顾恺之作，一说为当时宫廷画家作。此图依据西晋张华《女史箴》一文而作，原文12节，所画亦为12段，现存9段，绢本，设色，纵24.8、横348.2厘米。1860年「火烧圆明园」后被掠夺至英国。由于英国方面知识欠缺，保管不善，将其拦腰截为两段，并出现了掉渣现象。故宫博物院另藏有宋代摹本，纸本墨色，水平稍逊，多出两段。张华《女史箴》是对晋惠帝和贾皇后的讽喻之作，北魏孝文帝时命作此图当有所指。作品描绘上层妇女的道德故事，但同时是对她们日常生活梳妆打扮等的描绘，真实而生动地再现了贵族妇女的生活状态，对了解东晋时期服饰、家具以及生活习俗有所帮助。下图这段为冯婕妤以身挡熊救汉元帝的故事。

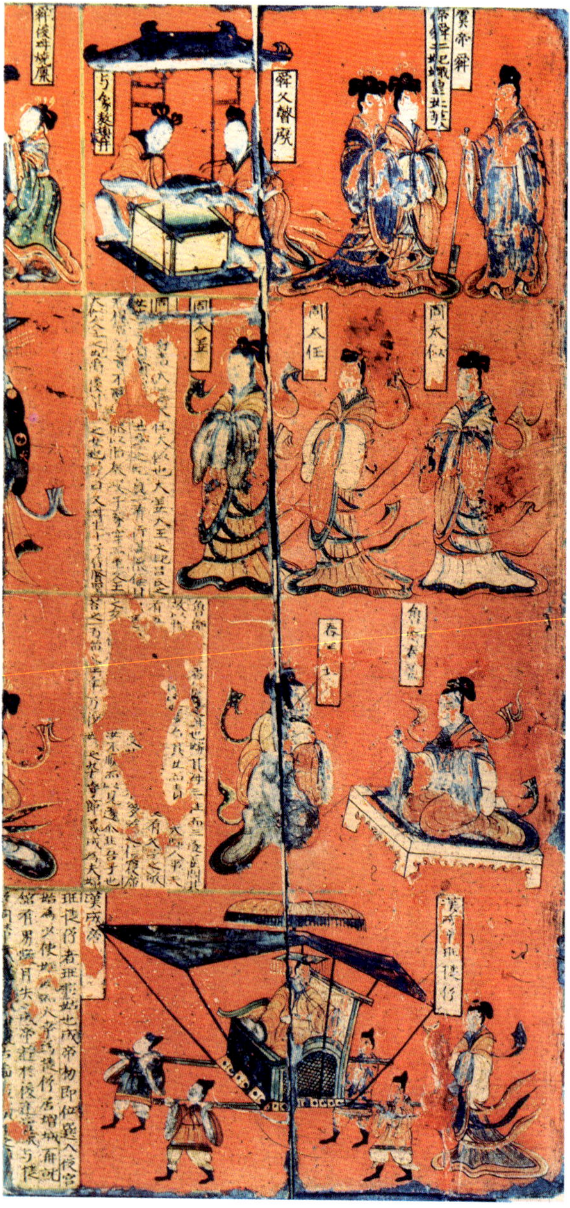
虞帝舜
帝舜二妃娥皇女英
舜父瞽叟
周太姜
周太任
周太姒
漢成帝
漢成帝班倢伃

Saturday Jun 23 2018
公历二〇一八年·六月

二十三

星期六

农历戊戌年·五月初十
今日国际奥林匹克日
联合国公务员日

◎《列女古贤图》屏风漆画

北魏 山西省博物馆、大同市博物馆分藏

古代仕女是什么样子？这是一个很有趣的话题，也只有古人留下的绘画能够使我们揣摩一二。出土于北魏司马金龙夫妇合葬墓中的屏风漆画《列女古贤图》给后世提供了重要参考。墓主司马金龙为晋皇室后裔，官至「使持节侍中镇西大将军吏部尚书羽真司空冀州刺史琅玡康王」，已有相当高的地位，所以其墓葬营建是有充分准备的，其中的屏风漆画堪称书画俱佳的作品，绘有多幅画面和人物，红漆为底，黑漆勾画人物形象和各种家具、用品。左图中处于主要位置的仕女显然地位尊贵，盘坐于宽大席床上，身后有多位侍女陪侯，看长裙拖地的站立者与夫人对话。画面亲切自然，既有贵族豪华气派，又有寻常温馨感觉。

子董永

尉
子蔡順

Sunday Jun 24 2018
公历二〇一八年 · 六月

二十四

星期日

农历戊戌年 · 五月十一
七日小暑 · 十八天晛节

◎ 石棺线刻孝子图

北魏 美国纳尔逊博物馆藏

北魏孝子故事线刻石棺，20世纪30年代出土于洛阳附近，1933年入藏美国纳尔逊博物馆。线刻位于石棺的两帮外侧，内容为孝子故事，表现舜、郭巨、董永、蔡顺、王琳等的孝行事迹。每幅故事上方有一榜题，两帮自前向后各有三组连续性画面。每个画面表现一个孝子故事。这一大型人物浮雕是北魏时期绘画和工艺高度的见证，对于研究中国早期绘画有特别重要的意义。作品线条绵密，人物刻画精细，尤其是树木花卉极度张扬火辣，显示出蓬勃旺盛的生长状态，这也是创作者的精神折射，千载之后，仍然令人惊叹。

◎ **砖画出行图**

魏晋　甘肃省博物馆藏

此图绘于墓室壁砖，纵36、横120厘米，1972年嘉峪关市新城第五号墓出土。图中描绘的是墓主人出行的仪仗场面，前有卫队，后有随从，墓主人居中间显著位置，头戴官帽，身穿官服，马匹也更加肥大一些。画面主要采用线条勾勒和填彩方式，画风朴素，笔法简练纯熟，有很高的艺术水平。

Monday Jun 25 2018
公历二〇一八年 · 六月

二十五

星期一

农历戊戌年 · 五月十二
今日世界海员日

传是唐代画家阎立本的作品。但据宋人黄伯思称，他所见画本人物华虏相杂，认为是杨子华之迹无疑；他同时披露，当时此图不只一本。目前，学术界比较一致的观点认为：杨作、阎作早已佚失，留传至今的是宋人摹本。该图是一幅有史实内容的纪实性图卷，就这一点而言，难能可贵，后世除《韩熙载夜宴图》等少数佳作外，写实传统并没有得到太大继承。

◎ 杨子华《北齐校书图》（一）

北齐　美国波士顿美术馆藏

《北齐校书图》为北齐画家杨子华作品，绢本设色，纵80、横240厘米，是一幅非常宏大的作品。据北宋黄庭坚题跋所记述的内容看，此图的后半已有所不同，图左的奚官、马匹已是后加，原来的半段于南宋时丢失。画面表现的是北齐天保七年（556年）文宣帝高洋命人校勘五经诸书的故事。《北齐校书图》相

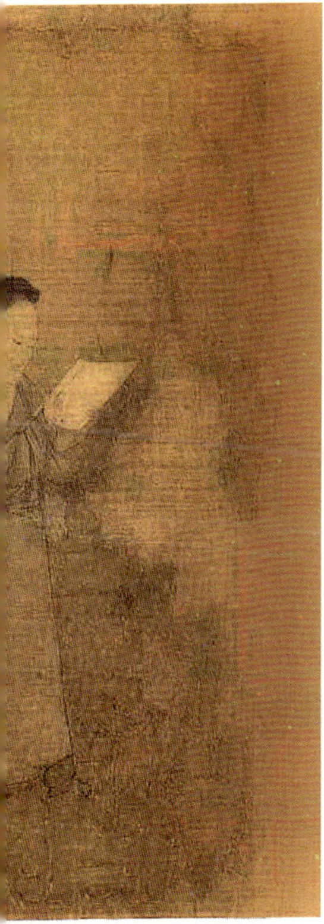

Tuesday Jun 26 2018
公历二〇一八年·六月

二十六

星期二

农历戊戌年·五月十三
今日二候蜩始鸣
国际禁毒日

确非易事。樊逊受此重任，倍加认真负责。他依据汉时刘向校书的方法，就北齐境内所有公私藏书收集致全，精心校阅，除当时官家藏书外，「凡得别本三千余卷，五经诸史，殆无疑阙」。在连年战乱的南北朝时期，这对于保存我国古代典籍做出了很大贡献。图中表现的就是校刊群书的历史事件，浓髯者樊逊为落笔状，左右侍者和秀才六人，分别在做着各自的事。

◎ 杨子华《北齐校书图》（二）

北齐　美国波士顿美术馆藏

全图共绘十九人。图右坐着的人为北齐文学家樊逊，天保七年（556年），北齐文宣帝高洋下诏校订皇家藏书，以供皇太子览阅，樊逊与11名秀才同被诏定校刊群书。在战争频繁且又分裂割据的情况下，高洋能够这样重视文翰事业，

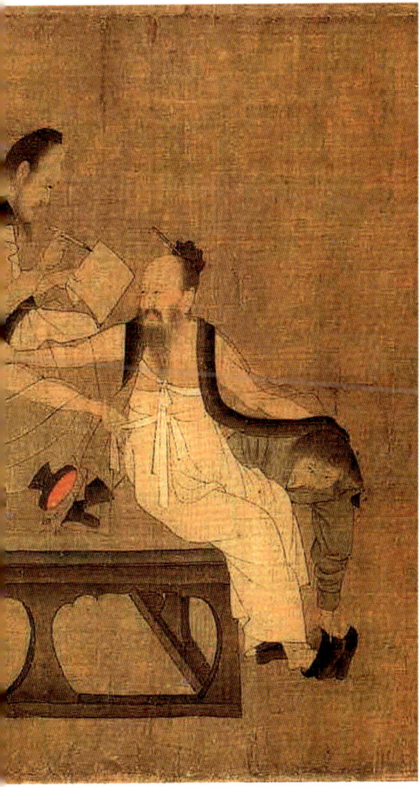

Wednesday Jun 27 2018
公历二〇一八年·六月

二十七

星期三

农历戊戌年·五月十四
七日小暑·十八天贶节

◎ 杨子华《北齐校书图》（三）

北齐　美国波士顿美术馆藏

图中间四位秀才，或执笔，或会话，并有仕女四人，各抱器具，各具情态。侍从两人牵马两匹。此图所绘人物的服饰、形貌以及用品、物具极其细腻，画法高妙，为此前所罕有。北齐是南北朝时期北方割据政权，汉族与鲜卑族共处，此图反映了北齐人的面貌，也反映了汉民族与少数民族文化交融的历史。

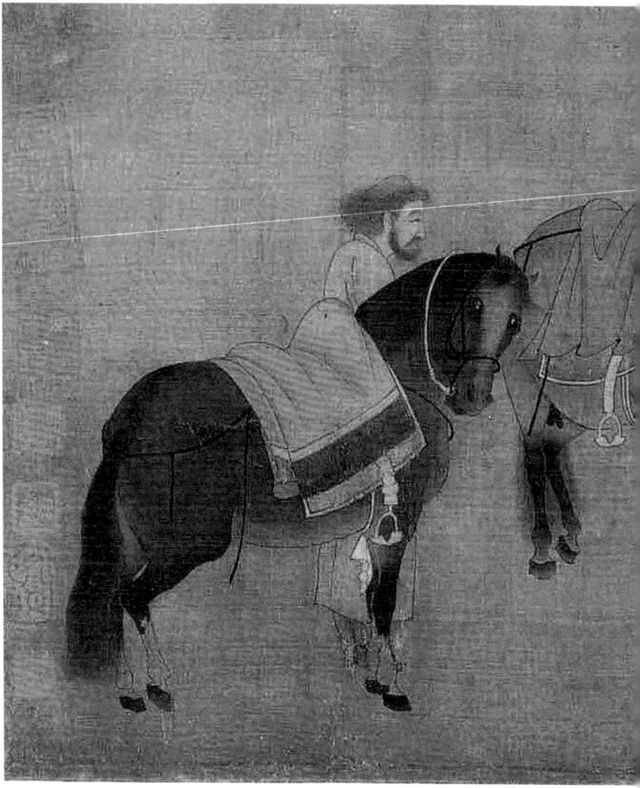

Thursday Jun 28 2018
公历二〇一八年 · 六月

二十八

星期四

农历戊戌年 · 五月十五
七日小暑 · 十八天贶节

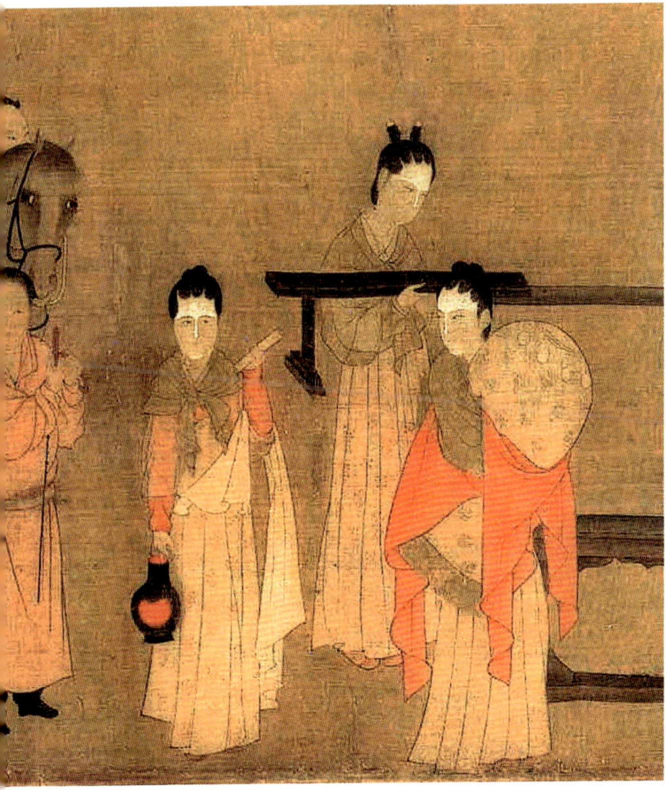

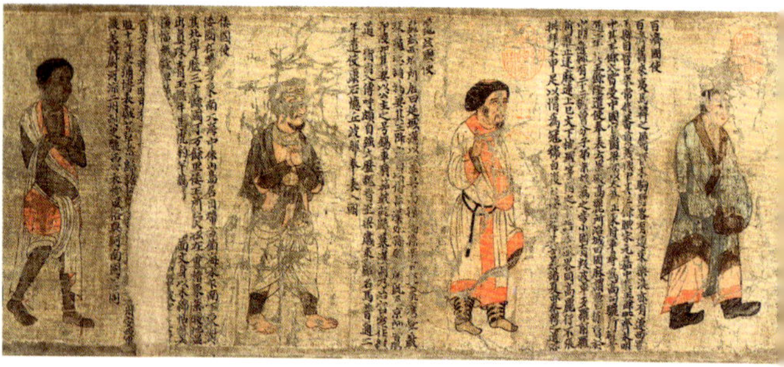

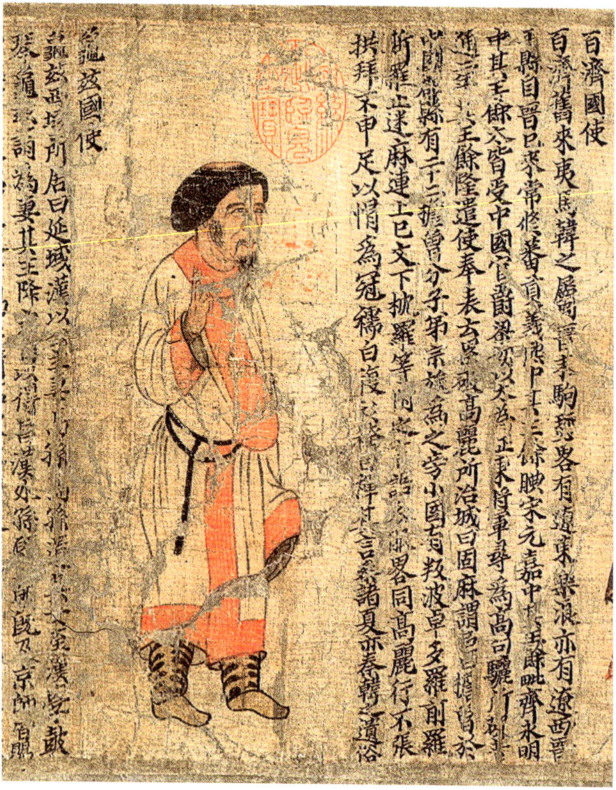
百濟國使
龜茲國使

Friday Jun 29 2018
公历二〇一八年·六月

二十九

星期五

农历戊戌年·五月十六
七日小暑·十八天贶节

◎ 萧绎《职贡图》

南朝·梁 中国国家博物馆藏

原作南朝梁代萧绎所绘，今已失，现存宋人摹本，绢本设色，纵26.7、横200.7（原为402.6）厘米，是中国绘画史上第一部以外域职贡人物为作画题材的工笔人物卷轴画。同时也为后世研究绘画和历史提供了珍贵的史证材料。萧绎《职贡图》原作朝贡人物不少于25国，甚至超出31国。现仅存12国画像。每一位使者身后有一简短题记，叙述其国名、方位、山川道里、风土人情、与梁的关系，以及历来的朝贡情况。画面中，使臣着各式本土服装，拱手而立，展现了南北朝时期国家间友好往来的场面。南北朝是中外文化交流、民族大融合的历史时期。《职供图》是这一时期南朝与周边地区及国家交往的形象记录。萧绎是梁武帝的第七子，时为荆州刺史，有机会见到中外交流的盛大景象，并用画笔描绘下这一盛况。

历史价值和艺术价值。这件国宝级砖印壁画位于墓室左右壁，南墓壁绘嵇康、阮籍、山涛、王戎，北墓壁绘向秀、刘伶、阮咸、荣启期。全部壁画砖的两侧均刻有文字编号，便于镶砌。「竹林七贤」为魏晋时期的七位名士，以争取个性自由而为人们所尊重，是后世广泛用于各种艺术品上的题材，影响极广。荣启期为春秋时隐士，反映出当时「仰慕同趣」的社会风尚。这副砖画采取给每人设置单独背景的做法，人物肖像反映不同性格特点，具有与以往砖画迥异的艺术风格。它在中国美术考古史上堪称「三绝」：第一，迄今发现可资目验的最早的魏晋人物画像；第二，现存最早的竹林七贤画；第三，它将人物按照世界观的共通而跨越空间组合成一体，是创作历史人物画的新模式。

Saturday Jun 30 2018
公历二〇一八年 · 六月

三十

星期六

农历戊戌年 · 五月十七
七日小暑 · 十八天贶节

◎ **砖画《竹林七贤与荣启期》** 南朝 南京博物院藏

此砖画为1960年南京西善桥宫山北麓南朝帝王陵墓中出土。画像砖从秦汉一直流行到魏晋南北朝，是我国古代绘画与雕刻相结合的艺术珍存，而拼嵌画像砖《竹林七贤与荣启期》是其最卓越的代表，也是我国考古发现之最早、品相最为完好的大型人物画像砖实物，名列20世纪中国百项考古大发现，具有极高的

盛一觴一詠亦足以暢敘幽情
是日也天朗氣清惠風和暢仰
觀宇宙之大俯察品類之盛
所以遊目騁懷足以極視聽之
娛信可樂也夫人之相與俯仰

國寶2018

筆墨春秋

National Treasures 2018

Traditional Chinese Paintings and Calligraphy

卷三

唐宋辉煌

文物出版社

醫民錢沒笑人子外
雪晨林寒尚翠谷
暖也春年節屢易
暄涼幾積其妙難
窮其神靡測矣云

國寶 2018

七月

君臣文翰

July

含華吐艷龍章鳳采
砌炳瑾瑜蓮芳蘭蕙
既而來儀魯殿出事
梁臺搖環珮於芳林

Sunday Jul 1 2018
公历二〇一八年·七月

一日

星期日

农历戊戌年·五月十八
今日三候半夏生
建党纪念日·香港回归纪念日

◎美人董氏墓志

隋

中国书法走过魏晋南北朝「二王」为高峰的行、草、楷、隶全面变革发展的路程后，进入堪称「集大成」的隋唐时期，朝野更加普及的书法热潮一浪高过一浪，成就为世人所瞩目，尤其是楷书规则之形成，影响至今。隋代结束了南北朝的混乱局面，书法上承北魏，下开唐风，成为两个高峰之间的过渡，出现了《美人董氏墓志》《曹植碑》《龙藏寺碑》、智永《真草千字文》等代表性作品。其中《美人董氏墓志》堪称隋代小楷第一，楷法纯正，隶意脱尽，愈加成熟，开唐代钟绍京等小楷之先河。原石于清嘉庆年间在陕西兴平县出土，为徐渭仁携至上海，广泛椎拓。咸丰三年（1853年），上海小刀会战争期间，原石毁佚。

后代楷书立下典范。所临《真草千字文》八百余份，广为分发，影响深远，至今依然是书法学习的经典教材。传世的智永《真草千字文》共有两部，一为唐代传入日本的墨迹本，一为保存于西安碑林的北宋大观三年薛嗣昌石刻本。《真草千字文》被后人极力称赞，董其昌《画禅室随笔》：「永师仿钟元常宣示表，每用笔必曲折其笔，宛转回向，沉着收束，所谓当其下笔欲透过纸背者，唐以后此法渐澌尽矣。」清代何绍基《东洲草堂金石跋》：「智永千文，笔笔从空中落，从空中住，虽屋漏痕犹不足喻之。」

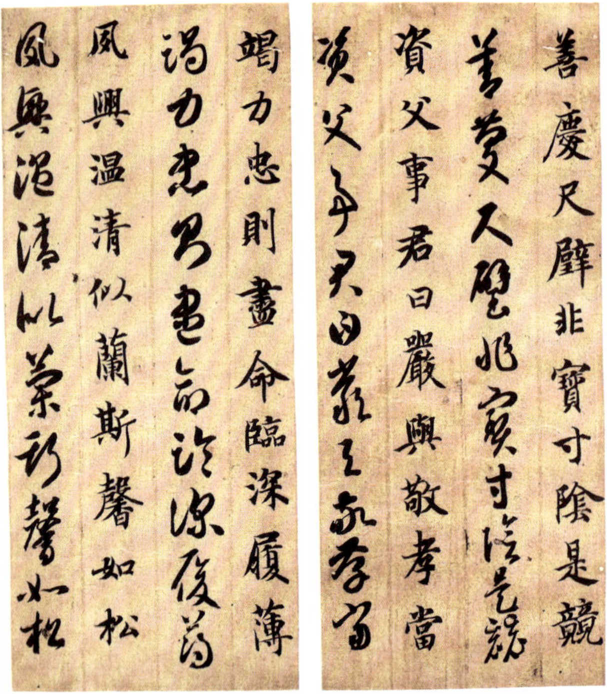

Monday Jul 2 2018
公历二〇一八年·七月

二日

星期一

农历戊戌年·五月十九
七日小暑·十八天贶节

◎智永《真草千字文》 隋

智永，生卒年不详，名法极，为王羲之七世孙，山阴永欣寺僧，人称永禅师。初从萧子云学书法，后以先祖王羲之为宗，在永欣寺阁上潜心研习30年，留下「退笔冢」「铁门槛」等传说。智永对后世书法影响深远，传「永字八法」，为

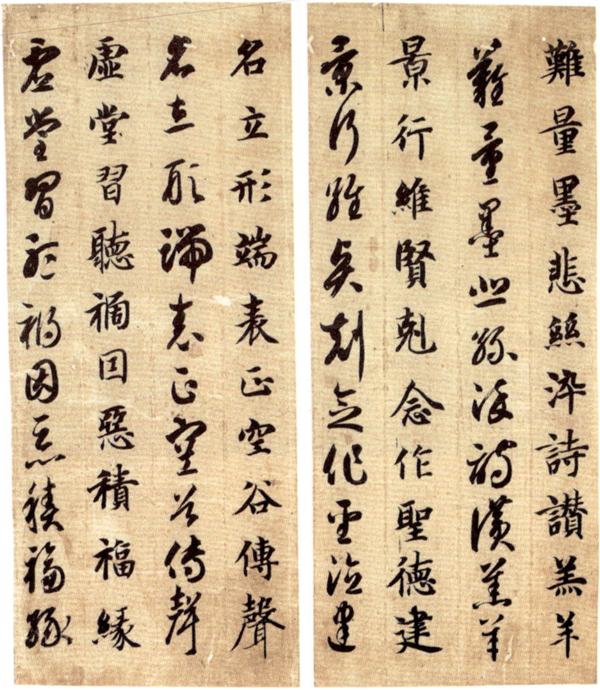

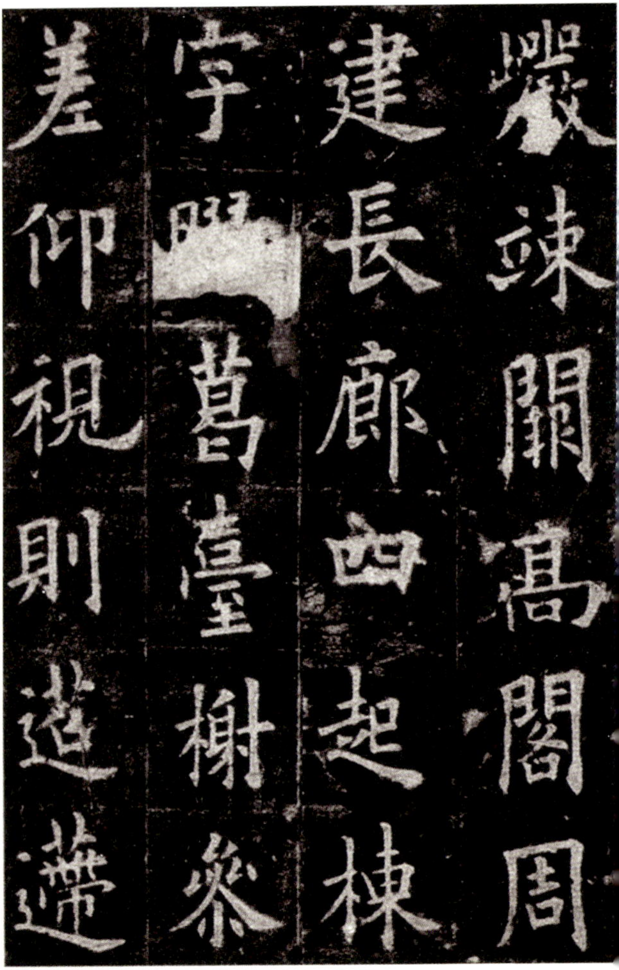

恭公温公碑》，唐贞观十一年（637年）立。《皇甫诞碑》无立碑年月，现藏于陕西西安。《化度寺碑》乃唐贞观五年（631年）立。行书墨迹有故宫博物院藏《张翰帖》（又称《季鹰帖》）、《卜商贴》。

Tuesday Jul 3 2018
公历二〇一八年·七月

三日

星期二

农历戊戌年·五月二十
七日小暑·十八天既节

◎ 欧阳询楷书《九成宫醴泉铭》 唐

欧阳询（557～641年），潭州临湘（今湖南长沙）人，字信本，官至太子率更令、弘文馆学士，封渤海县男。聪悟绝伦，博览经史。书法初学王羲之及北齐三公郎中刘珉，后渐变其体。其书于平正中见险绝，自成面目，人称「欧体」，是代表初唐书法最高成就的「初唐四家」之一，为一时之绝。楷书代表作有《九成宫醴泉铭》《皇甫诞碑》《化度寺碑》，行书有《仲尼梦奠帖》《行书千字文》。欧阳询对书法有着独到的见解，书法论著有《八诀》《传授诀》《用笔论》《三十六法》。《九成宫醴泉铭》由魏征撰文，唐贞观六年（632年）立，是欧阳询的代表作，学欧书多以此为范本。《虞恭公碑》全称《唐故特进尚书右仆射上柱国虞

定谷成公東克謙爭
塵者興雖郡替聯滔
必延蹤勝業繼踵清
道詳觀出震之跡可

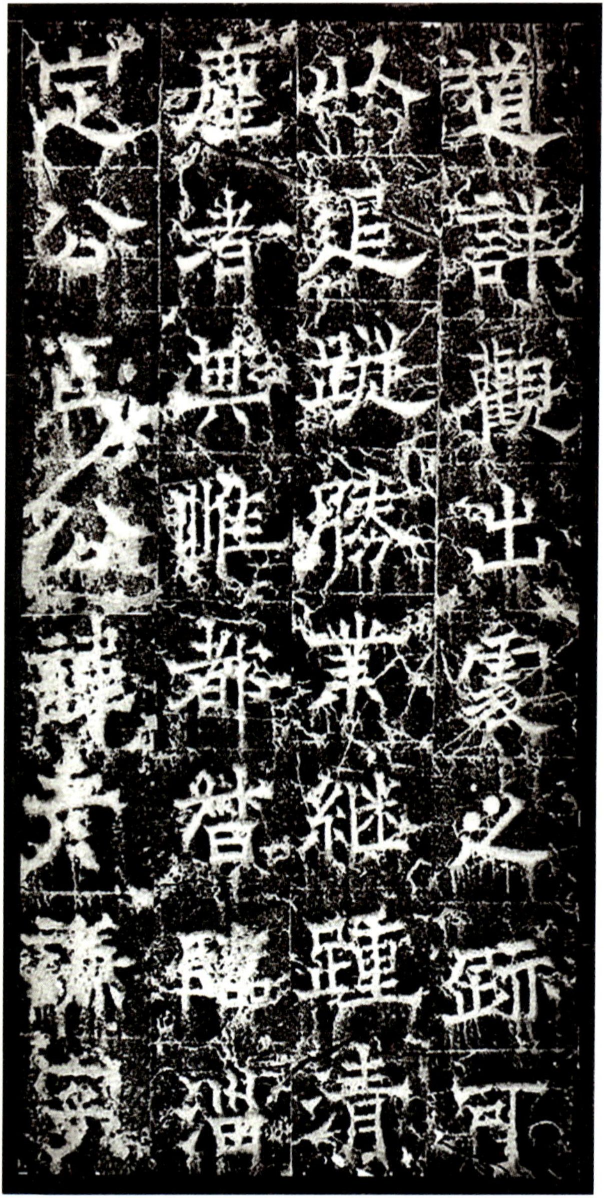

Wednesday Jul 4 2018

公历二〇一八年 · 七月

四日

星期三

农历戊戌年 · 五月廿一

七日小暑 · 十八天既节

◎ **欧阳询隶书《徐州都督房彦谦碑》** 唐

此碑刻于唐贞观五年（631年），碑额篆书「唐故徐州都督房公碑」9字，正文为隶书（兼有楷体）。「房公」指房彦谦，唐开国名相房玄龄的父亲。碑立于山东省济南市历城区彩石乡东北赵山房彦谦墓前。房彦谦碑历经1300余年风雨侵蚀、人为损坏，字迹剥蚀严重，今存字已很少。此碑在1977年被列为省级重点文物保护单位。世人多见欧阳询楷书，其实他亦工隶，此碑为欧阳询罕见隶书碑，尤为珍贵。

初分爻象委裘垂拱之風
革夏翦商之業雖復質文殊致
進讓罕同靡不拜洛觀河
膺符受命名居域中之大
手握天下之圖象雷霄

Thursday Jul 5 2018
公历二〇一八年·七月

五日

星期四

农历戊戌年·五月廿二
七日小暑·十八天贶节

◎虞世南楷书《孔子庙堂碑》 唐

虞世南（558～638年），字伯施，越州余姚（今浙江省慈溪市观海卫镇）人。南北朝至隋唐时著名书法家、文学家、诗人、政治家，凌烟阁二十四功臣之一。曾在陈、隋二朝为官，后为李世民秦王府参军、记室参军、弘文馆学士，与房玄龄等共掌文翰，为「十八学士」之一，性情刚烈，直言敢谏，深得太宗敬重。卒获赠礼部尚书，谥号文懿，陪葬昭陵。唐太宗称他德行、忠直、博学、文词、书翰为五绝。所编《北堂书钞》被誉为唐代四大类书之一，是中国现存最早的类书之一。原有诗文集30卷，但已散失不全，《咏蝉》诗即其名作。

行左腳更痛遂不朝會。
今未好々得時向本有猶
不大内漢也日漸可自
力脱降訪問但為喜答處

Friday Jul 6 2018

公历二〇一八年 · 七月

六日

星期五

农历戊戌年 · 五月廿三

明日小暑 · 十八天头伏

◎ **虞世南行书《去月帖》** 唐 上海博物馆藏

虞世南书法继承二王传统，外柔内刚，笔致圆融冲和而有遒丽之气。《宣和书谱》卷八认为虞世南晚年正书与王羲之相后先，又以欧、虞相论曰：「虞则内含刚柔，欧则外露筋骨，君子藏器，以虞为优。」宋黄庭坚有诗赞道：「虞书庙堂贞观刻，千两黄金那购得。」虞世南作品在元代就已稀少，今传世楷书刻石有《孔子庙堂碑》《破邪论》，行书有《去月帖》《汝南公主墓志铭》《摹兰亭序》《贤兄帖》等。

虞世南《去月帖》为行书拓本，又称《左脚帖》《朝会帖》。宽25.7、长43厘米，凡6行。

文賦

余每觀材士之作竊有以得其用
心夫其放言遣辭良多變矣妍
蚩好惡可得而言每自屬文尤見
其情恒患意不稱物文不逮意蓋
非知之難能之難也故作文賦

Saturday Jul 7 2018
公历二〇一八年 · 七月

小暑

星期六

农历戊戌年 · 五月廿四
今日小暑 · 一候温风至
七七事变纪念日

◎ 陆柬之《文赋》

唐　台北故宫博物院藏

陆柬之（585～638年），江苏吴县（今江苏苏州）人。虞世南的外甥，武周时期宰相陆元方的伯父，「草圣」张旭的外祖父。官至朝散大夫、太子司议郎、崇文侍书学士。陆柬之的书法作品流传甚少，隶行已绝迹，传世仅有《兰亭诗》《文赋》。同时期的书画家、评论家李嗣真《书品》说道：「陆学士（柬之）受于虞秘监（世南），虞秘监受于永禅师（智永），皆有体法。」「陆柬之学虞草体，用笔青出于蓝」。指出了陆柬之书法艺术的来路。陆柬之行书最为人所称道，甚而被推为「大唐第一行书」。他的《文赋》为其代表作，温文尔雅，从容不迫，最宜初学者临习。原帖墨迹本，纵26.6、横370厘米，全卷共144行，计1658字，其中行楷1566字，草书92字。

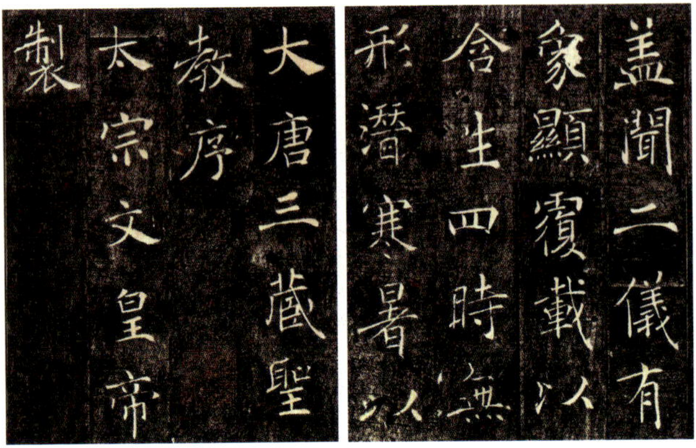

立文学馆时，褚遂良的父亲褚亮为其中一员，主管文学，与欧阳询、虞世南为好友，影响到褚遂良的书法风格。褚遂良博学多才，精通文史，曾执掌朝政大权，后因反对立武则天为后，被一再贬斥，直至今越南河内。死后平反，配享高宗庙庭，图像凌烟阁。褚遂良书学王羲之，后形成自己的风格，笔画变化丰富，结构精致巧妙，在唐代强手如云的书法家中风格特异。

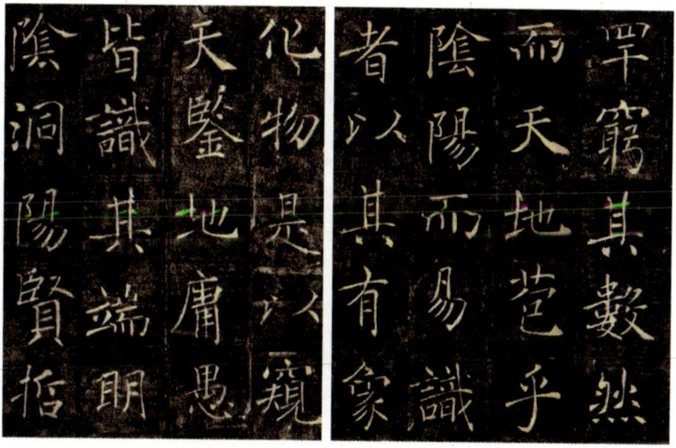

罕窮其數然
而天地苞乎
陰陽而易識
者以其有象
化物是以窺
天鑑地庸愚
皆識其端明
陰洞陽賢哲

◎褚遂良《雁塔圣教序》 唐

褚遂良（596～659年），字登善，浙江钱塘（今浙江杭州）人。父褚亮，官至通直散骑常侍。唐太宗李世民成

Sunday Jul 8 2018

公历二〇一八年 · 七月

八日

星期日

农历戊戌年 · 五月廿五

十八天飑节 · 廿三大暑

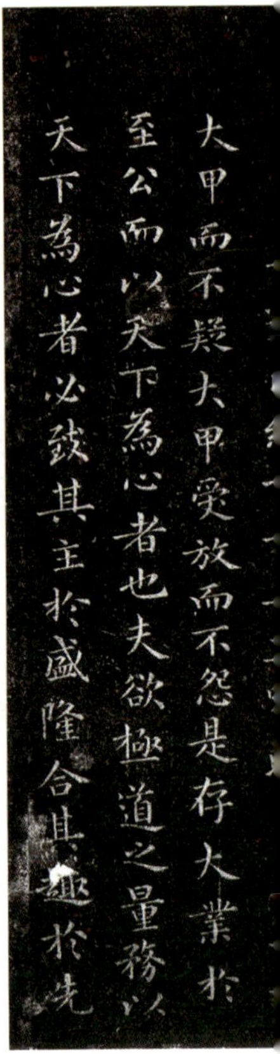
大甲而不疑大甲受放而不怨是存大業於
至公而以天下為心者也夫欲極道之量務以
天下為心者必致其主於盛隆合其趣於先

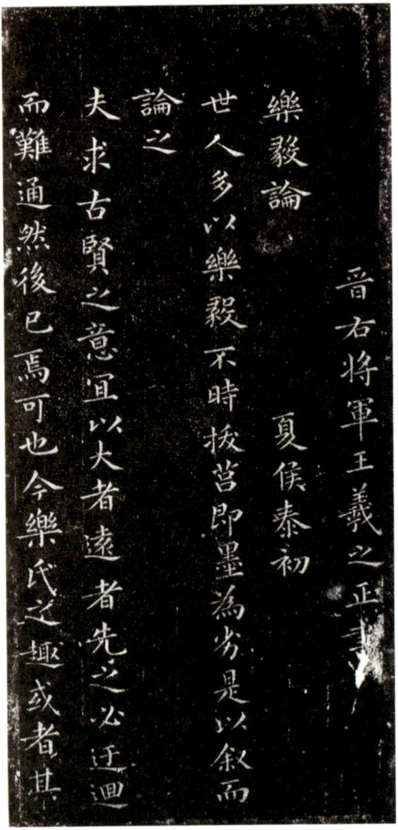
晋右将軍王羲之正書
樂毅論 夏侯泰初
世人多以樂毅不時拔莒即墨為劣是以叙而
論之
夫求古賢之意宜以大者遠者先之必迂迴
而難通然後已焉可也今樂氏之趣或者其

褚遂良上继欧、虞，下开颜、柳，是唐代书法的一个关键性人物，影响了后世许多人。传世褚遂良楷书有《雁塔圣教序》《同州圣教序》《房梁公碑》《孟法师碑》《伊阙佛龛碑》《倪宽赞》、小楷《乐毅论》等，其中《倪宽赞》为墨迹本，余者为碑刻。另有《大字阴符经》墨迹本，是否真迹，历来有争议。

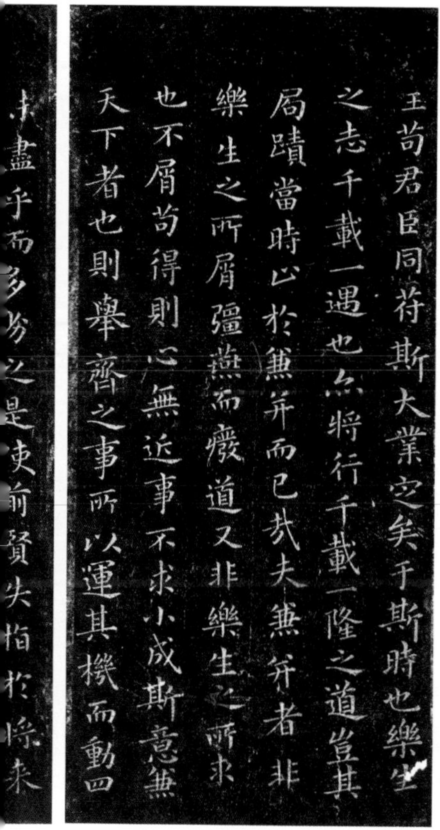
王苟君臣同符斯大業定矣于斯時也樂生
之志千載一遇也亦將行千載一隆之道豈其
局蹟當時止於兼并而已哉夫兼并者非
樂生之所屑彊燕而廢道又非樂生之所求
也不屑苟得則心無近事不求小成斯意兼
天下者也則舉齊之事所以運其機而動四
盡乎而多劣之是使前賢失指於將来

Monday Jul 9 2018
公历二〇一八年 · 七月

九日

星期一

农历戊戌年 · 五月廿六
十八天爬节 · 廿三大暑

◎ 褚遂良《乐毅论》 唐

虞世南逝世后，李世民叹息：「虞世南死，无与论书者！」魏徵遂推荐褚遂良，褚遂良即被命为侍书。李世民曾以内府所藏王羲之墨迹示褚，让他鉴别真伪，结果无一误断。当时群臣为邀功多到处搜罗所谓王羲之真迹，而经褚遂良鉴别后，赝品暴露无遗，此后以赝品邀功者大减。

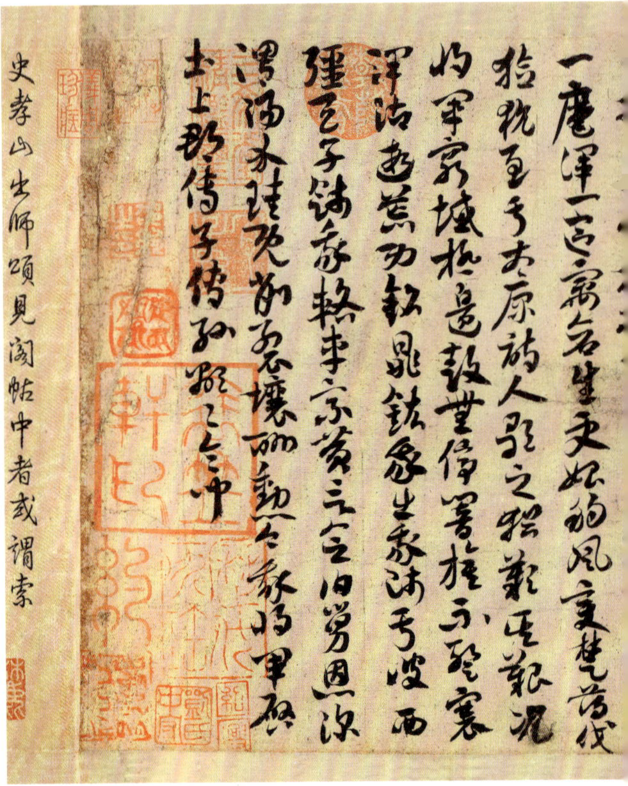

卷曾经唐代太平公主收藏，南宋绍兴年间入藏宫内，最后归于清内府。1922年溥仪以赏赐溥杰之名将《出师颂》携出宫外，流散民间60余年，2003年被故宫博物院购藏。《出师颂》的书写字体属于典型的古老章草字体。章草体在西汉时候已经出现，至东汉趋于成熟，在中国书体演变史上是一个重要环节。此卷为1400年前文物，为传世最古老的纸本墨迹之一。

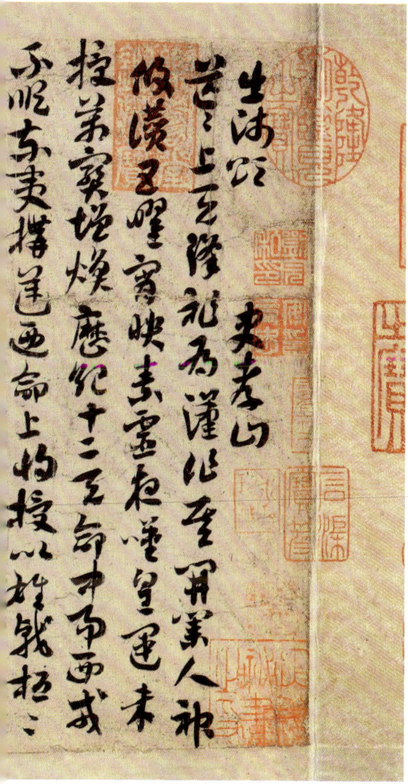

Tuesday Jul 10 2018
公历二〇一八年 · 七月

十日

星期二

农历戊戌年 · 五月廿七
十八天眖节 · 廿三大暑

◎ **出师颂** 隋

《出师颂》为汉史孝山所撰的四言诗歌，正文48句，共192字。描写东汉讨伐羌人变乱的事件，曾被萧统收入《昭明文选》。此卷在历史上曾一度传为西晋书法家索靖书，而宋米芾题为「隋贤书」，纵21.2、横29.1厘米。历代见于著录的《出师颂》有两个版本：一称「宣和本」，一称「绍兴本」，此为「绍兴本」。此

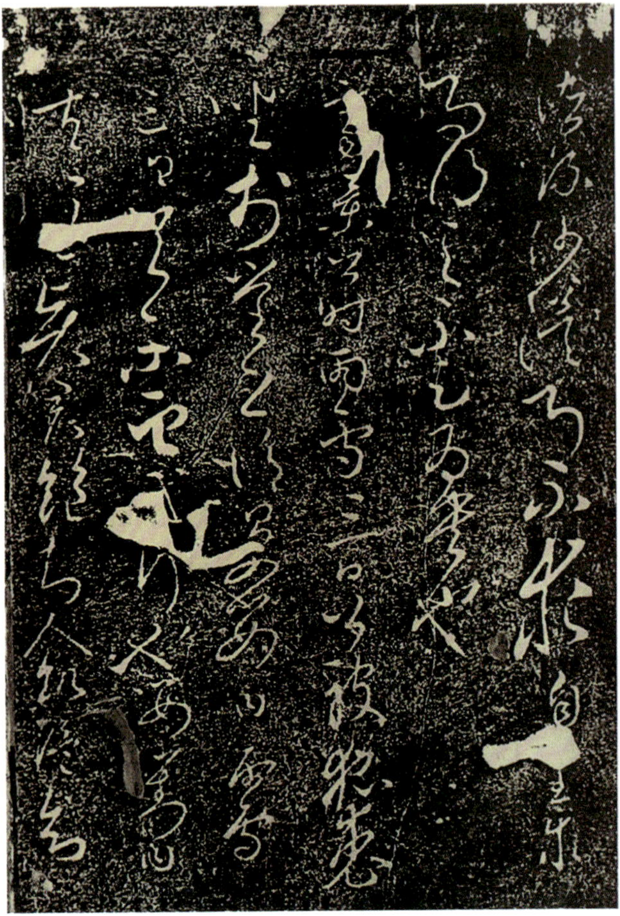

年四月二十二日，太宗自为真、草书屏风，以示群臣。笔力遒劲，为一时之绝……尝谓朝臣曰：书学小道，初非急务，时或留心，犹胜弃日。凡诸艺业，未有学而不得者也。病在心力懈怠，不能专精耳。」

Wednesday Jul 11 2018
公历二〇一八年·七月

十一

星期三

农历戊戌年·五月廿八
今日世界人口日

◎ 李世民《屏风帖》 唐

李世民经常与虞世南、欧阳询、褚遂良等切磋书艺，在前代书法大家里，他最推崇「二王」，经常于国务之暇临习，每每「夜半起把烛学兰亭记」。他在《王羲之传论》中说：「详察古今，精研篆素，尽善尽美，岂惟王逸少乎！」他广泛搜求王羲之书法真品墨迹，得到《兰亭序》真迹之后，特令弘文馆冯承素、诸葛贞、韩道政、赵模等人以双钩摹写副本，分赐诸王及近臣。此外，还命欧阳询、褚遂良临摹。可以说，在李世民的推动下，王羲之的书法地位攀升到最高程度。在他的大力倡导下，一时社会上学习书法蔚然成风，出现了许多优秀的大书法家，像欧阳询、虞世南、褚遂良、薛稷即其中代表。他对于书法所发议论，也很专业，《唐朝叙书录》中《论书》载：「十四

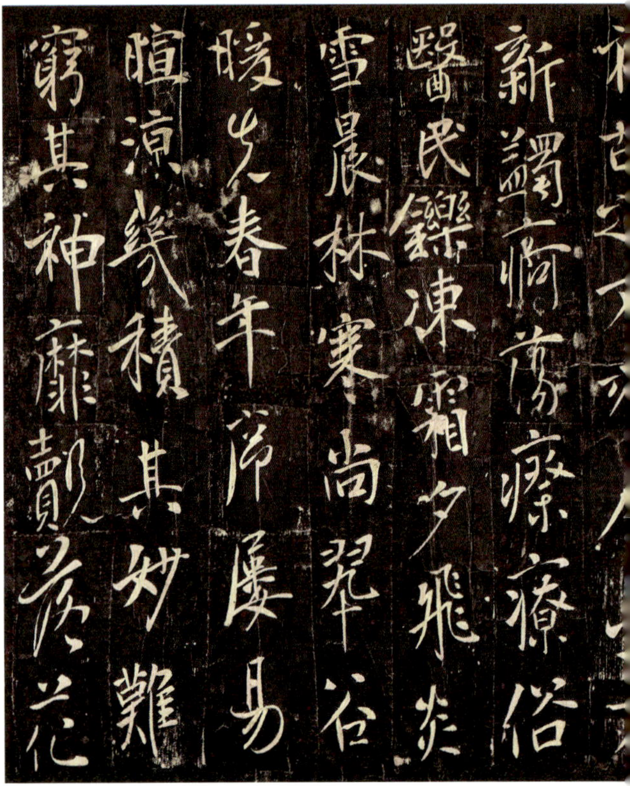

唐拓孤本1900年发现于敦煌藏经洞。光绪时举人俞复在帖后跋中赞道：「伯施（虞世南）、信本（欧阳询）、登善（褚遂良）诸人，各出其奇，各诣其极，但以视此本，则于书法上，固当北面称臣耳。」《温泉铭》不仅文辞优美，书法艺术亦实属上乘，堪称精品。此外以行书入碑，唐太宗是第一人，为书法史上所首创。

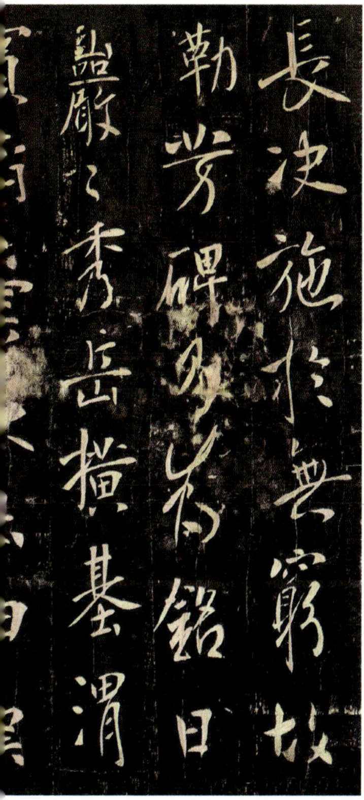

◎ **李世民《温泉铭》**

唐　法国巴黎图书馆藏

《温泉铭》是唐太宗为骊山温泉撰写的一块行书碑文，仅存48行354字。此碑立于贞观二十二年（648年），即唐太宗崩逝前一年。原石早佚，

Thursday Jul 12 2018
公历二〇一八年 · 七月

十二

星期四

农历戊戌年 · 五月廿九
今日二候蟋蟀居壁

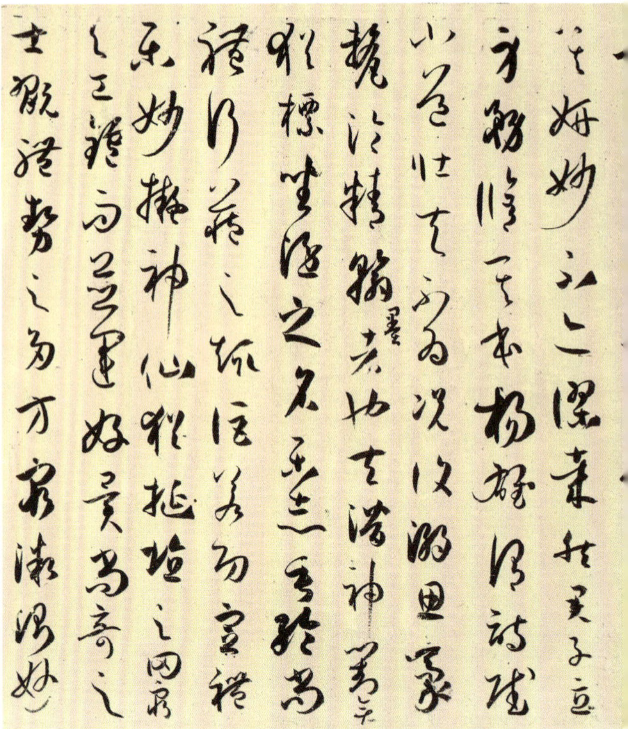

留心翰墨，味钟、张之余烈，挹羲、献之前规，极虑专精，时逾二纪。」二纪即二十年，堪称潜心学书。孙过庭的书法成就甚高，陈子昂把他比成三国大书家钟繇：「元常（钟繇）既殁，墨妙不传，君之遗翰，旷代同仙。」宋代米芾《海岳名言》中说：「孙过庭草书《书谱》甚有右军法。作字落脚，差近前而直，此过庭法。凡世称右军书，有此等字，皆孙笔也。凡唐草得二王法，无出其右。」

Friday Jul 13 2018
公历二〇一八年 · 七月

十三

星期五

农历戊戌年 · 六月初一
十八天观节 · 廿三大暑

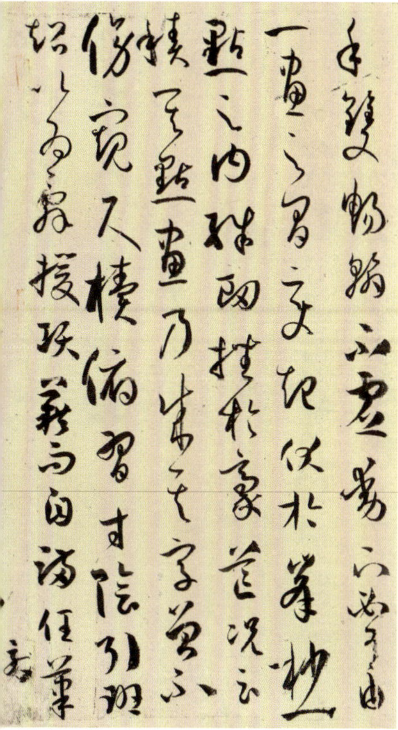

◎ 孙过庭《书谱》 唐

孙过庭（646～691年），名虔礼，以字行。浙江富阳人，一作河南开封人。曾任右卫胄参军、率府录事参军。擅楷书、行书，尤长于草书，著《书谱》，在古代书法理论史上占有重要地位。其中许多论点，如学书三阶段、创作中的五乖五合等，至今仍有意义。他出身寒微，自学成才，他在《书谱》中自述：「余志学之年，

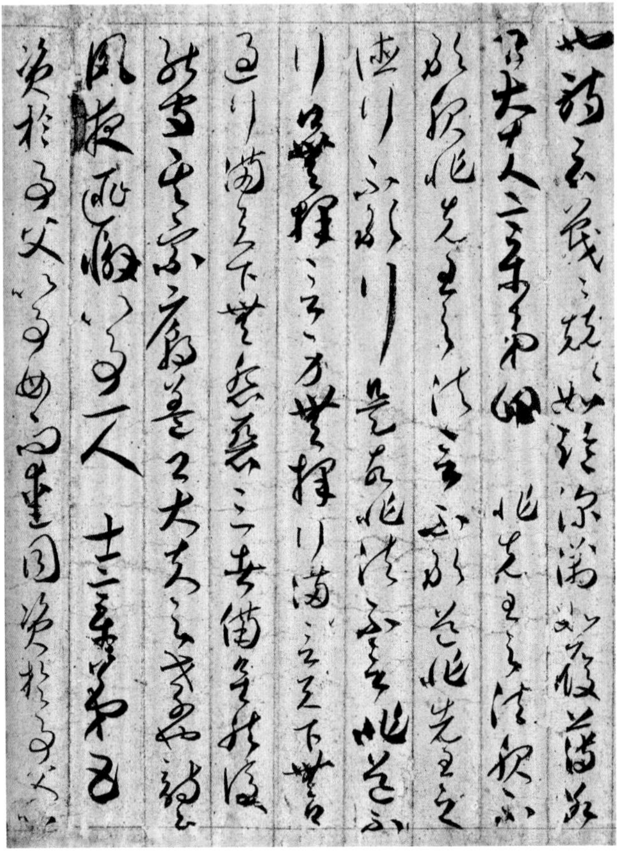

又有晋人流润飞扬的风姿，为难得的唐代书法精品，对后世书风影响巨大。2006年上海博物馆举办「中日书法珍品展」，该作品首次回国。

Saturday Jul 14 2018
公历二〇一八年 · 七月

十四

星期六

农历戊戌年 · 六月初二
十八天贶节 · 廿三大暑

◎ 贺知章《孝经》

唐 日本宫内厅三之丸尚藏馆藏

贺知章（约659～744年），字季真，晚年自号四明狂客，越州永兴（今浙江萧山）人，武则天证圣元年乙未科状元，授四门博士，迁太常博士，后历任礼部侍郎、秘书监、太子宾客等职。他不但诗有盛名，书法也非常优秀。窦蒙说他：「每兴酣命笔，好书大字，或三百言，或五百言，诗笔惟命……忽有好处，与造化相争，非人工所到也。」李白在《送贺宾客归越》中说：「山阴道士如相见，应写黄庭换白鹅。」更是将其书法成就与王羲之相酹。传世墨迹有草书《孝经》、石刻《龙瑞宫记》等。《孝经》，纸本，以草书写成，纵26、横265.1厘米，共1000余字。全卷略取隶意，融入章草，挟风带雨，气势磅礴却又不失精细；纵笔龙飞凤舞，一气呵成，神采奕奕，旨趣高远；既有唐人的严谨作风，

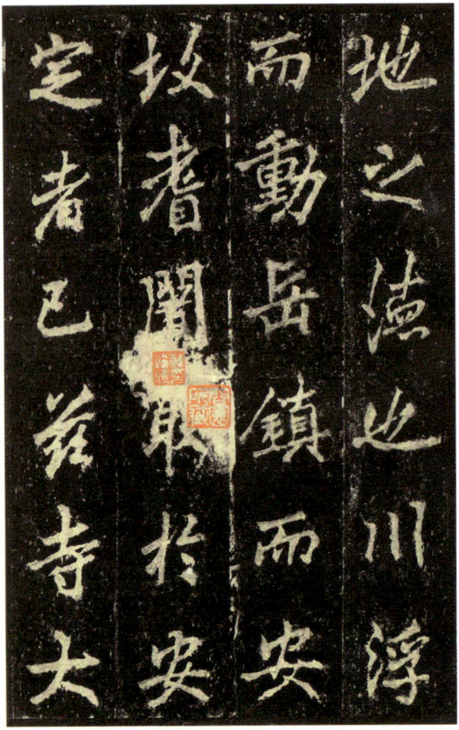

然畅达而有古意，《麓山寺碑》尤为代表，最能体现李邕风格。明董其昌《跋李北海缙云三帖》中有「右军如龙，北海如象」的说法，可谓极高评价。李邕书法主要以碑版为多，高似孙《纬略》记载他所书碑版达八百通之多，而且都是自己撰文，甚至还有说他亲自镌刻。传世有《端州石室记》《麓山寺碑》《法华寺碑》《云麾将军李思训碑》和《云麾将军李秀碑》等。

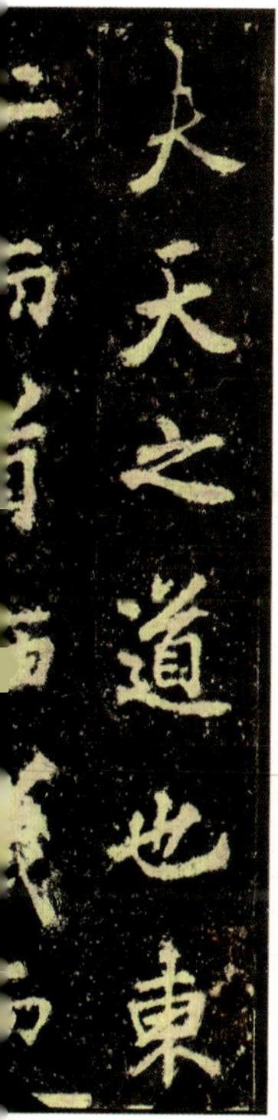

Sunday Jul 15 2018
公历二〇一八年 · 七月

十五

星期日

农历戊戌年 · 六月初三
十八天观节 · 廿三大暑

◎ 李邕《麓山寺碑》

唐　原碑现存长沙岳麓书院

李邕（678～747年），字泰和，广陵江都（今扬州市江都区）人。其父李善是《昭明文选》的注者。李邕少年即成名，后被召为左拾遗，曾任户部员外郎、括州刺史、北海太守等职，人称李北海。70岁时，为宰相李林甫所忌，含冤杖杀。李邕为行书碑法大家，继李世民后以行书书写碑文，名重一时。他提倡创新，风格自

画，创立了「青绿山水」的绘画形式，人称「人马山川，咫尺千里」。晚年回归故里，以画为业，寄情山水，直至终老。他曾辗转各地，在洛阳、长安、扬州及浙江等地的寺观中创作了许多壁画。传世作品《游春图》是中国山水画早期的优秀作品，亦是中国存世最古老的山水画。《游春图》成功描绘出广阔深远的春光景色，是山水画史上划时代的作品。

Monday Jul 16 2018

公历二〇一八年 · 七月

十六

星期一

农历戊戌年 · 六月初四

十八天贶节 · 廿三大暑

◎ 展子虔《游春图》 隋

展子虔（约545～618年），隋代绘画大师，渤海人。隋时为隋文帝所召，任朝散大夫、帐内都督等职。他是唯一有画迹可考的隋代著名画家，被称为「唐画之祖」。少年展子虔便表现出绘画天赋，手持树枝能在土地上将花鸟鱼虫描绘得惟妙惟肖。在父母的支持下，展子虔开始拜师学艺，走上了绘画之路。展子虔在官场亦潜心作

Tuesday Jul 17 2018
公历二〇一八年·七月

十七

星期二

农历戊戌年·六月初五
今日三候鹰始挚

◎ 阎立本《昭陵六骏》 唐

阎立本（约601～673年），雍州万年（今陕西省西安市临潼区）人，政治家、画家。外公是北周武帝宇文邕，其母是清都公主，其父是石保县公、隋殿内少监阎毗。阎立本多才艺，工书法，擅绘画，懂建筑，隋朝官至朝散大夫，唐太宗时任库直，为随侍皇帝左右的亲信，才德兼备。高宗显庆元年（656年），升为工部尚书，总章元年（668年）升为右相，封博陵县男。代表作品有《步辇图》《历代帝王图》等。唐贞观十年（636年），唐太宗李世民为纪念建立大唐帝国武功，命阎立本绘制其征战四方时所骑的六匹战马图样，然后雕刻于石，立于昭陵。右图即著名的「昭陵六骏」中的两幅。贞观十七年（643年），唐太宗为表彰唐王朝开国勋臣，于长安太极殿凌烟阁绘长孙无忌、杜如晦、房玄龄、魏徵等24位功臣像，亲撰赞词，命阎立本绘像，褚遂良书赞词。

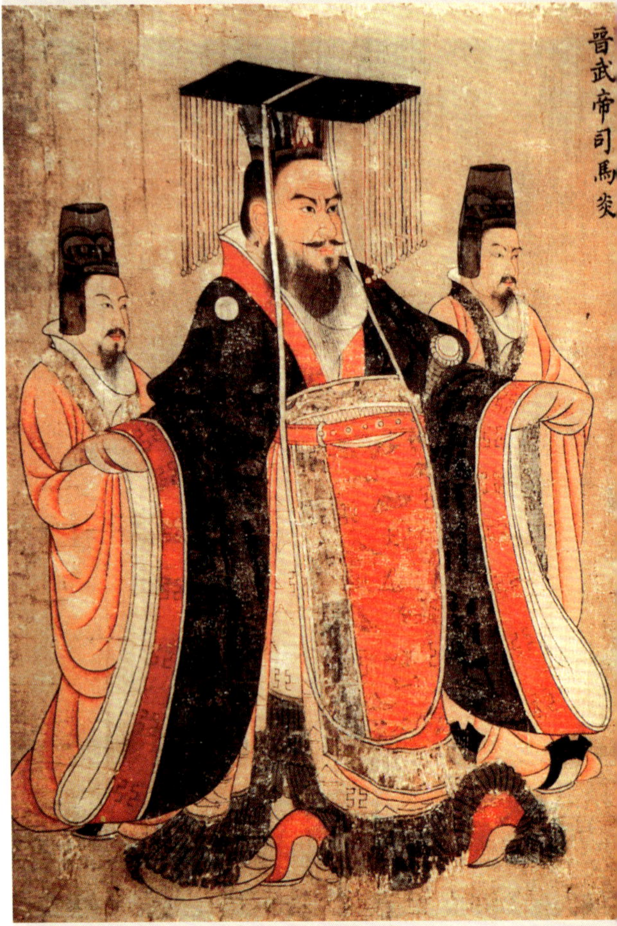
晋武帝司馬炎

Wednesday Jul 18 2018
公历二〇一八年 · 七月

天贶

星期三

农历戊戌年 · 六月初六
今日天贶节 · 廿三大暑

◎ 阎立本《历代帝王图》（局部） 唐 美国波士顿美术馆藏

阎立本善画历史人物，在《历代名画记》《唐朝名画录》和《宣和画谱》中提到他的作品有几十件。《历代帝王图》，绢本设色，纵51.3、横531厘米，描绘了13位帝王形象，有前汉昭文帝刘弗陵、汉光武帝刘秀、魏文帝曹丕、蜀主刘备、吴主孙权、晋武帝司马炎、陈文帝蒨、陈宣帝顼、陈废帝伯宗、陈后主叔宝、北周武帝宇文邕、隋文帝杨坚、隋炀帝杨广。画家成功塑造了个性突出的典型历史人物形象，蕴含了绘者对这些帝王的评价。其中前六人距阎立本时代较远，后七人则较近，陈叔宝及杨坚父子等人，阎立本都有可能亲眼见过；宇文邕虽是他的外祖父，因去世较早，恐未及见，但对他的了解可能是较真实具体的。

行，另有几位宫女撑伞、张扇。画面左边站立三人中红衣虬髯者为宫中的礼宾官员，其后身着藏服者为吐蕃使者禄东赞，最后着白袍者为内官。汉藏和亲这一重大历史事件经由此画记录下来。画中人物的不同身份、气质、仪态和相互关系历历在目。现藏《步辇图》为能够体现出阎立本绘画水平的宋人摹本，钤有金章宗完颜璟，明郭衢阶、吴新宇，清梁清标、纳兰成德、清仁宗颙琰等的收藏印章。经《宣和画谱》《清河书画舫》《珊瑚网》《式古堂书画汇考》《佩文斋书画谱》等书著录。

Thursday Jul 19 2018
公历二〇一八年·七月

十九

星期四

农历戊戌年·六月初七
廿三大暑·七日立秋

◎ 阎立本《步辇图》 唐 故宫博物院藏

《步辇图》，绢本设色，纵38.5、横139厘米，描绘了唐贞观十五年（641年）唐太宗李世民接见来迎娶文成公主的吐蕃使者禄东赞的情景。图中李世民威严而平和，端坐步辇之上，由宫女们抬着前

《唐朝名画录》称赞他的画一点簇景物位置、亭台树木花鸟，皆穷其妙」。唐宋画史著录张萱的作品有数十幅，但出于张萱本人手笔的原作，今已无一遗存。现存的两件重要摹本，即《虢国夫人游春图》和《捣练图》，传说是宋徽宗临摹的。张萱有文学修养，并巧于构思，其妇女形象代表着唐代仕女画的典型风貌，直接影响晚唐五代的画风。《虢国夫人游春图》，横卷，绢本，描绘了唐玄宗宠妃杨玉环的二姐虢国夫人及其眷从们骑马郊游的情形。鲜衣肥马，满纸唐朝贵戚气派。

Friday Jul 20 2018
公历二〇一八年·七月

二十

星期五

农历戊戌年·六月初八
廿三大暑·七日立秋

◎ 张萱《虢国夫人游春图》

唐 辽宁省博物馆藏

张萱，长安（今西安）人，唐代画家，以擅绘贵族仕女、宫苑鞍马著称，在画史上通常与稍后于他的仕女画家周昉并提。

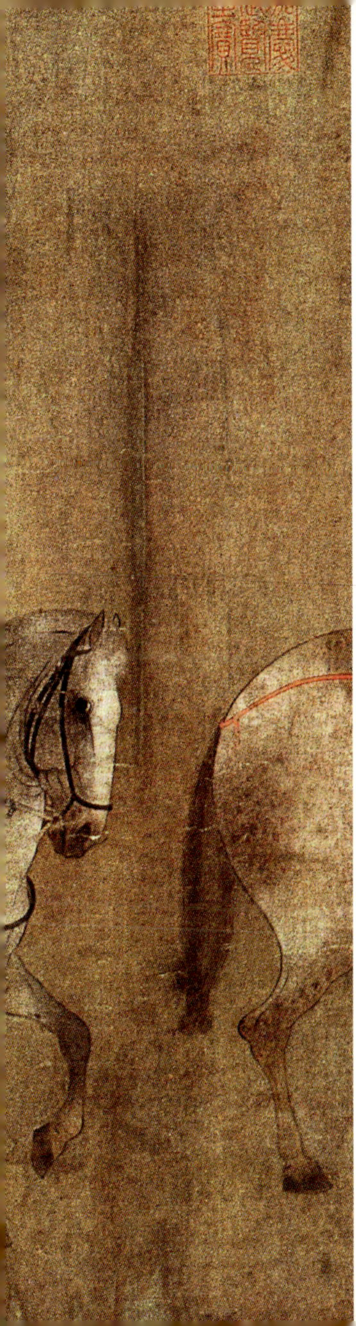

Saturday Jul 21 2018
公历二〇一八年 · 七月

二十一

星期六

农历戊戌年 · 六月初九
廿三大暑 · 七日立秋

◎ 张萱《虢国夫人游春图》（局部） 唐 辽宁省博物馆藏

《虢国夫人游春图卷》（宋摹本），绢本设色，纵51.8、横140.8厘米，描绘了杨贵妃之姊虢国夫人乘宫马春游之情景，人马、服饰尽得唐人风致，卷后有王铎题跋。

宝被掳至金国国都会宁，金章宗题签「天水摹张萱《捣练图》」。《捣练图》描绘了从捣练到熨练各种活动中的妇女们的情态，刻画了不同人物的仪容与性格。表现的是妇女捣练缝衣的场面，人物间的相互关系生动而自然。从事同一活动的人，由于身份、年龄、分工的不同，动作、表情各各不一，并且分别体现了人物的特点。人物形象逼真，反映出盛唐崇尚健康丰腴的审美情趣，代表了那个时代人物造型的典型时代风格。

Sunday Jul 22 2018

公历二〇一八年 · 七月

二十二

星期日

农历戊戌年 · 六月初十

明日大暑 · 七日立秋

◎ 张萱《捣练图》

唐　美国波士顿美术馆藏

《捣练图》，绢本设色，勾金，纵37、横147厘米。为宋徽宗赵佶临盛唐人物画家张萱《捣练图》的摹作，原存徽宗内府，靖康之难中随诸多书画珍

Monday Jul 23 2018
公历二〇一八年 · 七月

大暑

星期一

农历戊戌年 · 六月十一
今日大暑 · 一候腐草为萤

◎ **张萱《捣练图》(局部)** 唐 美国波士顿美术馆藏

《捣练图》计有人物12名，其中8名贵妇按劳动场景分成三部分。画面右首起4名贵妇正进行捣练劳作；两人屈身执杵下捣，一人握杵稍事休息，而另一妇人则倚杵而立，以左手挽起衣袖，似已疲累。中部的两名贵妇，一人理丝，一人缝制新练。第三组由三妇人及二侍女组成：两妇人勾首仰身费力扯练；一妇人轻握熨斗细心熨练，神态从容娴雅；二侍女一人执扇煽火，一人撑新练。新练之下一天真烂漫的女童几自嬉戏，为画面平添几分情趣。

『赵郎。』『何者最似？』云：『两画惚似，后画者佳。』又问：『何以言之？』云『前画空得赵郎状貌，后画兼移其神思情性笑言之姿。』令公问：『后画者何人？』乃云：『周晧。』是日定二画之优劣，令送锦彩数百疋。」周昉能够把著名大画家韩幹比下去，靠的是笔下人物有「神思情性笑言之姿」，这正是其人物画的高妙之处。

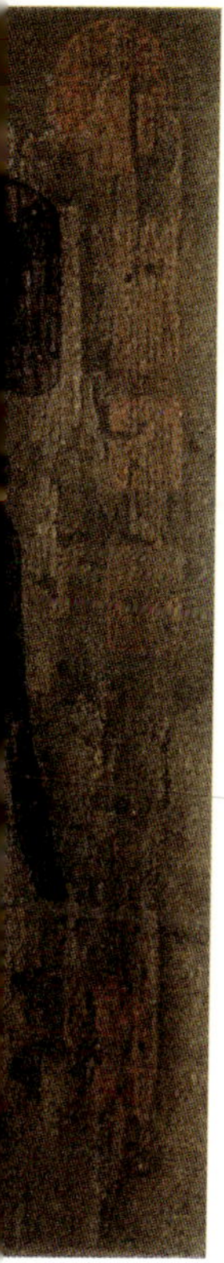

Tuesday Jul 24 2018
公历二〇一八年·七月

二十四

星期二

农历戊戌年·六月十二
七日立秋·十七七夕

◎**周昉《挥扇仕女图》（一）** 唐 故宫博物院藏

周昉，唐代著名画家，字仲朗、景玄，京兆（今陕西西安）人，生卒年不详。出身显贵，先后任越州、宣州长史。能书，擅画人物、佛像，尤擅绘贵族妇女，为当时宫廷士大夫所喜爱。中唐时期继吴道子之后而起的重要人物画家。早年效仿过张萱，后别创一体。《太平广记·周昉传》记述唐代名将郭子仪与自己女儿的一段对话：「郭令公女婿赵纵侍郎尝令韩幹写真，众皆赞美。后又请昉写真，二人皆有能名。令公尝列二画于座，未能定其优劣。因赵夫人归省，郭令公问云：『此何人？』对曰：

如《明皇纳凉图》《明皇斗鸡射鸟图》《明皇击梧桐图》《明皇夜游图》《杨妃出浴图》《太真教鹦鹉图》《明皇骑从图》《宫骑图》《游春仕女图》等，但均已失传。周昉的艺术活动期从大历至贞元年间，长达三四十年，活动范围主要集中在长安和江南两地。周昉的官宦生涯和贵族地位使他熟悉宫廷生活，《挥扇仕女图》全卷凡13人，表现了宫廷日常生活的景象。

Wednesday Jul 25 2018
公历二〇一八年·七月

二十五

星期三

农历戊戌年·六月十三
七日立秋·十七七夕

◎周昉《挥扇仕女图》（二）

唐 故宫博物院藏

周昉绘过大批唐代宫廷生活图景，特别是唐明皇李隆基和杨玉环各种活动的作品，

Thursday Jul 26 2018
公历二〇一八年 · 七月

二十六

星期四

农历戊戌年 · 六月十四
七日立秋 · 十七七夕

◎ 周昉《簪花仕女图》 唐

《簪花仕女图》描绘了宫廷妇女奢华悠闲的生活，作品通过流畅的线条表现出贵妇人缓步前行的体态，薄如蝉翼的细纱透露出人物的肌肤，身后仕女以略微收紧的身姿表现出不同的身份，另有两只鹤和小狗作为陪衬，一派寂寞、闲散、颓唐和无聊的状态。画家的手法十分高明，并无更多绘画语言，便使宫中人物生活状态毕呈纸上。周昉作品在唐朝时就已流传到朝鲜、日本，后世日本仕女画深受其影响。

疏，清溪流淌，其间一队骑旅迤逦而出，前方着红衣乘黑马欲过桥者，应为唐明皇，后有侍者、嫔妃跟从。画幅中部数人解马放驼歇息，行李散放，亦有持杖老者闲望行人。此画描绘出唐明皇在安史之乱时从长安迁至四川避难路上的情景，运用典型的唐代青绿山水画法，石青石绿历久弥新。画右题跋赞道：「唐人画刻人者，推二李为宗，刘赵辈得其绪余，皆足以名世而不朽。细笔钩染，实开风气之先。」

Friday Jul 27 2018
公历二〇一八年 · 七月

二十七

星期五

农历戊戌年 · 六月十五
七日立秋 · 十七七夕

◎ 李昭道《明皇幸蜀图》

唐　台北故宫博物院藏

李昭道，生卒年不详，字希俊，甘肃天水人，唐朝宗室，彭国公李思训之子。曾为太原府仓曹、直集贤院，官至太子中舍人。擅画青绿山水，画面精致。其父李思训创作有《江帆楼阁图》，李昭道在其父基础上又上一层楼，「变父之势，妙又过之」。传世作品《明皇幸蜀图》，绢本设色纵55.9、横81厘米，青绿重彩，高山险峻，白云缭绕，松林扶

青綠闌山迴
崎嶇道路長
客人各結束行
李自周詳総
為名和利那
辭勞與忙年
陳失姓氏北宋
近乎唐
甲午新秋
御題

Saturday Jul 28 2018
公历二〇一八年 · 七月

二十八

星期六

农历戊戌年 · 六月十六
今日二候土润溽暑
世界肝炎日

◎ 李昭道《明皇幸蜀图》（局部） 唐 台北故宫博物院藏

此画是一幅表现重大历史题材的作品，表现唐明皇在杨贵妃死后深情迷离地遁入四川山间的窘境，然而又在一定程度上维护皇帝脸面排场，画家处理得相当适度，使人们俨如看到当年「渔阳鼙鼓动地来，惊破霓裳羽衣曲。九重城阙烟尘生，千乘万骑西南行」的景象。

Sunday Jul 29 2018
公历二〇一八年 · 七月

二十九

星期日

农历戊戌年 · 六月十七
七日立秋 · 十七七夕

◎ 维摩诘经变

唐 敦煌莫高窟第103窟

「经变」即变相，敦煌莫高窟壁画内容之一，描绘佛经内容或佛传故事的图画。隋唐以后，大乘思想盛行，为中国美术史上相当特殊的创作。莫高窟在隋唐时期为通往西域的通道，吐蕃和中原政权先后交错统治这里，成为一种文化交流频繁时期，留下很多佛教文化艺术印记，《维摩诘经变》即其中一种，现在保存下来的有30多壁。维摩诘原是一得道菩萨，一天，维摩诘自称有病，于是，佛派大菩萨文殊师利前往问疾，维摩诘遂与文殊展开辩论，折服了文殊师利。当时维摩诘雄辩之才深受提倡清谈的文人推崇，《维摩诘经变》中维摩居士凭几坐在榻上，和前来问候的文殊师利遥遥相对，在他们四周，围满了随文殊而来的菩萨、天王和人世间的国王、大臣等。画中的维摩诘坐于榻上，[illegible]。

Monday Jul 30 2018
公历二〇一八年 · 七月

三十

星期一

农历戊戌年 · 六月十八
今日国际友谊日

◎ **观无量寿经变 · 乐舞图**

唐　敦煌莫高窟第112窟

敦煌现存唐窟200多个，几乎占莫高窟总数的一半，规模宏大，色彩艳丽。《观无量寿经变》中的反弹琵琶乐舞，为中唐时期作品，纵106、横168厘米。画面正中一舞伎左手持琵琶按弦，右手反弹，举腿弯腰而舞，两侧为各持乐器的乐手簇拥。画面结构紧凑，色彩富丽堂皇，人物造型准确，是莫高窟最优秀的中唐作品之一。

瘦节节辣。人画竹梢死羸垂，萧画枝活叶叶动。不根而生从意生，不笋而成由笔成。野塘水边碕岸侧，森森两丛十五茎。婵娟不失筠粉态，萧飒尽得风烟情。举头忽看不似画，低耳静听疑有声。」杜甫在《丹青引赠曹将军霸》中赞曹霸画马：「绍谓将军拂绢素，意匠惨淡经营中。斯须九重真龙出，一洗万古凡马空。」花鸟走兽画从唐代开始走向专业化，对后世产生极大影响。

Tuesday Jul 31 2018
公历二〇一八年 · 七月

三十一

星期二

农历戊戌年 · 六月十九
七日立秋 · 十七七夕

◎ 花鸟走兽画
唐 敦煌藏经洞出土

唐代的花鸟走兽画发展成为独立画种。唐初薛稷以画闻名，中唐的边鸾善画花鸟园蔬，萧悦画竹，姜皎绘鹰，刁光胤画羊，韓幹、曹霸画马，韩滉画牛，各有胜场，争奇斗艳。白居易在《画竹诗》中，对萧悦画竹称赞不已：「植物之中竹难写，古今虽画无似者。萧郎下笔独逼真，丹青以来唯一人。人画竹身肥臃肿，萧画茎

國寶 2018

八月

长安气象

August

唐禮部尚書薛稷書

孫權與介象論膾象以鱸魚為上權曰此

出海中安可得象乃庭中作埳置水投

以鉤餌不經食得鱸魚付廚

Wednesday Aug 1 2018
公历二〇一八年 · 八月

一日

星期三

农历戊戌年 · 六月二十
今日建军节

◎《淳化阁帖》薛稷书法　唐

薛稷（649～713年），字嗣通，是唐丞相魏征的外孙。官至左散骑常侍，太子少保，礼部尚书。后因太平公主、窦怀贞谋逆案发，他因知道本谋而被赐死狱中。薛稷的文辞书画均极精丽，由于他的外公魏征与欧阳询、虞世南、褚遂良等大书家均为至交，因此家中藏有许多墨宝，薛稷临仿褚遂良尤得神髓，成为与欧、虞、褚并列的初唐四大家之一。其书风融隶入楷，媚丽而不失气势，劲瘦中兼顾圆润。史载薛稷曾经为普赞寺题额，三个大字，各方径三尺，笔画雄健，结构劲挺，唐代大诗人杜甫写诗赞道：「仰看垂露姿，不崩亦不骞。郁郁三大字，蛟龙岌相缠。」传世书法有《中岳碑》《洛阳令郑敞碑》《信行禅师兴教碑》《升仙太子碑》上下款、《佛石迹图传》等。

瓊宮五帝內思上法

常以正月二月甲乙之日平旦沐浴齋戒入室東向叩齒九通平坐思東方東極玉真青帝君諱雲拘字上伯衣服如法乘青雲飛輿從青要玉女十二人下降齋室之內手執通靈青精玉符授與兆身兆便服符一枚微祝

Thursday Aug 2 2018
公历二〇一八年 · 八月

二日

星期四

农历戊戌年 · 六月廿一
今日三候大雨时行

◎ 钟绍京《灵飞经》 唐

钟绍京（659～746年），字可大，兴国清德乡（今江西省兴国县）人，江南第一宰相，官至中书令，越国公。他是三国时魏国太傅、著名书法家钟繇的第17世孙，历史上把钟姓这两个著名书法家，钟繇称「大钟」，钟绍京称「小钟」。幼时家贫，出身卑微，初任朝廷司农录事，因书法超群而被兵部尚书裴行俭保荐入「直风阁」任职，此后宫殿中的门榜、牌匾、楹联等，尽由他书写。唐中宗景龙年间，擢升宫苑总监，处理宫廷事务。武则天死后，韦后篡夺朝政，杀皇太子李重俊并毒死唐中宗。钟绍京率领户奴丁夫二百人，辅佐李隆基攻入太极殿，杀韦后，清余党，为稳定李唐皇室立下功劳。

佛告比丘世間有轉輪聖王成就七寶有四
神德云何轉輪聖王成就七寶一金輪寶二
白象寶三紺馬寶四神珠寶五玉女寶六居
士寶七主兵寶云何轉輪聖王金輪寶成就
若轉輪聖王出閻浮提地剎利水澆頭種以
十五日月滿時沐浴香湯上高殿上與綵女
衆共相娛樂天金輪寶忽現在前輪有千輻

Friday Aug 3 2018
公历二〇一八年·八月

三日

星期五

农历戊戌年·六月廿二
七日立秋·十七七夕

◎钟绍京《转轮圣王经》 唐

唐玄宗即位后，钟绍京官拜户部尚书，迁太子詹事。后被削爵。晚年重入朝，授太子右谕德，后转少詹事，年逾八十卒。钟繇是小楷书体的创立者，钟绍京继承了家学渊源，《灵飞经》至今为学习小楷的优秀范本。董其昌认为赵孟頫的楷书即源自钟绍京的小楷。钟绍京在唐朝书法地位甚高，不仅小楷卓越，榜书亦精，朝廷明堂九鼎和诸官门榜，均他所题。当时他官职低微，而朝中大臣擅书者甚多，钟绍京却脱颖而出，确为高手。钟绍京楷书仍为今许多书法热爱者所摹习。

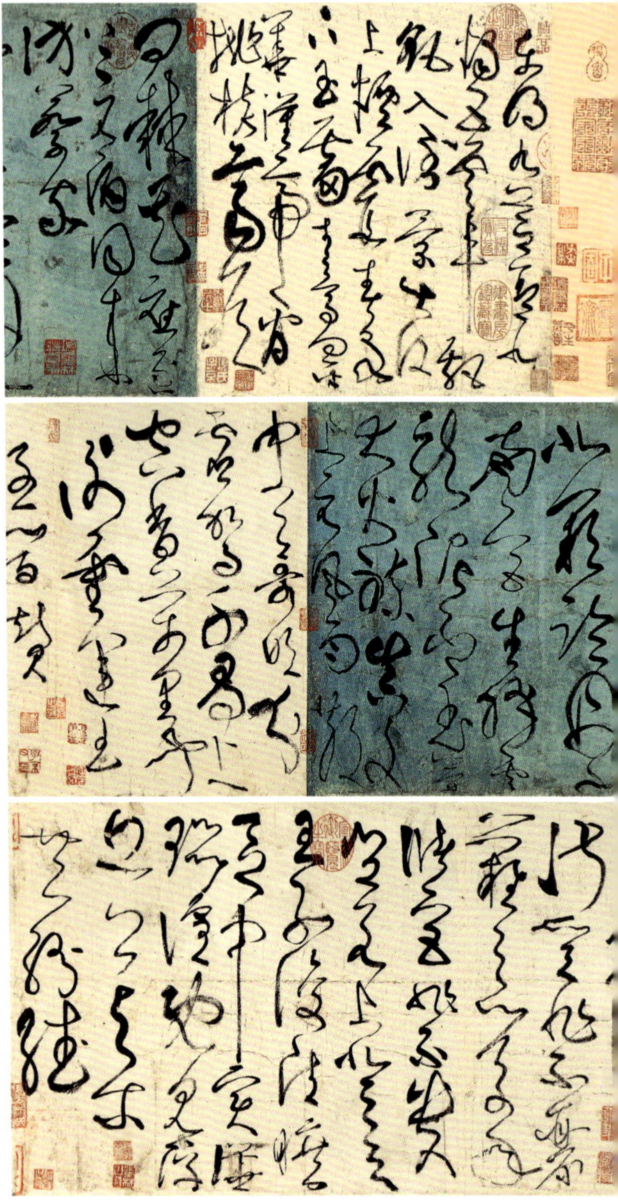

Saturday Aug 4 2018
公历二〇一八年·八月

四日

星期六

农历戊戌年·六月廿三
七日立秋·十七七夕

◎ **张旭《古诗四首》** 唐 辽宁省博物馆藏

张旭（675～约750年），字伯高，一字季明，苏州人，曾任常熟县尉，金吾长史，人称「张长史」。其母陆氏为初唐书家陆柬之的侄女，即虞世南的外孙女。张旭以草书著名，与李白诗歌、裴旻剑舞，称为「三绝」；诗亦别具一格，以七绝见长，与李白、贺知章等人共列「饮中八仙」；与贺知章、张若虚、包融号称「吴中四士」。他是一位极具浪漫传奇色彩的艺术家，书法与怀素齐名，被后世尊称为「草圣」。张旭为人洒脱不羁，常喝得大醉，呼叫狂走，落笔成书，甚至以头发蘸墨书写，故又有「张颠」的雅称，与怀素并称「颠张狂素」，颜真卿曾两度辞官向他请教笔法。张旭草书之外，楷书成就亦高，《宣和书谱》中评说：「其名本以颠草，而至于小楷行草又不减草字之妙，其草字虽然

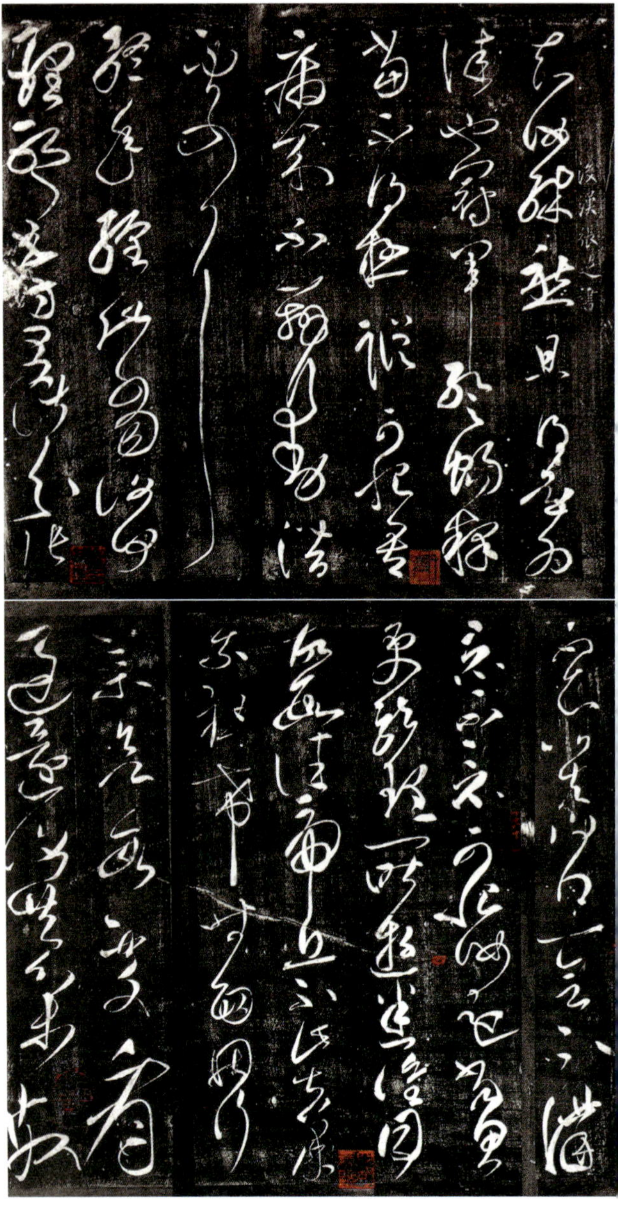

Sunday Aug 5 2018
公历二〇一八年 · 八月

五日

星期日

农历戊戌年 · 六月廿四
七日立秋 · 十七七夕

◎ 张旭《冠军帖》（又名《知汝帖》） 唐

张旭是史上第一位为艺术而痴狂的书法家，他追求书法自由的极限，韩愈《送高闲上人序》中形容：「往时张旭善草书，不治他技。喜怒、窘穷、忧悲、愉佚、怨恨、思慕、酣醉、无聊、不平，有动于心，必于草书焉发之。观于物，见山水崖谷、鸟兽虫鱼、草木之花实、日月列星、风雨水火、雷霆霹雳、歌舞战斗、天地事物之变，可喜可愕，一寓于书，故旭之书，变动犹鬼神，不可端倪，以此终其身而名后世。」杜甫入蜀见到张旭遗墨，感慨万端，挥泪写下《殿中杨监见示张旭草书图》：「斯人已云亡，草圣秘难得。及兹烦见示，满目一凄恻。」李颀《赠张旭》形容得更逼真：「露顶据胡床，长叫三五声。兴来洒素壁，挥笔如流星。」

嶷秉心淵邃學優從宦循
身奉時有移風之能當象
雷之任授務州金華縣令
惠深董杖仁在蒲鞭克己
威歸推誠首理君卽金華

Monday Aug 6 2018
公历二〇一八年 · 八月

六日

星期一

农历戊戌年 · 六月廿五
明日立秋 · 十七七夕

◎ **张旭《严仁墓志》** 唐 河南洛阳出土

常熟至今在东门方塔附近保留一条「醉尉街」，曾建有「草圣祠」纪念张旭，祠内楹联赞道：「书道入神明，落纸云烟，今古竞传八法；酒狂称草圣，满堂风雨，岁时宜奠三杯。」张旭亦有诗传世，若《桃花溪》「隐隐飞桥隔野烟，石矶西畔问渔船。桃花尽日随流水，洞在清溪何处边」者甚多。张旭草书是中国书法史上一座高峰，至今是人们学习草书的最好摹本。传世有草书《古诗四首》《草书心经》《肚痛帖》，楷书《郎官石柱记》（宋拓孤本，现藏日本）等。张旭亦擅楷书，存世有1992年出土的《严仁墓志》，天宝元年（742年）制。此碑楷书，显然有晋人笔意，严整中含自然清俊。

曾孫魯郡開國
公真卿撰幷書
君諱勤禮字敬
琅邪臨沂人高

祖諱見遠齊御
史中丞梁武帝
受禪不食數日
一慟而絕事見

諱協梁湘東王
記室參軍文苑
有傳祖諱之推

作郎夔州都督
府長上護軍
顏君神道碑

Tuesday Aug 7 2018
公历二〇一八年·八月

立秋

星期二

农历戊戌年·六月廿六
今日立秋·一候凉风至

◎ 颜真卿《颜勤礼碑》 唐

颜真卿（709～784年），字清臣，祖籍琅玡临沂（今山东临沂）。开元二十二年（734年），登进士第，历任监察御史、殿中侍御史。后因得罪权臣杨国忠，被贬为平原太守。安史之乱时，颜真卿率义军对抗叛军。唐代宗时官至吏部尚书、太子太师，封鲁郡公，人称「颜鲁公」。淮西节度使李希烈反叛朝廷后，兴元元年（784年），颜真卿奉旨晓谕叛将，凛然拒贼而被缢杀，成为后世敬仰的壮烈人格典范。善诗文，宋人辑有《颜鲁公集》。颜真卿书法为唐代书法典范，行、楷俱佳。初学褚遂良，后师张旭，正楷端庄雄伟，行书苍莽遒劲，创造了新的时代书风，对后世影响巨大，与欧阳询、柳公权、赵孟頫并称「楷书四大家」，又与柳公权并称「颜柳」，誉为「颜筋柳骨」。

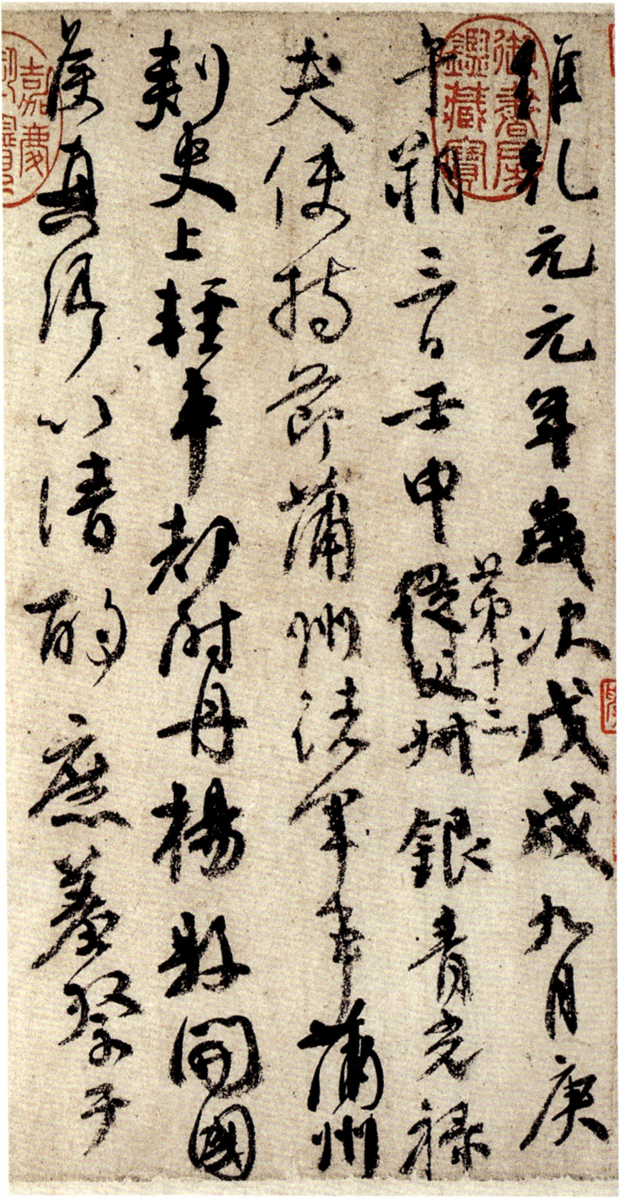
维乾元元年岁次戊戌九月庚
午朔三日壬申第十三叔银青光禄
夫使持节蒲州诸军事蒲州
刺史上轻车都尉丹杨县开国
侯真卿以清酌庶羞祭于

Wednesday Aug 8 2018
公历二〇一八年 · 八月

八日

星期三

农历戊戌年 · 六月廿七
十七七夕 · 廿三处暑

◎ 颜真卿《祭侄稿》

唐

颜真卿书风大气磅礴，凛然正气，足为盛唐气象的书法典范。行草书在王羲之后别开生面，与他高尚的人格契合，是书法美与人格美完美结合的典例。《祭侄稿》被后世誉为「天下第二行书」。范文澜《中国通史简编》评道：「初唐的欧、虞、褚、薛，只是二王书体的继承人，盛唐的颜真卿，才是唐朝新书体的创造者。」颜体楷书成为后世范式，追摩者众，并使楷书成为以后官方文书所通用的「正书」，颜真卿功不可没。书迹作品主要有《多宝塔碑》《颜家庙碑》《颜勤礼碑》《麻姑仙坛记》《祭侄稿》《祭伯文稿》《争座位帖》《东方朔画赞》等。

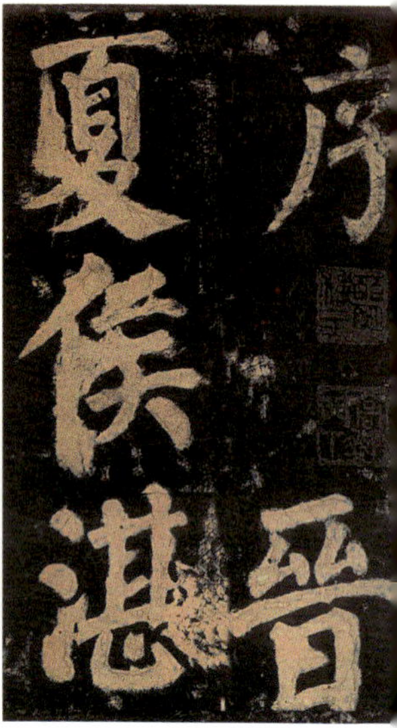

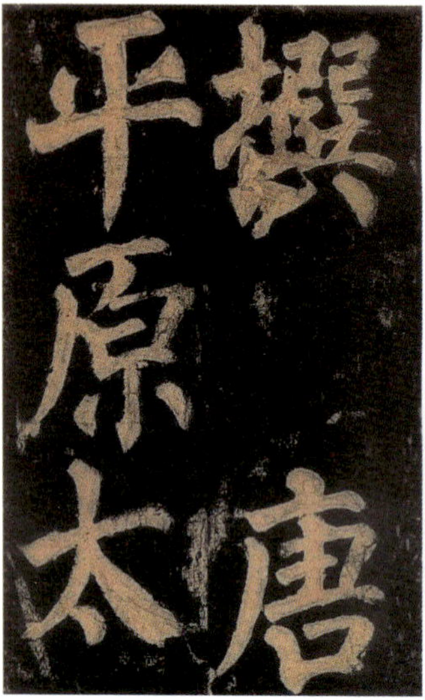

夏侯湛撰文，颜真卿楷书，碑阳额为其篆书「汉太中大夫东方先生画赞并序」。碑高340、宽151.6厘米，四面刻，碑阳、碑阴各15行，碑侧各3行，每行30字。这是颜真卿45岁时所写，大楷字径约10厘米。比之颜真卿其他碑字，此碑书法更加丰腴饱满，神完气足，气势宏大。苏东坡曾学此碑，并题云：「鲁公平生写碑，唯《东方朔画赞》为清雄，字间栉比而不失清远。其后见逸少本，乃知鲁公字字临此本，虽大小相悬而气韵良是。」原石现在山东陵县，多经剜刻，面目全非，传世有宋拓佳本。

◎颜真卿《东方朔画赞》 唐

此碑天宝十三年（754年）立于德州。晋

Thursday Aug 9 2018

公历二〇一八年 · 八月

九日

星期四

农历戊戌年 · 六月廿八

十七七夕 · 廿三处暑

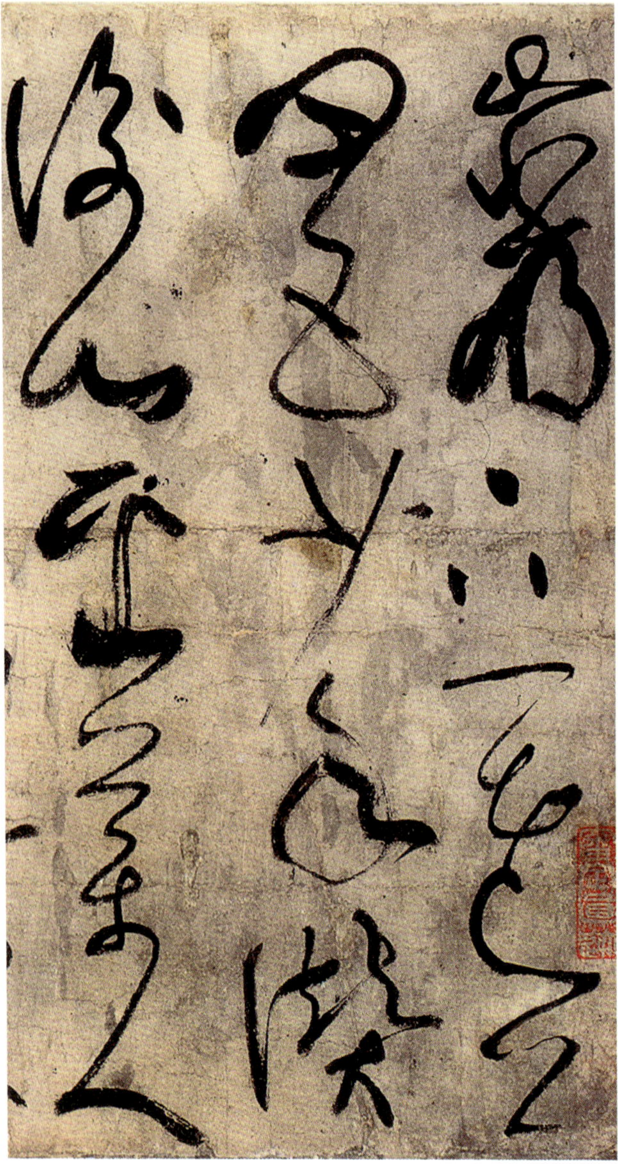

Friday Aug 10 2018
公历二〇一八年 · 八月

十日

星期五

农历戊戌年 · 六月廿九
十七七夕 · 廿三处暑

◎ 怀素《自叙帖》 唐

怀素（737～799年，一说725～785年），字藏真，俗姓钱，湖南零陵人，以「狂草」名世，与张旭齐名，合称「颠张狂素」。怀素10岁时进入佛门，在寺院附近荒地种植了一万多株芭蕉树，摘下芭蕉叶挥毫练字，以致老叶用尽，于是携笔墨站在芭蕉树前用鲜叶书写，寒暑不辍。用秃的笔埋起来，称「笔冢」。后来，他「恨未能远睹前人之奇迹，所见甚浅。遂担笈杖锡，西游上国，谒见当代名公，错综其事。遗编绝简，往往遇之，豁然心胸，略无疑滞。鱼笺绢素，多所尘点」。先后结交李白、颜真卿和张旭的弟子邬彤等人，开阔眼界，技艺大涨，突破章草、今草的樊篱，以线条为主角，改变运笔落墨的节奏，飞动跳跃，变化无穷。大历十一年创作《自叙帖》，回顾了自己的学书过程，并记下朋友们对自己的鼓励。

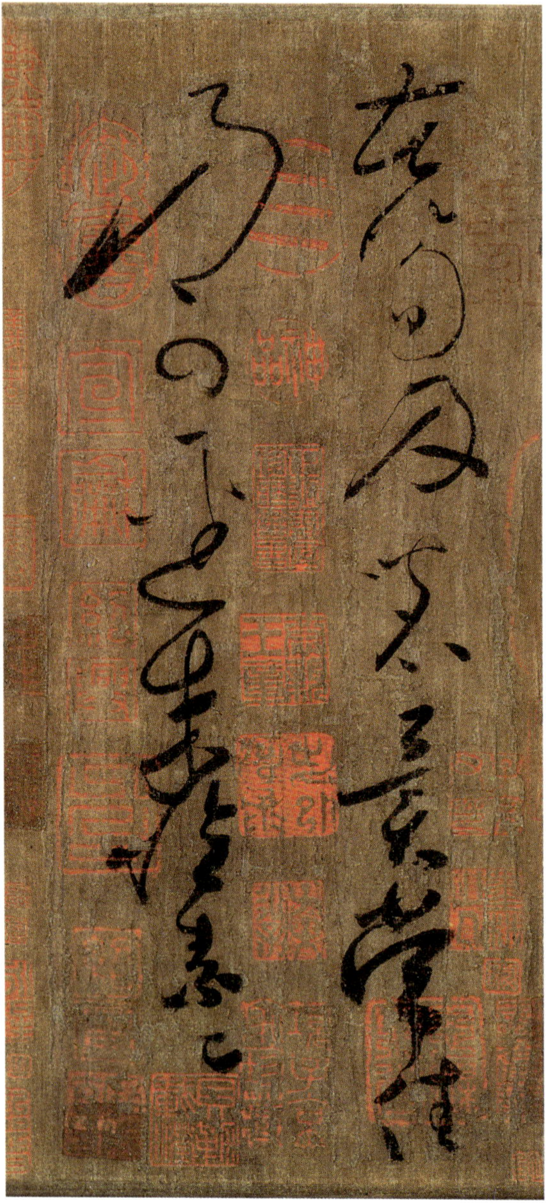

Saturday Aug 11 2018
公历二〇一八年·八月

十一

星期六

农历戊戌年·七月初一
十七七夕·廿三处暑

◎ 怀素《苦笋帖》 唐

当时很多人对怀素的草书给予高度赞扬，「奔蛇走虺势入座，骤雨旋风声满堂」「初疑轻烟淡古松，又似山开万仞峰」「寒猿饮水撼枯藤，壮士拔山伸劲铁」「笔下唯看激电流，字成只畏盘龙走」。怀素已达到激情四射的创作状态，「心手相师势转奇，诡形怪状翻合宜。人人欲问此中妙，怀素自言初不知」「粉壁长廊数十间，兴来小豁胸中气。忽然绝叫三五声，满壁纵横千万字」「驰豪骤墨剧奔驷，满座失声看不及」。唐贞元三年（787年），怀素与陆羽相识并相交，陆羽写下了《僧怀素传》。唐贞元十五，怀素又回到了零陵，写《小草千字文》。晚年在四川成都宝园寺度过。有《自叙帖》《苦笋帖》《食鱼帖》《圣母帖》《论书帖》《大草千文》等诸多草书作品。

大達法師玄秘
塔碑銘并序
江南西道都團
練觀察處置等

Sunday Aug 12 2018
公历二〇一八年 · 八月

十二

星期日

农历戊戌年 · 七月初二
今日二候白露降

◎ 柳公权《玄秘塔碑》 唐

柳公权（778～865年），字诚悬，京兆华原（今陕西铜川市）人。祖父柳正礼，曾任邠州士曹参军；父亲柳子温，曾任丹州刺史；其兄为中唐名臣兵部尚书柳公绰。柳公权从小就喜欢学习，十二岁就能作辞赋。二十九岁时进士及第，前后历仕七朝，官至太子少师，封河东郡公，八旬之后以太子太保致仕。柳本不愿长期在皇帝身边，而希望在政事中一展才华，无奈历朝皇帝都喜欢他的书法，直到很晚才有短暂调转。文宗尤其喜欢他，召他殿上言事，常常蜡烛燃完了，以腊纸代替，仍谈兴不减。但他又是诤臣，文宗向百官炫耀自己衣着节俭，众臣皆附和，唯柳不语。留问，柳直言当人君者应该注意大节，启用贤人，赏罚分明。旁边的人听了吓得发抖，但文宗毕竟不昏，第二天[illegible]

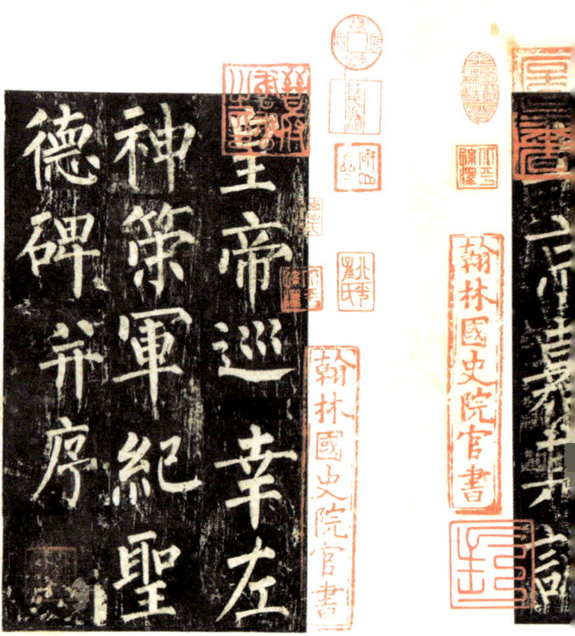

流传后世，成为书法伦理标准。书法确实在一定程度上反映出作者的性格、修养、审美能力，也体现出作者的思想感情。柳公权刚正不阿的高尚情操及人品素养与其书艺格调交相辉映，受到后人敬仰。咸通六年（865年），柳公权去世，年八十八，追赠太子太师。柳公权书法以楷书著称，与颜真卿齐名，人称「颜柳」，又与欧阳询、颜真卿、赵孟頫并称「楷书四大家」。柳公权生活在颜真卿之后的时代里，社会上楷书已相当成熟，而他旁搜远绍，在前人楷书风格的基础上，创出独树一帜的「柳体」，成为后世百代楷模，功在千秋。

Monday Aug 13 2018
公历二〇一八年 · 八月

十三

星期一

农历戊戌年 · 七月初三
十七七夕 · 廿三处暑

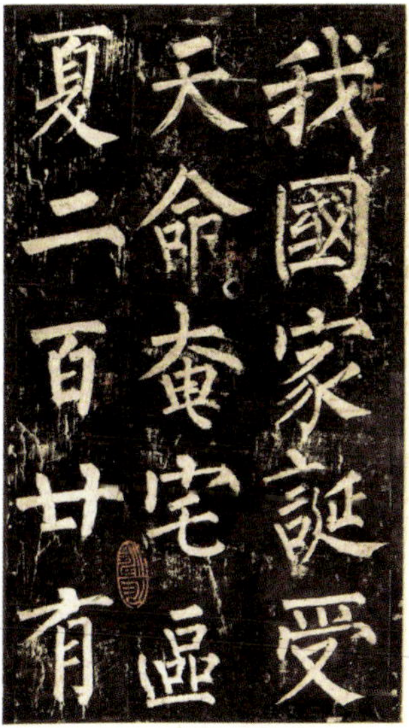

◎ 柳公权《神策军碑》 唐

唐穆宗时，一次问柳公权如何将书法写好，柳公权对曰：「用笔在心，心正则笔正。」穆宗当即明白这是笔谏喻政，自己就悄悄有所改正了。柳公权秉性刚正，几位皇帝都很信任他，而他这句「心正则笔正」也成为千古名言，既是说书法，又是说做人，

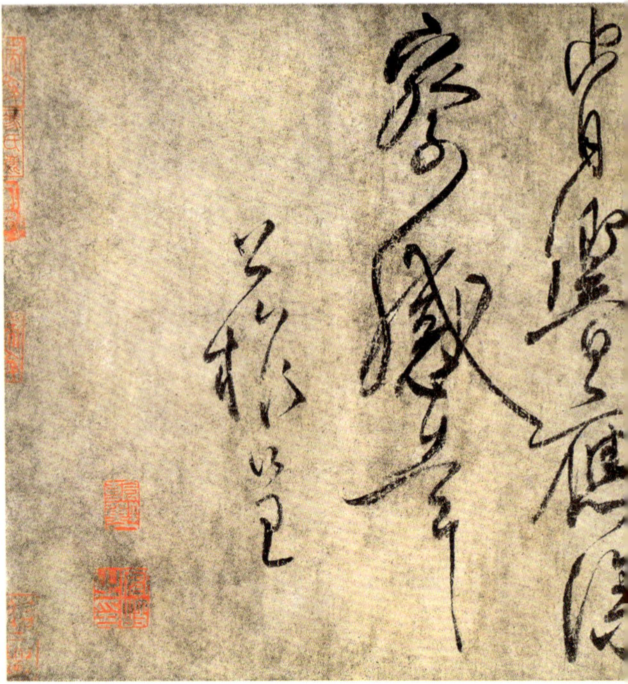

邦来大唐朝贡，都专门准备钱财来购买柳公权的书法，而皇帝还不情愿。柳公权所建立的楷书规范，影响至今。传世碑刻有《金刚经刻石》《玄秘塔碑》《冯宿碑》等，行草书有《伏审帖》《十六日帖》《辱向帖》等，另有墨迹《蒙诏帖》《王献之送梨帖跋》。柳公权亦工诗，有出口成章之才，文宗称其「子建七步，尔乃三步焉」。《全唐诗》存其诗五首，《全唐诗外编》存诗一首，《全唐文》《唐文拾遗》亦收录其作品。

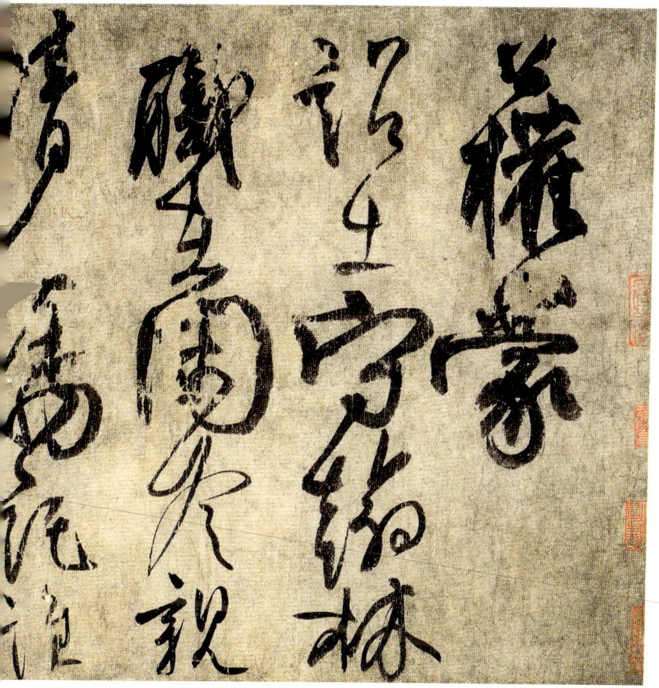

Tuesday Aug 14 2018
公历二〇一八年 · 八月

十四

星期二

农历戊戌年 · 七月初四
十七七夕 · 廿三处暑

◎ **柳公权《蒙诏帖》** 唐

自唐元和以后，柳公权声誉日高。唐宣宗让他写字时，由军容使西门季玄捧砚，枢密使崔巨源奉笔，历来书法家未有如此隆重礼遇。当时公卿大臣家为先人立碑，争相延请柳公权亲笔书写碑文，外

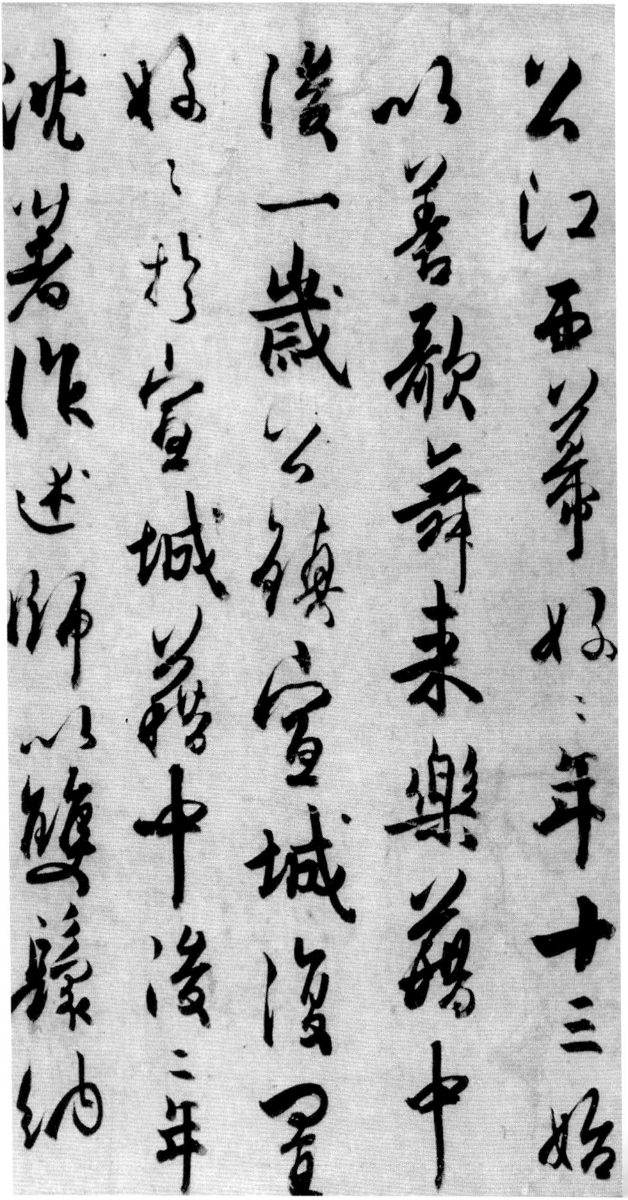
公江西幕好好年十三始
以善歌舞來樂籍中
後一歲公鎮宣城復置
好好於宣城籍中後二年
沈著作述師以雙鬟納

Wednesday Aug 15 2018
公历二〇一八年 · 八月

十五

星期三

农历戊戌年 · 七月初五
十七七夕 · 廿三处暑

◎ 杜牧《张好好诗》

唐　故宫博物院藏

杜牧（803～约852年），字牧之，号樊川居士，陕西西安人，唐代卓越诗人，与李商隐并称「小李杜」，著有《樊川文集》。《张好好诗》为其罕见传世行草墨迹，32岁时书。帖为麻笺，纵28.2、横162厘米，46行，共322字。杜牧和湖州名妓张好好在南昌沈传师府认识，两人相互爱慕，但沈传师的弟弟很快纳好好为妾。张好好无力抗拒，而杜牧官位低微，亦无计可施。张好好出嫁前留给杜牧一诗：「孤灯残月伴闲愁，几度凄然几度秋。哪得哀情酬旧约，从今而后谢风流。」后杜牧壮年而死，张好好悲痛欲绝，瞒了家人到长安祭拜，自尽于杜牧坟前。《张好好诗》为杜牧唯一传世墨迹，诗中描绘了好好的音貌后叹道：「斜日挂衰柳，凉风生座隅。洒尽满襟泪，短歌聊一书。」充满伤感与无奈。书法直追晋人韵味，根基深厚，笔力畅达。

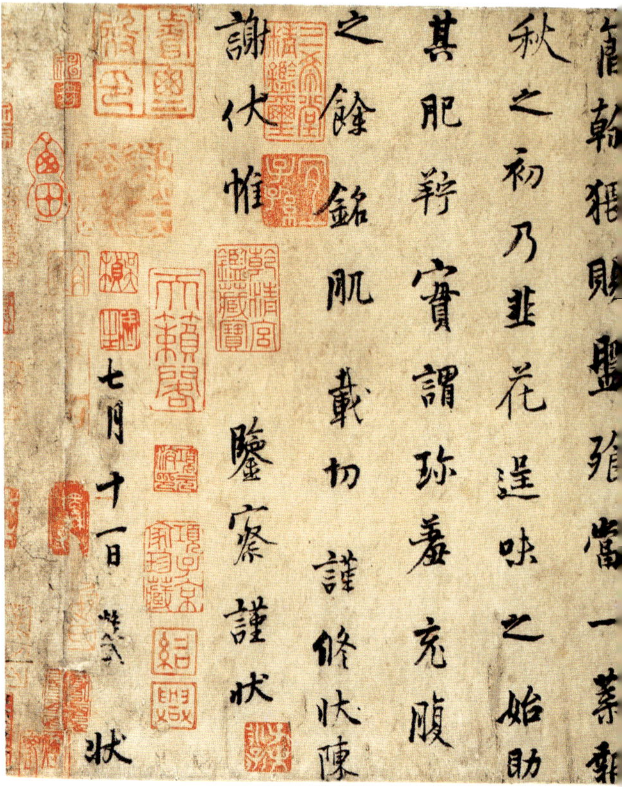

价：「自颜、柳没，笔法衰绝。加以唐末丧乱，人物凋落，文采风流扫地尽矣。独杨公凝式笔迹雄杰，有二王、颜、柳之余，此真可谓书之豪杰，不为时世所汩没者。」宋人对杨凝式的书法非常重视，黄庭坚作诗道：「世人尽学兰亭面，欲换凡骨无金丹。谁知洛阳杨风子，下笔便到乌丝栏。」还说：「杨少师书，无一字不造微入妙，当与吴生（吴道子）画为洛中二绝。」

Thursday Aug 16 2018
公历二〇一八年·八月

十六

星期四

农历戊戌年·七月初六
明日七夕·廿三处暑

◎ **杨凝式《韭花帖》** 五代

杨凝式（873～954年），字景度，号虚白，陕西华阴人。唐昭宗时进士，官秘书郎，后历仕后梁、后唐、后晋、后汉、后周五代，官至太子太保，世称「杨少师」。后周世宗显德元年去世，追赠太子太傅。他一度在洛阳过着佯狂生活，有「杨风（疯）子」别号。他是五代时期最著名的书法家，承唐启宋，成为有宋一代尚意书风

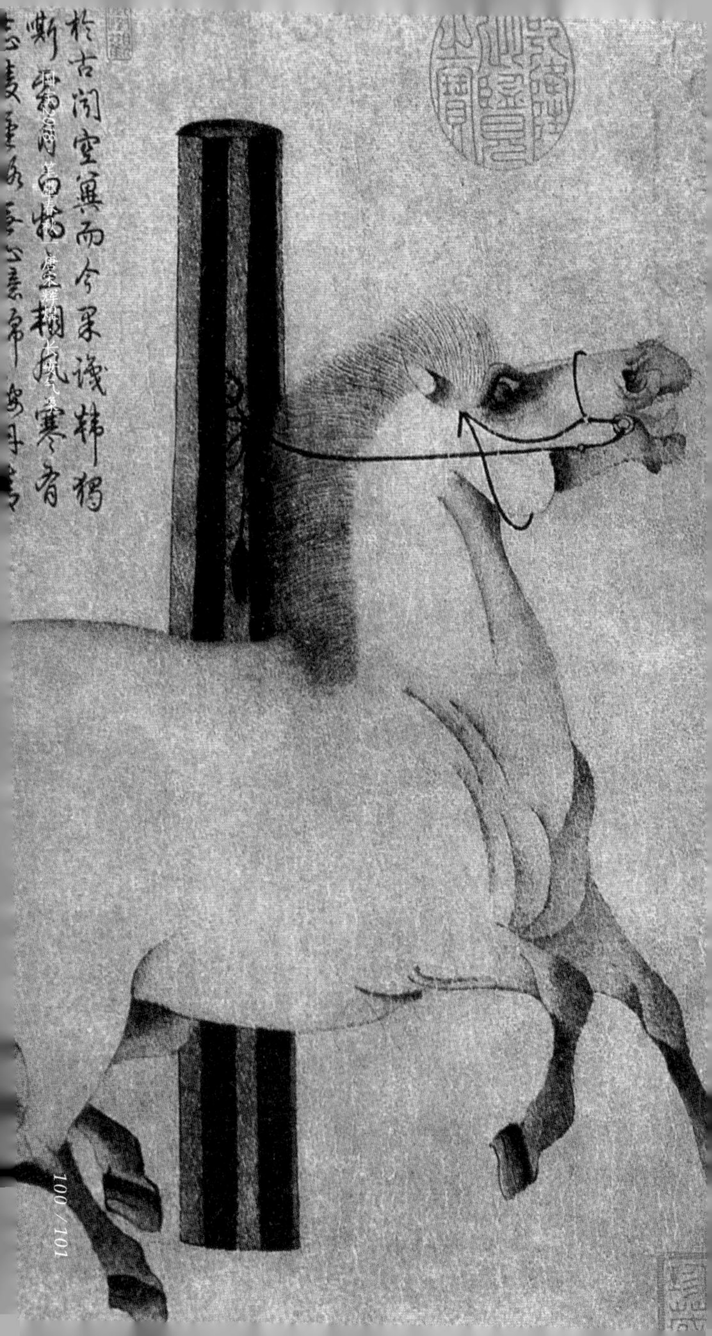

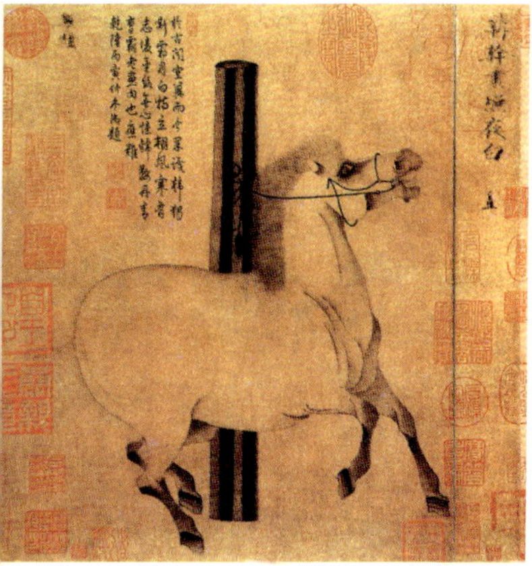

Friday Aug 17 2018
公历二〇一八年 · 八月

七夕

星期五

农历戊戌年 · 七月初七
今日七夕 · 三候寒蝉鸣

◎ 韩幹《照夜白》 唐

韩幹（约706～783年），唐代杰出画家。蓝田人，出身下层，当过酒店雇工，唐玄宗时召入宫廷封为「供奉」。曾跟从宫中画马名家陈闳学习，后来改变只临摹不写生的方法，经常到马厩里去，细心观察马的习性，以马为师。久之，马的不同性情、动态、体姿了然于胸，化为笔下各种鲜活面貌的马。画迹主要有《姚崇像》《安禄山像》《玄宗试马图》《宁王调马打球图》《龙朔功臣图》，均录于《历代名画记》；《内厩御马图》《圉人调马图》《文皇龙马图》等52件，辑于《宣和画谱》；传世作品有《牧马图》，录于《故宫名画三百种》。

◎ 韩滉《五牛图》

唐　故宫博物院藏

韩滉（723～787年）字太冲，长安人。贞元初，德宗时为镇海军节度使，平叛有功，贞元初加检校左仆射及江淮转运使，封晋国公。好鼓琴，长于隶书、章草，擅画农村风俗景物，写牛、羊、驴等走兽神态生动，尤以画牛「曲尽其妙」。所作《五牛图》被赵孟頫赞为「神气磊落，希世名笔」，南宋陆游赞其画「每见村童牧牛于风林烟草之间，便觉身在图画，起辞官归里之望」，成为传世名作。

Saturday Aug 18 2018
公历二〇一八年 · 八月

十八

星期六

农历戊戌年 · 七月初八
廿三处暑 · 廿五中元节

《田家风俗图》《田家移居图》《尧民击壤图》《村社醉散图》《村童戏蚁图》《丰稔图》《盘车图》《渔父图》等，尤以画牛著称，能表现出牛的各种情态，曾作《集社斗牛图》《古岸鸣牛图》《归牧图》《乳牛图》等。传世作品《五牛图》，纸本设色，纵20.、横136.8厘米，画中5只肥壮的牛分别作昂首、独立、嘶鸣、回首、擦痒之状，极其生动，是现存唐画中的珍品。

Sunday Aug 19 2018
公历二〇一八年·八月

十九

星期日

农历戊戌年·七月初九
今日世界人道主义日

◎ 韩滉《五牛图》（局部）
唐 故宫博物院藏

韩滉绘画是王维一类文人画之外的另一种格调，与同时期的韩幹齐名，注重现实题材，表现乡野趣味。风俗作品曾有

Monday Aug 20 2018
公历二〇一八年 · 八月

二十

星期一

农历戊戌年 · 七月初十
廿三处暑 · 廿五中元节

◎ 章怀太子墓壁画《马球图》

唐

唐章怀太子李贤墓墓址在陕西乾县韩家堡，为唐乾陵陪葬墓之一，其墓室壁画在目前已发掘的唐墓中是保存最好、内容最为丰富的，共有50多幅，面积400余平方米，墓道绘狩猎出行、打马球、客使、仪仗、青龙、白虎等内容，以马球图和前室东壁的观鸟捕蝉图最有名。《马球图》绘于墓道西壁，长675、高165厘米。画面上有二十四「细尾扎结」的各色骏马，骑士均穿白色或褐色窄袖袍，脚蹬黑靴，头戴幞头。比赛场面精彩激烈，是难得的一流壁画作品。这些精美的壁画又向人们展示了唐朝画师高超的艺术造诣和绘画水平。马球在唐代非常盛行，宫城和禁苑里多半筑有马球场，有的贵族官僚还有自己的马球场。当时宫廷中上至皇帝，下至文武百官，甚至妇女都爱打马球，玄宗李隆基就是马球高手。

Tuesday Aug 21 2018
公历二〇一八年·八月

二十一

星期二

农历戊戌年·七月十一
廿三处暑·廿五中元节

◎ **章怀太子墓壁画《观鸟捕蝉图》** 唐

这幅《观鸟捕蝉图》发人思忖，寄托了画家的无限同情。画面上三个宫女，左侧宫女左手拽披肩，右臂抬起手抚发后金钗，仰头望着天空中飞翔的小鸟，构成人、树、鸟的三角关系，有动有静。这个宫女面对自由飞翔的小鸟想起什么？中间宫女身着男装，足蹬便履，举起右手在捕打树干上的一只小蝉。右侧宫女交叉双手，呆立出神。画家非常高明，简直「此处无声胜有声」，宫女们寂寞无聊和渴望自由的念想呼之欲出。

Wednesday Aug 22 2018
公历二〇一八年 · 八月

二十二

星期三

农历戊戌年 · 七月十二
明日处暑 · 廿五中元节

◎ 章怀太子墓壁画《狩猎出行图》 唐

章怀太子李贤（654～684年）是唐高宗第六子，作为皇太子曾经奉诏监国，却最终遭到生母武则天的猜忌与贬黜，在流放地受逼自尽，多年后入葬地宫。这幅《狩猎出行图》中的皇六子倒是风流潇洒。图位于章怀太子墓墓道东壁，高100～200、长390厘米，极为壮观，也是唐墓壁画中的精品。壁画在揭取时被分成四幅。整幅画面中现存46个鞍马人物，奔驰在长安郊外大道，架鹰抱犬、前呼后拥。骑白马者应是章怀太子李贤。画家构思时巧妙地运用了墓道斜坡，使图中大队人马在林间穿越时更具动态感，景象流动壮观。

合葬于乾县北原，以陪葬乾陵。墓室壁画是难得的绘画珍品，墓道、过洞、甬道和墓室顶部都有壁画。前墓室象征客厅，东西两壁绘制了30人的步行仪仗队，是模仿皇后仪仗中的出行场面。壁画以着华丽服装的侍女为主，仿佛正行进在路上，去侍奉主人。后墓室墓顶画有天象图，东边是象征太阳的三足金乌，西边是象征月亮的玉兔，中间是银河，满天星斗，颗颗在天体中都有固定的位置。这充分反映了当时有相当发达的天文学知识。

Thursday Aug 23 2018
公历二〇一八年 · 八月

处暑

星期四

农历戊戌年 · 七月十三
今日处暑 · 一候鹰乃祭鸟

◎ **永泰公主墓壁画** 唐

永泰公主墓在陕西乾县北原，是乾陵的陪葬墓之一。永泰公主是唐中宗李显的第七个女儿，唐高宗李治和武则天的孙女，名仙蕙，字秾辉，嫁于武则天的侄孙驸马都尉武延基。701年，邵王李重润与其妹永泰郡主、主婿魏王武延基议论武则天事，被张易之诉于太后，太后皆迫其自杀。郡主年仅17岁。唐中宗李显即位以后，将其追封为「永泰公主」，并于706年与武延基

Friday Aug 24 2018
公历二〇一八年 · 八月

二十四

星期五

农历戊戌年 · 七月十四
明日中元节 · 八日白露

◎ **永泰公主墓线刻石像** 唐

永泰公主墓是乾陵17座陪葬墓之一。1960～1962年发掘，从1965年起正式对外开放。后墓室停放着永泰公主与其丈夫合葬的庑殿式石椁，石椁内外均刻有线刻画，人物全以精细线条刻画，面容姣好，衣饰华美，佐以碎花边饰和飞翔鸟类，艺术水平之高，令人惊叹。

◎ **丹枫呦鹿图** 五代

该图色彩浓烈，光影突出，颜色的层次感极强，鹿有不同姿势、状态，整幅画动静交映，极富装饰感，非常有西方绘画的特色，可谓我国古代绘画中的一个异类。该图无名款，有元内府「奎章」「天史」印，图内押有乾隆、嘉庆诸玺。《石渠宝笈续编》著录。《丹枫呦鹿图》丰富的色彩勾填，在后世中国绘画作品中不多见，故有人认为这件作品与中亚之间存有十分密切的关系。

Saturday Aug 25 2018
公历二〇一八年·八月

中元

星期六

农历戊戌年·七月十五
今日中元节·八日白露

行乐的场景。韩熙载为避免南唐后主李煜的猜疑，以声色为韬晦之所，每每夜宴宏开，与宾客纵情嬉游。此图绘写的就是一次韩府夜宴的全过程。画中有四十多个神态各异的人物，韩熙载为中心人物，在画面中反复出现，他有着南唐高官的气度，但脸上无一丝笑意，貌似平静之下深藏着抑郁和苦闷。这幅图卷本是李后主命顾闳中暗潜其府一窥究竟，然后绘出。然而由于技法高超，成为传于后世的名作。

Sunday Aug 26 2018
公历二〇一八年·八月

二十六

星期日

农历戊戌年·七月十六
八日白露·廿三秋分

◎ 顾闳中《韩熙载夜宴图》（一）

五代·南唐　故宫博物院藏

《韩熙载夜宴图》，绢本工笔设色，手卷，纵28.7、横335.5厘米。它是五代大画家顾闳中所作，乃中国十大传世名画之一，以连环长卷的方式描摹了南唐巨宦韩熙载家开宴

次，但形神不改，心事重重。第一段为韩熙载与宾客们正在聆听弹奏琵琶的情景，每一个人物的精神和视线，都集中到了琵琶女的手上，场面显得十分宁静。此段人物有七男五女，有的可确指其人，弹琵琶者为教坊副使李佳明之妹，李佳明离她最近，穿红袍者为状元郎粲，其他人是韩的门生舒雅、宠妓弱兰和王屋山等。女士当中还有一从屏风旁稍露身影者，可见画家设计之妙。

Monday Aug 27 2018
公历二〇一八年·八月

二十七

星期一

农历戊戌年·七月十七
八日白露·廿三秋分

◎ 顾闳中《韩熙载夜宴图》（二）

五代·南唐　故宫博物院藏

《韩熙载夜宴图》卷以时间为序，共分五段，每段以屏风巧妙隔开，前后相连又各自独立。全图共绘了46人，其中女21、男25人。韩熙载在画中出现五

静态中的动态。画中人物的服饰颜色也是很讲究的，坐在椅子上的是状元公，只有他身穿红色衣服；韩熙载和僧人穿颜色相近的衣服，但韩的高冠非常显赫，其他官员和乐师穿黑衣，舞者则穿浅灰色衣裙。整场人物的服饰色彩搭配协调，各有区别而不杂芜。第三段可以说是中场休息，韩熙载在侍女簇拥下躺在内室卧榻，轻松交谈，气氛舒缓，成为两个高潮之间的过渡。

Tuesday Aug 28 2018
公历二〇一八年 · 八月

二十八

星期二

农历戊戌年 · 七月十八
今日二候天地始肃

◎ 顾闳中《韩熙载夜宴图》（三）

五代 · 南唐　故宫博物院藏

《韩熙载夜宴图》第二段为观舞。韩熙载亲自为舞伎击鼓，众人凝神观看舞伎表演。舞伎身向左而头向右，似是舞蹈进行中的舞姿转换，成为画幅中

不同姿态，画面极为优美。第五段是曲终告别。宾客们有的离去，有的与女伎们调笑，自家女人们互相说着话，晚宴至此结束。所有人当中，只有韩熙载心事重重地站立送客，遥望客人远去。顾闳中所绘《韩熙载夜宴图》原迹已佚，现藏北京故宫博物院卷被认为是存世最古的一件宋代摹本。乾隆初，此画从私家转入清宫，1921年溥仪从宫中携出变卖，后被张大千购得，带到香港。20世纪50年代又从香港私家购回。

◎ 顾闳中《韩熙载夜宴图》（四）

五代·南唐 故宫博物院藏

第四段为赏乐。乐伎们吹奏管乐的情景，韩熙载便服坦腹，盘膝坐在椅上，正跟一个侍女说话，似在吩咐什么事。美丽的乐伎们排在一侧，横笛竖管，各有所持，又有着

Wednesday Aug 29 2018
公历二〇一八年·八月

二十九

星期三

农历戊戌年·七月十九
今日禁止核试验国际日

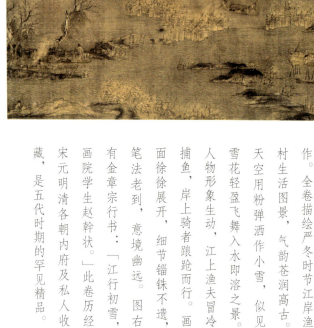

作。全卷描绘严冬时节江岸渔村生活图景，气韵苍润高古。天空用粉弹洒作小雪，似见雪花轻盈飞舞入水即溶之景。人物形象生动，江上渔夫冒冷捕鱼，岸上骑者踉跄而行。画面徐徐展开，细节锱铢不遗，笔法老到，意境幽远。图右有金章宗行书：「江行初雪，画院学生赵幹状。」此卷历经宋元明清各朝内府及私人收藏，是五代时期的罕见精品。

Thursday Aug 30 2018
公历二〇一八年 · 八月

三十

星期四

农历戊戌年 · 七月二十
八日白露 · 廿三秋分

◎ 赵幹《江行初雪图卷》

五代 · 南唐

赵幹，江宁（今江苏南京）人，生卒年不详。后主李煜朝画院学生，擅画江南山水。他从小生长在江南，熟悉此间风物，表现手法有过人之处，创作的《江行初雪图卷》成为历史名

北宋初为私人收藏，后入内府，《宣和画谱》著录。《宣和画谱》评其画：「虽在朝市风埃间，一见便如江上，令人褰裳欲涉，而问舟浦溆间也。」《江行初雪图卷》是目前传世作品中最早的手卷，并充分发挥手卷尺幅的长处，将不同景物构图为高低起伏、韵律有致的三段景，构成一幅完美景象。

Friday Aug 31 2018
公历二〇一八年·八月

三十一

星期五

农历戊戌年·七月廿一
八日白露·廿三秋分

◎ 赵幹《江行初雪图卷》(局部)

五代·南唐

《江行初雪图卷》为绢本设色画卷,纵25.9、横376.5厘米。此画既描绘了初冬江南水景山貌,又刻画出旅人、渔夫的生活细节;既是风景画,又是风俗画,是一件重要的南唐遗珍。

國寶 2018

九月

汴京流云

September

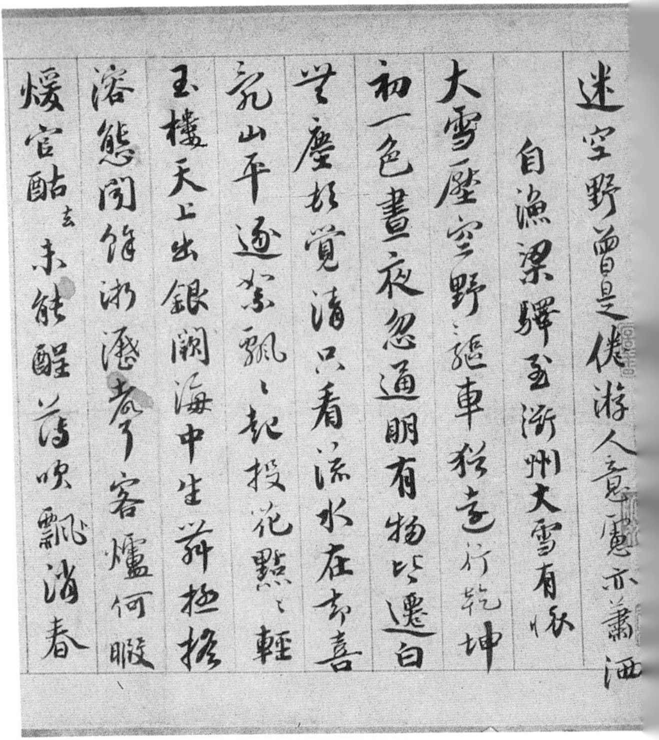

家之一，苏轼《东坡题跋》认为他：「天资既高，积学深至，心手相应，变态无穷，遂为本朝第一。」欧阳修更是赞道：「自苏子美死后，遂觉笔法中绝。近年君谟独步当世，然谦让不肯主盟。」沈括评论其草书「以散笔作草书，谓之散草，或曰飞草，其法皆生于飞白，自成一家。存张旭、怀素之古韵，有风云变幻之势，又纵逸而富古意」。

一日

星期六

农历戊戌年 · 七月廿二
八日白露 · 廿三秋分

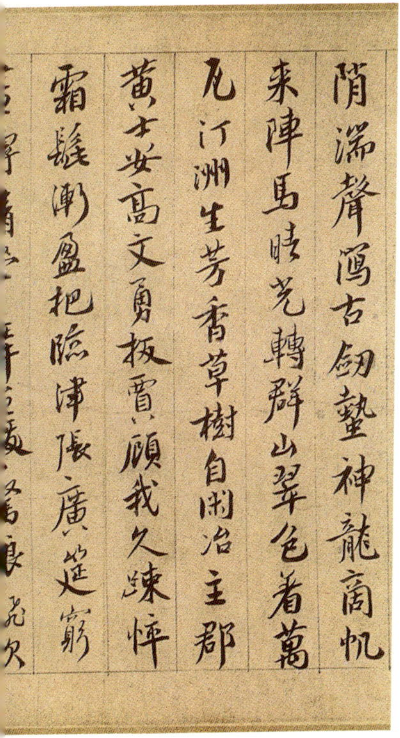

◎ **蔡襄** 北宋

蔡襄（1012～1067年），字君谟，福建仙游人。进士，曾为翰林学士、三司使、端明殿学士等职，出任泉州、福州、开封和杭州府事。亦为茶学家，曾在建州主持制作武夷茶「小龙团」，所著《茶录》总结了制茶、品茶经验，《荔枝谱》则被称为「世界上第一部果树分类学著作」。工书法，为「米、蔡、苏、黄」四大书

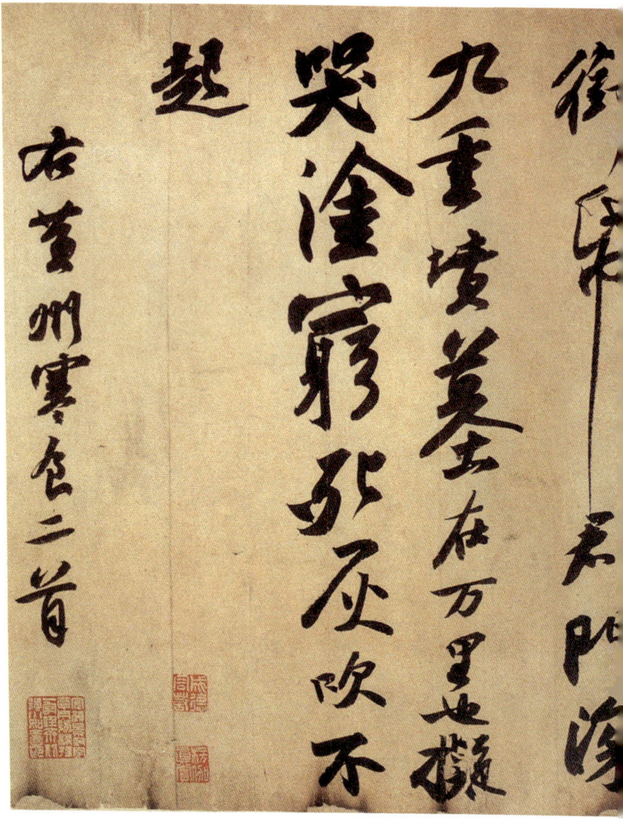

法名声甚隆，擅行、楷，与黄庭坚、米芾、蔡襄并称为「宋四家」。他曾经遍学晋、唐、五代各家之长，融会贯通，最终形成自家风貌，讲究「自出新意，不践古人」。其子苏过曾总结说：「少喜二王书，晚乃喜颜平原，故时有二家风气。」但苏轼的性格还是非常明显的，温柔敦厚，自信裕如，让人感觉「清风徐来，水波不兴」。

Sunday Sept 2 2018
公历二〇一八年 · 九月

二日

星期日

农历戊戌年 · 七月廿三
今日三候禾乃登

◎ 苏轼《寒食帖》 北宋

苏轼（1037～1101年），字子瞻，又字和仲，号铁冠道人、东坡居士，四川眉州人。进士，历神宗、哲宗、徽宗三朝，曾任翰林学士、侍读学士、礼部尚书等职。他也是一位文学家，诗词、散文在中国文学史上占有重要位置。苏轼书

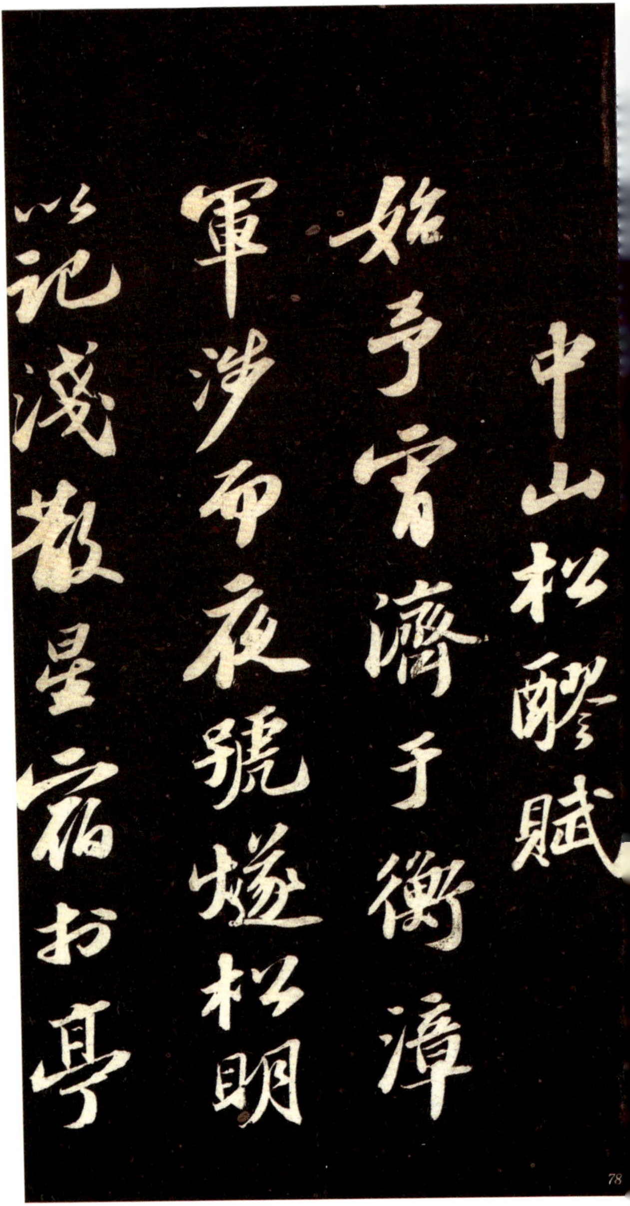
中山松醪賦
始予宵濟于衡漳
軍涉而夜號燧松明
以記淺散星宿於亭

Monday Sept 3 2018
公历二〇一八年 · 九月

三日

星期一

农历戊戌年 · 七月廿四
今日中国人民抗日战争胜利纪念日

◎ 苏轼《中山松醪赋》

北宋

苏轼有许多书法观点，对学书者是有启发的，他论道：「书必有神、气、骨、肉、血，五者阙一，不成为书也。」对学习书法而言，他认为应该遵循先练习正书的顺序，「书法备于正书，溢而为行草。未能正书，而能行草，犹未尝庄语，而辄放言，无是道也」「真书难于飘扬，草书难于严重，大字难于洁密而无间，小字难于宽绰而有余」。所发议论，直截了当，都是切实的经验。他是民间非常喜欢的大文人，有许多传说为人所乐道。苏轼存世作品甚多，有《赤壁赋》《黄州寒食诗》《祭黄几道文》《中山松醪赋》《洞庭春色赋》《李白仙诗帖》等。

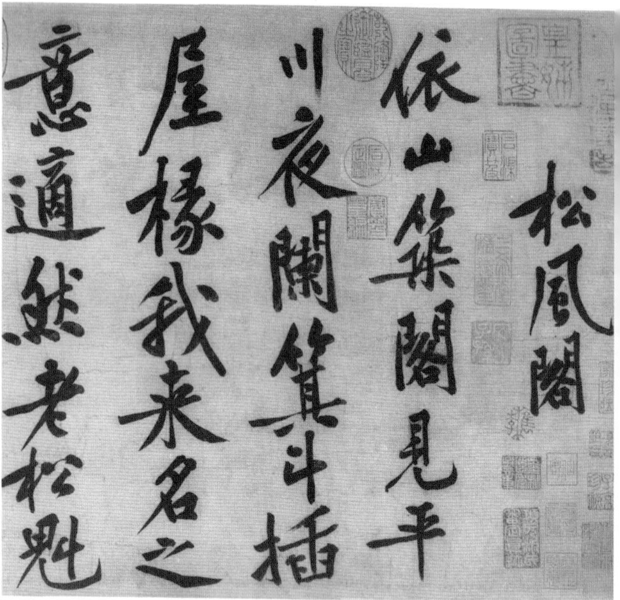
松風閣
依山築閣見平
川夜闌箕斗插
屋椽我來名之
意適然老松魁

梧數百年斧
斤所赦今參天
風鳴媧皇五十
絃洗耳不須
菩薩泉嘉

Tuesday Sept 4 2018
公历二〇一八年 · 九月

四日

星期二

农历戊戌年 · 七月廿五
八日白露 · 廿三秋分

◎ 黄庭坚《松风阁诗帖》 北宋

黄庭坚（1045～1105年），字鲁直，号山谷道人，江西九江修水人，北宋文学家、书法家，江西诗派开山之祖，与杜甫、陈师道及陈与义素有「一祖三宗」（黄庭坚为其中一宗）之称，存世诗词近2400首，著有《山谷词》。与张耒、晁补之、秦观合称为「苏门四学士」，苏黄二人相差八岁，两人有着深厚的师友情谊。其书法成就极高，在「宋四家」中是风格最为外拓的。22岁举进士第，任叶县尉，后参加四京学官考试，由于科文最佳，教授国子监，极受文彦博赏识。苏轼曾偶见其诗文，大加赞赏，以为「超轶绝尘，独立万物之表，世久无此作」，从此声名大震。曾任《神宗实录》检讨官及地方官。为政正直，后不断被贬，直至60岁时客死广西。

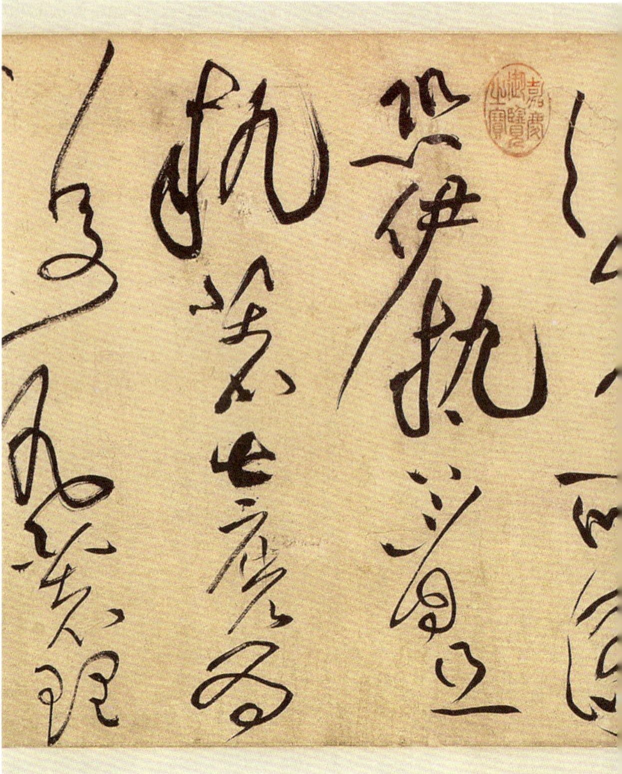

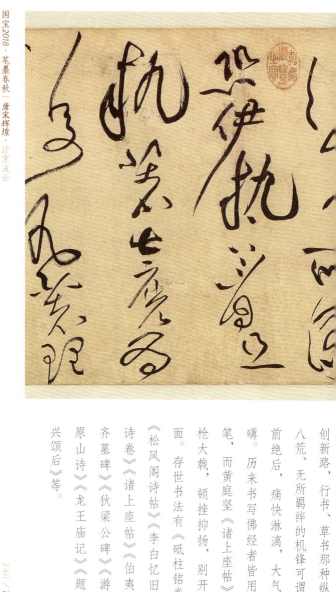

创新路，行书、草书那种纵横八荒、无所羁绊的机锋可谓空前绝后，痛快淋漓，大气磅礴。历来书写佛经者皆用柔笔，而黄庭坚《诸上座帖》长枪大戟，顿挫抑扬，别开生面。存世书法有《砥柱铭卷》《松风阁诗帖》《李白忆旧游诗卷》《诸上座帖》《伯夷叔齐墓碑》《狄梁公碑》《游青原山诗》《龙王庙记》《题中兴颂后》等。

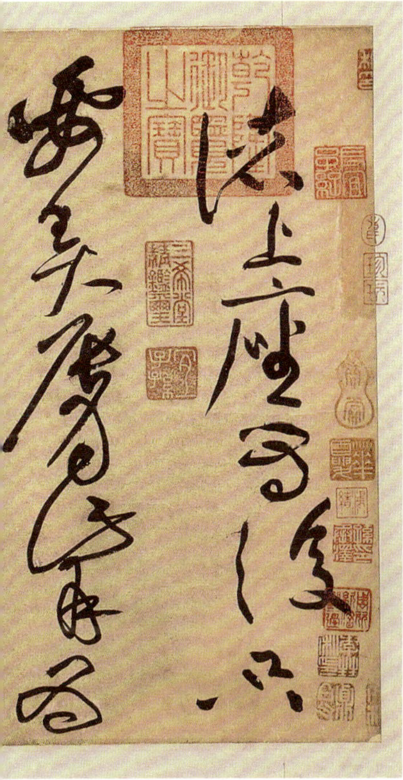

Wednesday Sept 5 2018
公历二〇一八年 · 九月

五日

星期三

农历戊戌年 · 七月廿六
八日白露 · 廿三秋分

◎ **黄庭坚《诸上座帖》** 北宋

黄庭坚行楷大字最为人称道，得力于早年对《瘗鹤铭》的摹习，他于晋唐名家之外，独称「宋四家」。曾任校书郎、书画博士、礼部员外郎。集书画家、鉴定家、收藏家于一身。绘画方面也卓有成就，创立了「米点山水」，亦称「米家山水」，其子米友仁也是著名书法家和画家。米芾擅篆、隶、楷、行、草各种书体，成就以行书为著，对后世影响甚大。他在研究晋唐各家书法的基础上，创出自己风格，被苏轼形容为「风樯阵马，沉着痛快，当与钟、王并行」。

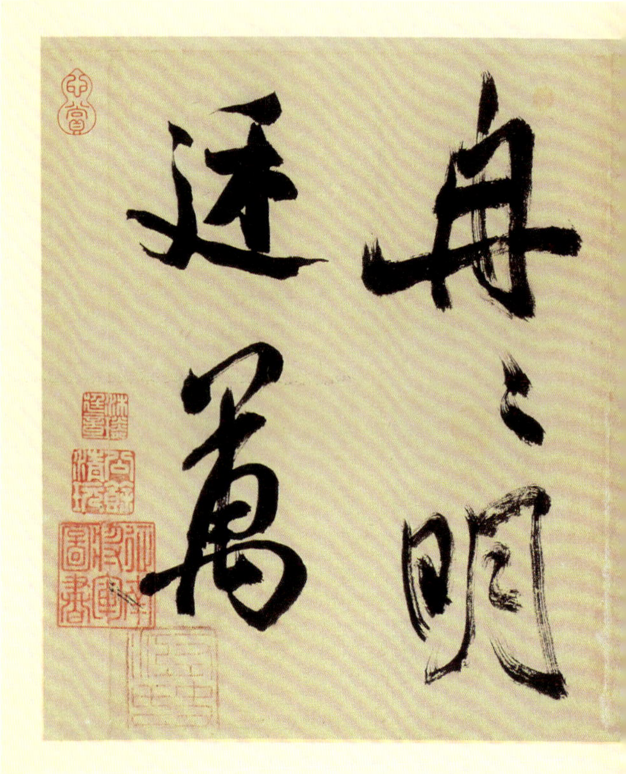

Thursday Sept 6 2018
公历二〇一八年·九月

六日

星期四

农历戊戌年·七月廿七
八日白露·廿三秋分

◎ **米芾《多景楼诗册》** 北宋

米芾（1051～1107年），字元章，湖北襄阳人。又称「米襄阳」「米南宫」。北宋书法家，与蔡襄、苏轼、黄庭坚合

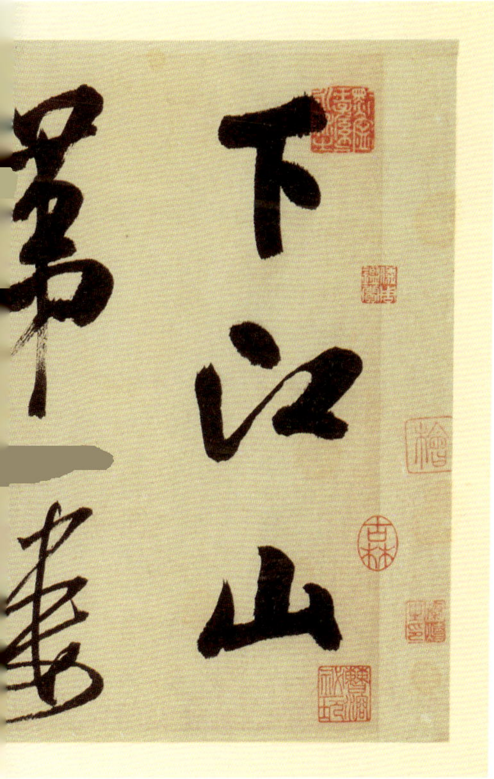

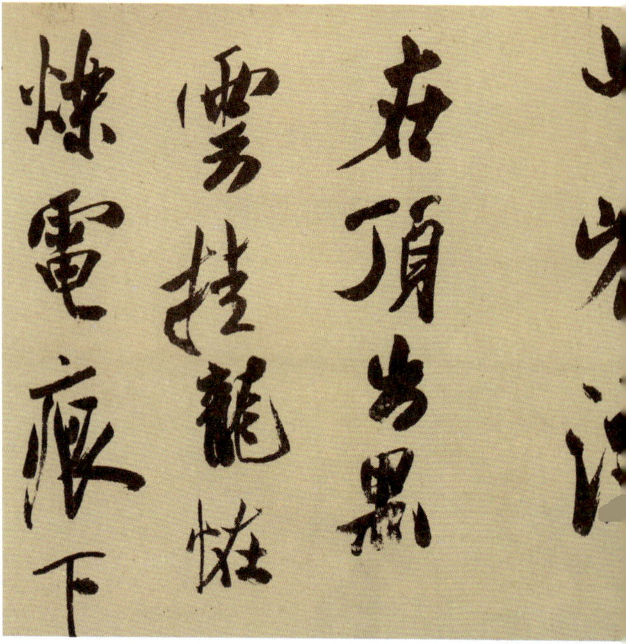

说：「余写《海岱诗》，三四次写，间有一两字好，信书亦一难事。」米芾曾表述自己的书法主张：「稳不俗、险不怪、老不枯、润不肥。」要有全面的美感：「骨筋、皮肉、脂泽、风神俱全，犹如一佳士也。」米芾书法用笔劲健，痛快淋漓，追求潇洒自然，受到后世追摩。主要作品有《苕溪诗》《蜀素帖》《多景楼诗》《虹县诗》《研山铭》《拜中岳命帖》等。

Friday Sept 7 2018
公历二〇一八年 · 九月

七日

星期五

农历戊戌年 · 七月廿八
明日白露 · 廿三秋分

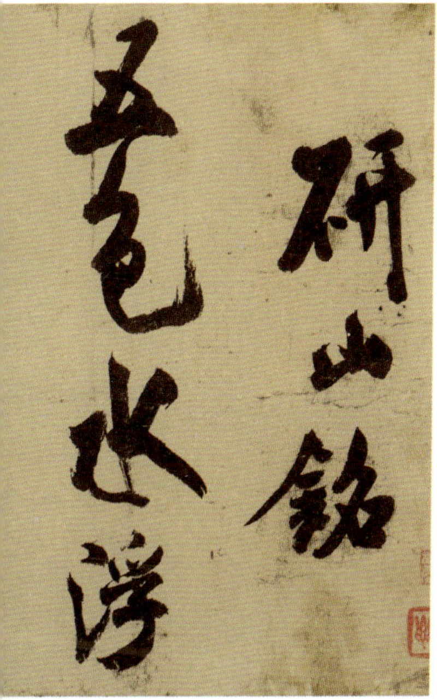

◎ **米芾《研山铭》** 北宋

米芾书法看似奔放随意，实则经过悉心推敲方才下笔。他曾

千字文

天地元黃宇宙洪荒日月
盈昃辰宿列張寒來暑往
秋收冬藏閏餘成歲律呂
調陽雲騰致雨露結爲霜
金生麗水玉出崑崗劒號

Saturday Sept 8 2018
公历二〇一八年 · 九月

白露

星期六

农历戊戌年 · 七月廿九
今日白露 · 一候鸿雁来
国际扫盲日

◎ 赵佶《千字文》 北宋

赵佶（1082～1135年），宋神宗11子，宋哲宗弟，是宋朝第八位皇帝。宋徽宗在位25年（1100～1126年），国亡被俘受折磨而死，终年54岁，葬于绍兴永佑陵。他不是个好皇帝，却是个极好的艺术家，后世言其诸事皆能，独不能为君。他自创一种书法字体被后人称之为「瘦金体」或「瘦金书」，笔画率意劲键，挺拔秀丽，锋芒毕出，独步天下，至今无人能出其右，成为他自己的一种特殊文化符号。传世书法作品有《瘦金体千字文》《欲借风霜二诗帖》《夏日诗帖》《欧阳询张翰帖跋》等。瘦金体书写的崇宁、大观等钱币，为古币珍品，在钱币书法中独树一帜。

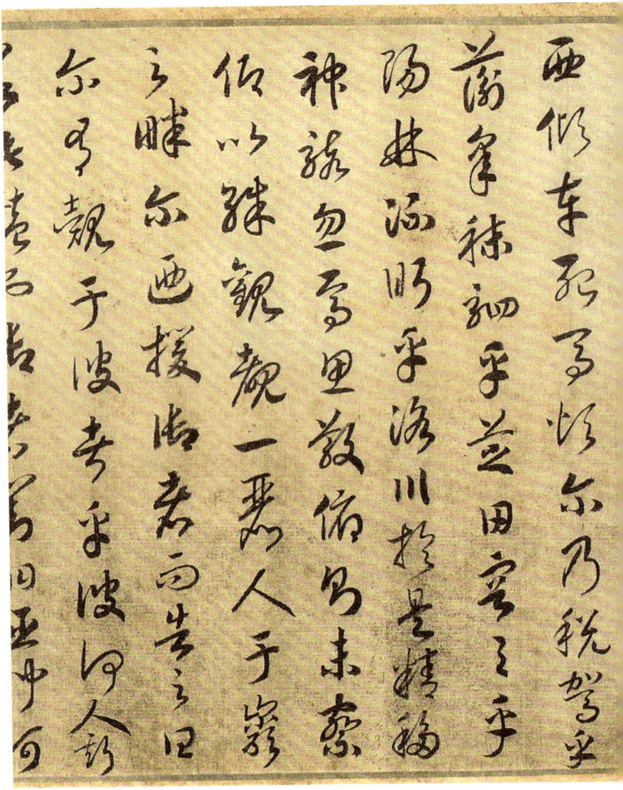

宗仪《书史会要》称「高宗善真、行、草书，天纵其能，无不造妙。」他自言：「余自魏、晋以来以至六朝笔法，无不临摹，众体备于笔下，意简犹存取舍，至若禊帖，测之益深，拟之益严，以至成诵。」他甚至在南宋掀起了一个学书高潮。赵构著有《翰墨志》一卷，传世墨迹有《草书洛神赋》《正草千字文》及《光明塔碑》等。

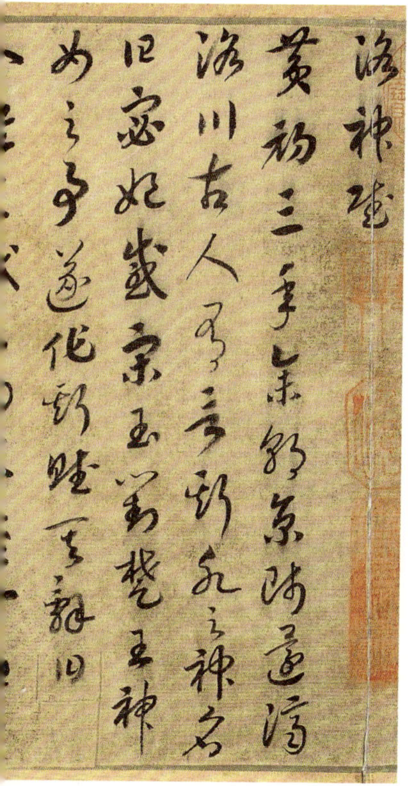

Sunday Sept 9 2018

公历二〇一八年·九月

九日

星期日

农历戊戌年·七月三十

廿三秋分·廿四中秋节

◎ **赵构《洛神赋》** 南宋

宋高宗赵构（1107～1187年），字德基，宋徽宗赵佶第九子，钦宗赵桓弟。15岁封为康王，北宋靖康元年（1126年）十一月，金兵攻陷宋都汴京（今河南开封），徽、钦二帝做了俘虏，北宋灭。宋旧将臣拥戴他为皇帝，史称南宋，建都临安（今浙江杭州），成偏安之局。赵构同徽宗一样，艺术才能超群，精于书法，陶

戶外昭容紫袖
垂雙瞻御座引
朝儀香飄合殿

Monday Sept 10 2018
公历二〇一八年·九月

十日

星期一

农历戊戌年·八月初一
今日教师节·廿三秋分

◎张即之《书杜诗卷》

南宋

张即之（1186～1263年），宋代书法家，字温夫，号樗寮，安徽和县人。生于名门显宦家庭，中唐著名诗人张籍的八世孙，参知政事张孝伯之子，词人张孝祥之侄，特授太子太傅、直秘阁致仕。张即之楷书法褚遂良印记很深，笔画灵动多变，行书清秀俊逸，又作擘窠榜书，传至日本。女真族虽然远在北方，与南宋政权处于敌对状态，但对于张即之的翰墨作品，却不惜用重金购求。张即之是南宋书坛首要人物，在南宋后期书界可谓力挽狂澜，振衰起弱，称雄一时。

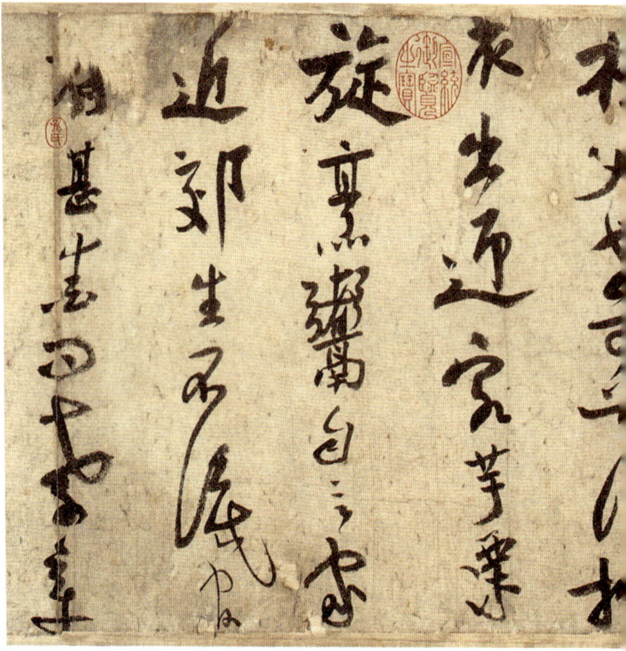

一带参加军旅生活。诗人、词人，有《剑南诗稿》《放翁词》，是现留诗作最多的诗人。如同范成大一样，陆游也是被诗名所掩的书家，他的书法在当时就被与他同时代的朱熹的定评：「放翁老笔尤健，在今当推为第一流。」陆游传世墨迹极多，藏于故宫博物院、国家图书馆、台北故宫博物院、辽宁省博物馆以及美国波士顿艺术博物馆等；内容包括诗卷、尺牍、碑文、题名及历代名家题跋。陆游出生在书香门第，家藏丰富，他勤奋临习，自述「灯下书成铁砚穿」。其书法沉雄郁勃，功力深厚，史不绝赞。

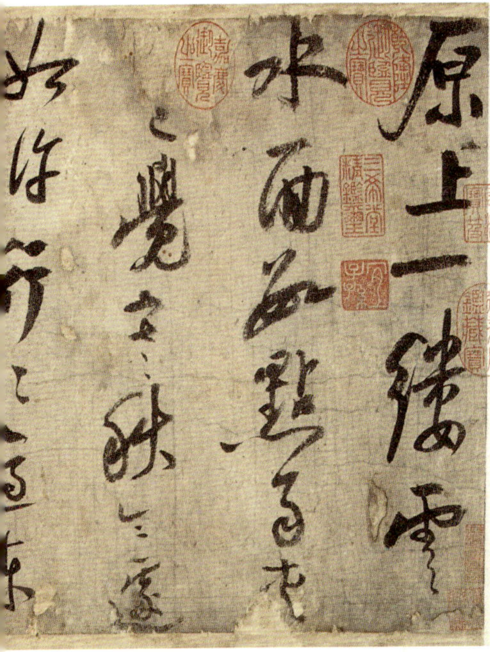

◎ 陆游行书《自书诗卷》 南宋

陆游（1125～1210年），字务观，号放翁，浙江绍兴人，陆佃之孙。绍兴三十二年进士，官至宝章阁待制。中年曾在川陕

Tuesday Sept 11 2018

公历二〇一八年 · 九月

十一

星期二

农历戊戌年 · 八月初二

廿三秋分 · 廿四中秋节

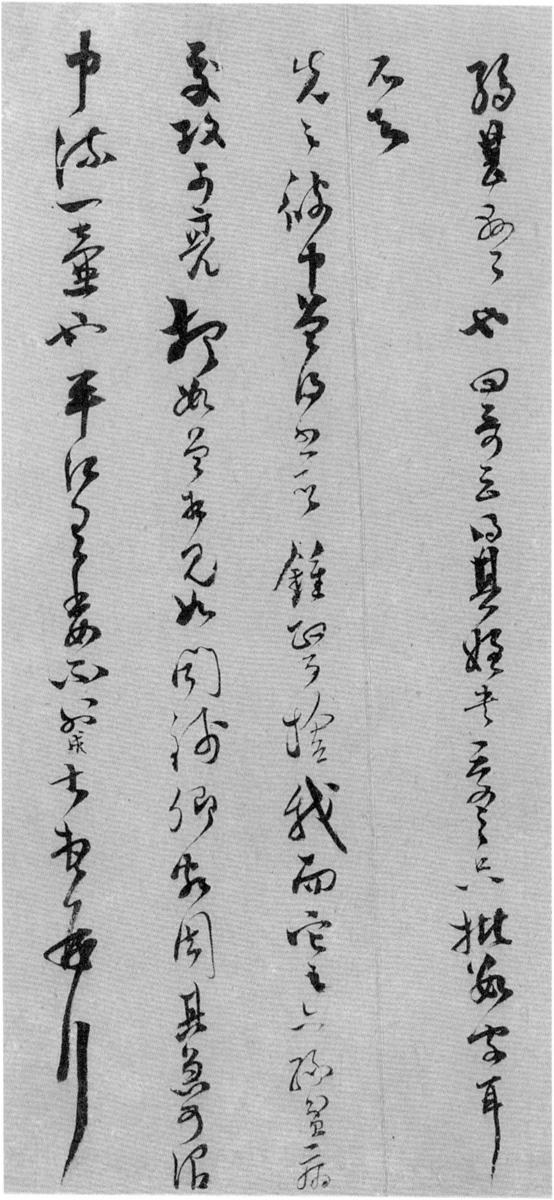

Wednesday Sept 12 2018
公历二〇一八年·九月

十二

星期三

农历戊戌年·八月初三
廿三秋分·廿四中秋节

◎ **范成大《中流一壶帖》**

南宋 日本东福寺藏

范成大（1126～1193年），字致能，号石湖居士，江苏吴县人，南宋诗人。绍兴二十四年（1154年）进士，曾代表南宋朝廷出使金国，为改变接纳金国诏书礼仪和索取河南「陵寝」地事，面对强敌据理力争，不辱使命，归而记入《揽辔录》。诗词俱佳，与尤袤、杨万里、陆游齐名，号称「中兴四大诗人」，诗题材广泛，以反映农村社会生活内容的作品成就最高。他使金途中所写的七十二首绝句，反映了北方人民的苍凉处境。亦为地理学家，有《石湖诗集》《石湖词》《桂海虞衡志》《吴郡志》等著作传世。《明州赠佛照禅师诗碑》是其54岁所书，原碑遗失，仅有宋拓本，藏于日本东福寺。书法宗法颜真卿，又有苏轼遗风，笔力凝重遒劲，一派君子之相。

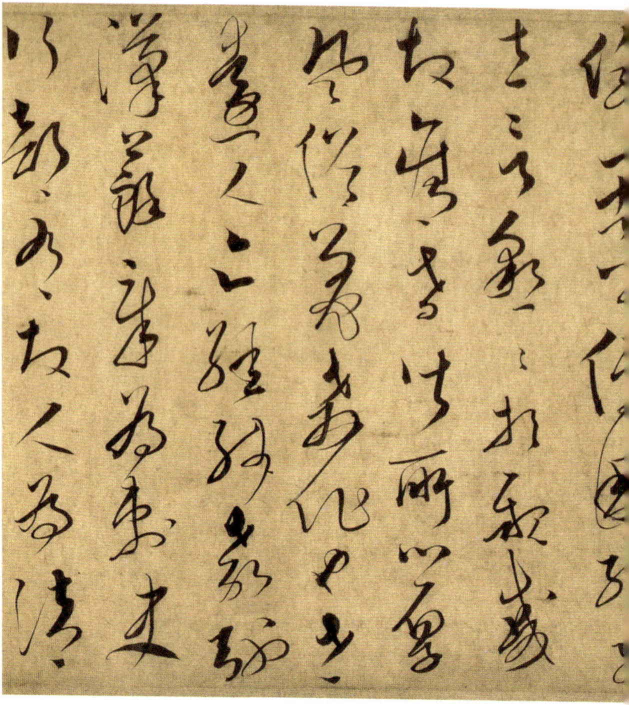

为「宋末三杰」。1275年元兵渡江，文天祥起兵勤王；1276年奉诏入福州，任枢密使，都督诸路军马抗元；1278年兵败被俘；元世祖以高官厚禄劝降，文天祥宁死不屈，1283年从容就义。文天祥以忠烈名传后世。著有《文山诗集》《指南录》《指南后录》等。《谢昌元座右自警辞》，纸本，纵36.7、横335.7厘米，草书，笔墨跃动清劲，法度精严，书于1273年，卷后有大量名家题跋。文天祥存世墨迹仅三幅，至为珍贵。

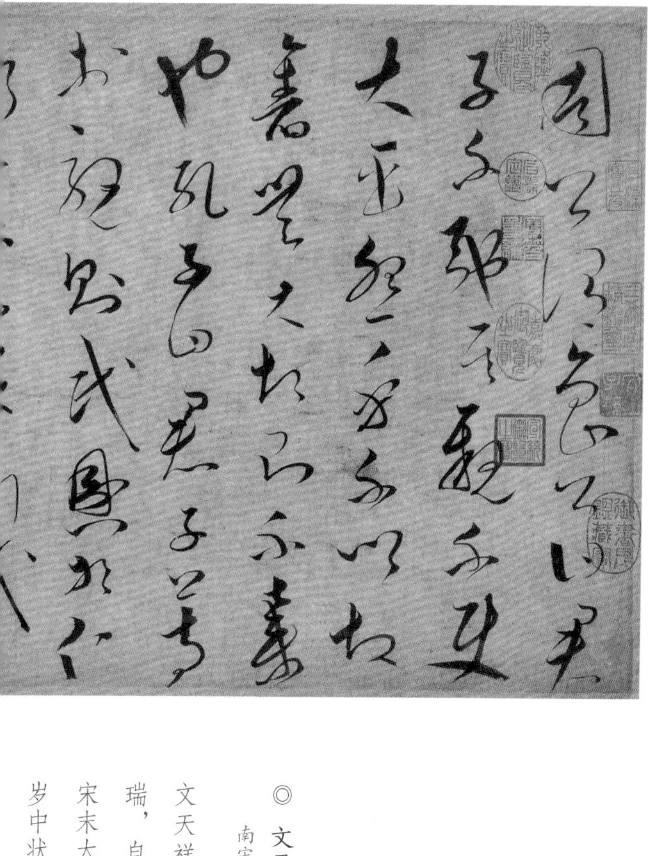

Thursday Sept 13 2018
公历二〇一八年 · 九月

十三

星期四

农历戊戌年 · 八月初四
今日二候玄鸟归

◎文天祥《谢昌元座右自警辞卷》

南宋 中国国家博物馆藏

文天祥（1236～1283年），字宋瑞，自号文山江西吉安县人，南宋末大臣、文学家、民族英雄，20岁中状元，与陆秀夫、张世杰被称

老毛此祸情顾不遂通

馀水绝痛之深重情

不能况汝岂可胜任

丝汨无当面叙哀悲

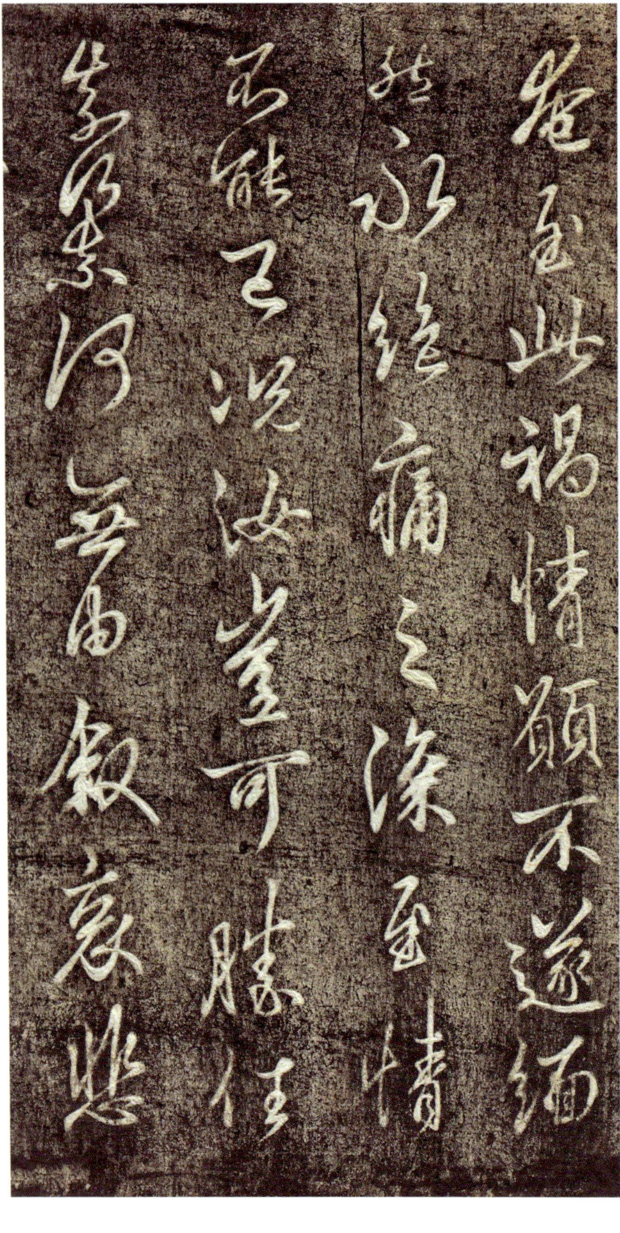

Friday Sept 14 2018
公历二〇一八年·九月

十四

星期五

农历戊戌年·八月初五
廿三秋分·廿四中秋节

◎《淳化阁帖》之王羲之《奄至帖》

北宋

中国最早的一部汇集各家书法墨迹的法帖。制作方法为：将古代著名书法家的墨迹经双钩描摹后，刻在石板或木板上，再拓印装订成帖。《淳化阁帖》共10卷，收录了先秦至隋唐1000多年的书法墨迹，包括帝王、臣子和著名书法家等103人的420篇作品，被后世誉为中国法帖之冠和丛帖始祖。传世《淳化阁帖》宋拓善本有：上海图书馆藏宋拓《泉州本淳化阁帖》十卷本（睢阳袁氏家藏本），中国历史博物馆藏《泉州本淳化阁帖》十卷本等，香港中文大学藏《宋拓淳化阁泉州本·王右军书》（卷六、卷七、卷八之残本合并本）。淳化三年（992年）为中国书法史上的一大重要节点，它主宰了中国书法的发展方向。这一刊刻最终确立了王羲之的「书圣」地位，也开启了官刻丛帖之端，此后官私刻帖历代不绝。宋拓本大多现已影印出版。

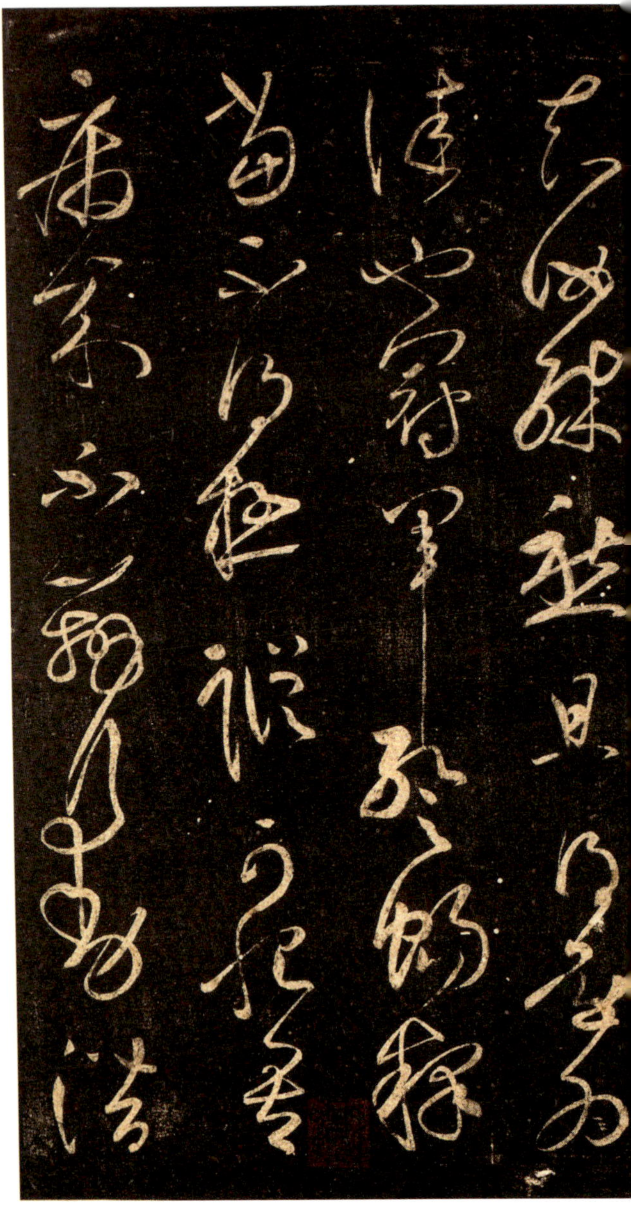

Saturday Sept 15 2018
公历二〇一八年·九月

十五

星期六

农历戊戌年·八月初六
今日国际民主日

◎大观帖《张芝草书》

北宋

《淳化阁帖》由于刻在枣木板上，经历百年后至宋徽宗时已皴裂不能用，宋徽宗于是修订重刊为《大观帖》，改正了《淳化阁帖》中存在的错误，摹刻上更加精细，获得极高评价，被认为是宋代刻帖中的精品，有「《淳化》为祖，《大观》尤妙」之说。刻帖由龙大渊主持，蔡京奉旨书写帖内的款识标题，因刻于徽宗大观三年（1109年），世人称之为《大观帖》，刻成之后拓本赐给大臣，流传较少。《大观帖》分北宋拓与南宋拓，北宋拓遭靖康之变，传世无多。金人占领开封后，南北互不往来，帖版亦失陷。「绍兴和议」后，南北方互置交易市场，为满足南宋士人对《大观帖》的需求，有人开始「潜拓」少量拓本贩卖，但质量不佳。元明时《大观帖》有重刻与翻刻本。现有《大观帖》故宫博物院藏本、南京大学藏本、国家博物馆藏本。

荆浩真蹟神品

Sunday Sept 16 2018
公历二〇一八年·九月

十六

星期日

农历戊戌年·八月初七
今日国际保护臭氧层日

◎ **荆浩《匡庐图》** 五代·后梁 台北故宫博物院藏

荆浩（约850～?年），字浩然，山西沁水人，擅画山水，师从张璪，吸取北方山水雄峻气格，作画「有笔有墨，水晕墨章」，勾皴之笔坚凝挺峭，表现出一种高深回环、大山堂堂的气势，为北方山水画派之祖。所著《笔法记》为古代山水画理论的经典之作，提出气、韵、景、思、笔、墨的绘景「六要」。现存作品有《匡庐图》《雪景山水图》等。因避战乱，荆浩常年「隐于太行山之洪谷」，躬耕自给，访山水作画。我国水墨山水画自唐中期崛起，荆浩进一步发展，上升为理论性的「有笔有墨」，对水分运用也更加讲究，表现力大增，深刻影响后世。他的另一重大理论是「大山大水，开图千里」，并将画法进一步推向成熟，使中国山水画提高到一个新的高度，走向空前未有的全盛期。

格标记。他和范宽、关仝一起被称为「三家鼎峙」「百代标程」的大师。有作品《读碑窠石图》《寒林平野图》《晴峦萧寺图》《茂林远岫图》等传世。这幅《读碑窠石图》古貌森然，怪树嶙峋，意境极为幽渺，堪为「气象萧疏，烟林清旷」。图中人物为王晓所画，与原画浑然一体。

Monday Sept 17 2018
公历二〇一八年 · 九月

十七

星期一

农历戊戌年 · 八月初八
廿三秋分 · 廿四中秋节

◎ 李成《读碑窠石图》
五代宋初　日本大阪市立美术馆藏

李成（919～967年），字咸熙，原籍长安（今陕西西安），先世系唐宗室，祖父于五代时避乱迁家至营丘（今山东青州），故又称李营丘。他胸怀抱负而无以施展，遂寄情山水绘事，但深不以画家身份为然，甚至毫无情面地拒绝为豪门作画。李成师承荆浩、关仝，创新画法，画山石称为「卷云皴」，画寒林称「蟹爪法」，对北宋的山水画影响巨大，北宋时他被誉为「古今第一」。宋代著名书画家米芾形容其为「淡墨如梦雾中，石如云动」，这种「石如云动」的形象成为以后画家用李成笔法作画的重要风

中主李璟、李景遂和李景遏都望向李景达，南唐烈祖李昪特别宠爱李景达，本欲传位给他，但朝议未能通过，便只好按惯例传位长子。长子李璟在其父去世后，让位不成，便与兄弟们立盟，「约兄弟世世继立」。李璟欲让位给李景达，自己则退位隐居山林，当然最后是传给了南唐后主李煜。屏风在画中具有遮断和暗示的双重功能，巧妙得很，后世别的画家也有运用这种「画中画」的方式表达某种隐喻的。

Tuesday Sept 18 2018

公历二〇一八年 · 九月

十八

星期二

农历戊戌年 · 八月初九

今日三候群鸟养羞

九一八事变纪念日

◎ 周文炬《重屏会棋图》

五代 · 南唐　故宫博物院藏

这是中国美术史上十分重要的一件作品。图中四人依次是南唐中主李璟、李璟的三弟李景遂、四弟李景达、五弟李景逷。二弟因早逝而未能入画。画中屏风中又画一屏风，所画是白居易《偶眠》诗意。李璟手拿棋谱，寓意规则已经确定：兄终弟及、依次轮流做帝。画中四人目光都不在棋局，

Wednesday Sept 19 2018
公历二〇一八年·九月

十九

星期三

农历戊戌年·八月初十
廿三秋分·廿四中秋节

◎ **巨然《层岩丛树图》**

五代 台北故宫博物院藏

《层岩丛树图》，绢本墨笔，纵144.1、横55.4厘米。作者巨然，钟陵开元寺僧人，主要以画山水而出名，成为南唐后主李煜的座上客。他在绘画史上与荆浩、关仝、董源并称为四大家，对中国画的发展有很大的贡献。此画层峦叠嶂，奇峭险峻，林木、小径环绕山间，远处若隐若现，意境高远。郭若虚、米芾对此画多有赞语。董其昌在画幅上方的诗堂跋云：「观此图，始知吴仲圭师承有出蓝之能。元四大家之自本自根，非易易也。」他的画风对后世影响很大，后人把他与董源并称「董巨」。他的山水画风深刻影响了赵孟頫、黄公望、倪瓒、王蒙、吴镇、沈周、文徵明以及清初的「四王」（王时敏、王鉴、王翚、王原祁）、「四僧」（八大、石涛、髡残、弘仁）。

Thursday Sept 20 2018
公历二〇一八年 · 九月

二十

星期四

农历戊戌年 · 八月十一
今日全国爱牙日

◎ 范宽《溪山行旅图》　北宋　台北故宫博物院藏

范宽，陕西华原（今陕西铜川耀州区）人，名中正，字中立，生卒不详，主要活动于北宋仁宗天圣年间（1023～1032年）长安、洛阳等地，北宋山水画三大名家之一。性疏野，嗜酒好道，初学李成，后感悟出「前人之法，未尝不近取诸物，吾与其师于人者，未若师诸造化」，于是深入终南山、太华山，对景造意，写山真骨，自成一家。其画峰峦浑厚端庄，气势壮阔雄强，有雄奇险峻之感；用笔强健有力，皴多雨点、豆瓣、钉头，山顶好作密林；常于水边置大石巨岩，屋宇笼染黑色。代表作有《雪景寒林图》《溪山行旅图》《临流独坐图》《雪山萧寺图》等。《溪山行旅图》以「雨点皴」描绘北方土石混杂的山脉，高远构图，主峰突兀，气势夺人，而山下一队人马走过，为画幅增添了几许人文气息。

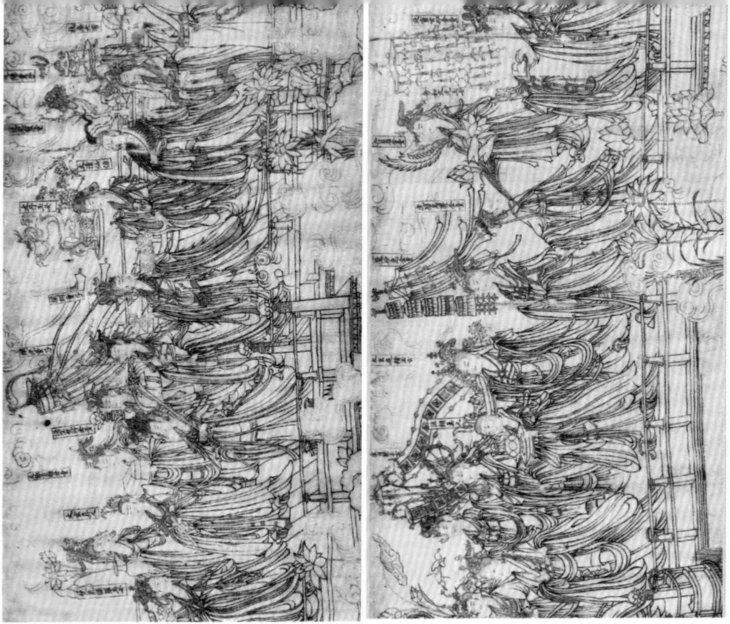

图卷》，绢本墨笔，纵44.3、横580厘米，是我国传统白描技法的典范。卷后有南宋乾道八年（1172年）张子珉题跋，并有元代赵孟頫题识，定为武宗元真迹，图中描绘道教传说中的东华天帝君、南极天帝君与众仙官、侍从、仪杖、乐队等87位神仙同去朝谒元始天尊的情形。中心是八位主神，帝后装束，四周围绕着290多位值日神，分四层排列，整个画面明朗而又不失恢宏气势。人物形象情态不一，各持宝物仪杖，衣裙线条流畅，飘逸不凡。

Friday Sept 21 2018

公历二〇一八年 · 九月

二十一

星期五

农历戊戌年 · 八月十二

今日国际和平日

◎ **武宗元《朝元仙仗图》**

北宋 美国王己千怀云楼藏

武宗元（约980～1050年），字总之，河南白坡（今河南孟津）人。宋真宗景德年间，建玉清昭应宫，征全国画师，分二部，武宗元为左部之长，擅画道释人物，曾为开封、洛阳各寺观作大量壁画。《朝元仙仗

诘与德棠出何精仙人褚履
陈袤桑不足其芳但见居佃桐丰
偶欲来观诸青满人寻世间
物佳乎不闻何晚好就随化工作
有时若家扬惊不见古年春红
由来美人姿不泛君子惊左令涞莫
蜀道歌徐如黄衔君汋讼诉我涛
我令已老才力来顾君若乎力送瞻
惜春望衔武诚奇师

壁上君不師語高郎高伯陵首
陽巣青華蘭慧今海畤如衾
自長　篤真誰是文子許我
他年作主無達想鈞涼清夜永
平安時報故人書
　誰畫亲天賊石頹則也春吸錦
　座望玉堂紗黄文游畫泛無
　堂水晚波　老可當年每董一面
　別出冬至王一枝
　誰是丹青三味清家滋换一孔清宋五
　軒尚書情育水霄换一孔清宋五
　月寒　我言有真深竹裹一枝
不收清陰待我輝

秦和王立為

Saturday Sept 22 2018
公历二〇一八年·九月

二十二

星期六

农历戊戌年·八月十三
明日秋分·廿四中秋节

◎ 文同《墨竹图》 北宋 台北故宫博物院藏

文同（1018～1079年），字与可，四川梓州永泰人，画家、诗人。仁宗时进士，任过知州。他与苏轼是表兄弟，风流倜傥，诗文书画俱佳，又能体恤百姓、为民请命。任汉中知府时，劝勉百姓读书，兴办学校；公事之余，常亲自到学校训导，汉中求学者日多，汉中教育蓬勃发展；初有盗贼横行，文同严加整治，从此盗不敢犯；革除杂徭等积弊，解民疾苦。文同以善画竹著称，是文人画开始兴起的标志之一，「胸有成竹」即来源于他对苏轼说的话：「画竹者必先得成竹于胸中，执笔熟视，乃见其所欲画者，急起从之，振笔直遂，以追其所见，如兔起鹘落，稍纵则逝矣。」文同的墨竹对当时及后世影响很大，墨竹逐渐成为中国文人画的重要题材之一。

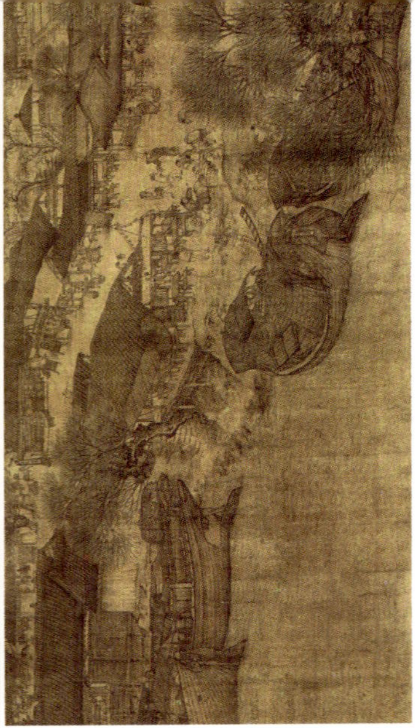

汴河沿岸和东角门市区的繁华景象。

这幅画曾经五次进入宫廷，四次被盗出宫，千曲百折，演绎出许多传奇故事。辛亥革命后，溥仪于1925年离宫之前，将宫中珍玩字画盗往天津，《清明上河图》即在其中，后又带到伪满洲国长春皇宫；1945年日寇投降，溥仪出逃未遂而被俘，此画被发现于东北博物馆库房；1955年拨交故宫博物馆，《清明上河图》第五次入紫禁城。《清明上河图》问世以来，历代都有摹本。据统计，目前国内外公私所藏的较好摹本有30幅。

Sunday Sept 23 2018
公历二〇一八年 · 九月

秋分

星期日

农历戊戌年 · 八月十四
今日秋分 · 一候雷始收声

◎ 张择端《清明上河图》（一）

北宋　故宫博物院藏

中国古代绘画发展到宋代，描写城乡市井生活的风俗画走向成熟，并且产生了诸多画家和名作，《清明上河图》是其中最辉煌卓越的代表。北宋是中国古代经济、文化最为繁盛的朝代，市民生活丰富多彩，这在《清明上河图》中得到最集中、最完美地体现。作者张择端，山东诸城人，翰林，游学于京师，一度在画院任职，后以卖画为生。《清明上河图》纵24.8、横528.7厘米，以全景式构图展示了

《清明上河图》全图分为三个段落。第一段为汴京郊野清明时节的光景，一幅「鸡声茅店月，人迹板桥霜」的景象，三三两两的人群，赶着骡马，挑着担子，乘着轿子，从疏林茅舍、流水小桥走向都市。这俨如一部交响曲的序曲，舒缓清朗地徐徐展开，薄雾即将散去，树木渐次清晰，屋舍炊烟升起，繁华喧闹的都市景象就要展开了。

◎张择端《清明上河图》（二）

北宋 故宫博物院藏

Monday Sept 24 2018

公历二〇一八年 · 九月

中秋

星期一

农历戊戌年 · 八月十五

今日中秋节 · 一日国庆节

人们眼前，人烟稠密，粮船云集，画中非常精细地刻画出每个行当的状态、特色，最具核心位置的是横跨汴河的拱桥。马上要从桥下穿过，然而船帆却还没完全落下，船夫们心急火燎，两岸、邻船和桥面人们的目光都投向这一焦点，若有喊声响起，所有气氛都向大船集中。这一核心画面有动有静，有悠闲有紧张，市井百态之展示，远超历史上其他风俗画作，堪称古今第一。

◎ 张择端《清明上河图》（三）

北宋　故宫博物院藏

《清明上河图》第二段为汴河码头。此处为帝都漕运枢纽，大宋最繁华的商业街衢展现

Tuesday Sept 25 2018
公历二〇一八年·九月

二十五

星期二

农历戊戌年·八月十六
一日国庆节·八日寒露

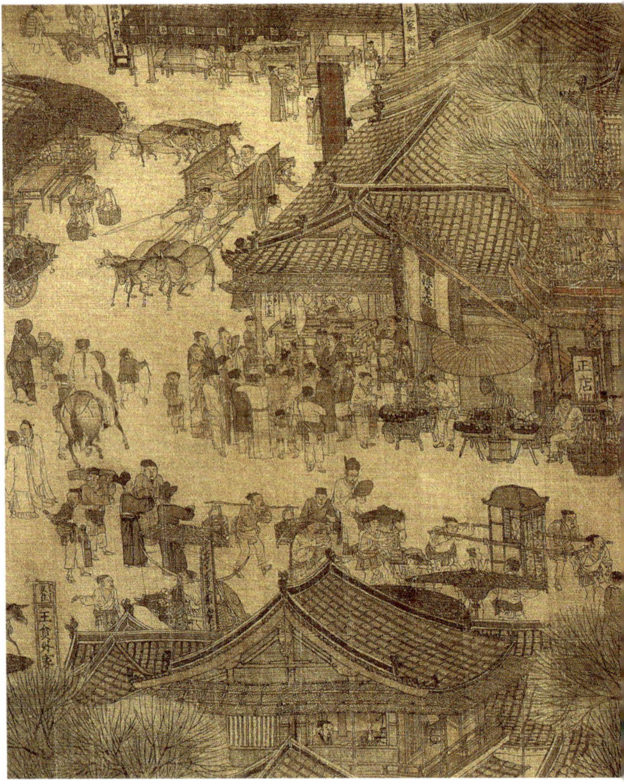

代各种器具无不毕呈。画中各色人物计有587个，牛、马、骡、驴等牲畜50多匹，车轿20多辆，船只20多艘。房屋、桥梁、城楼等体现了宋代建筑的特征。人物服饰、风土人情、家具器物等，为研究宋代生活提供了有力参考。体现了作者非凡的写实能力和对社会生活广泛而深入的了解。《清明上河图》作为中国古代最伟大的现实主义风俗画，无论历史价值还是艺术水平都是无可匹敌的。

Wednesday Sept 26 2018
公历二〇一八年·九月

二十六

星期三

农历戊戌年·八月十七
一日国庆节·八日寒露

◎ 张择端《清明上河图》（四）
北宋　故宫博物院藏

《清明上河图》第三段为市区街道景象。高大严整的城楼之前，街边屋宇鳞次栉比，茶楼酒肆、店铺小摊、庙宇车店、医家卜师、官府衙门、消防警亭以及五行八作各具其态，好一番大宋帝都繁华景象。所有景象中，最耐看的是人，男女老幼，士农工商，三教九流，无所不备，而作为交通工具的轿子、骆驼、牛马车辆、人力推车，农耕时

Thursday Sept 27 2018
公历二〇一八年·九月

二十七

星期四

农历戊戌年·八月十八
一日国庆节·八日寒露

◎赵佶《柳鸦芦雁图》

北宋 上海博物馆藏

赵佶（1082～1135年），即宋徽宗，宋朝第八位皇帝。酷爱艺术，将画家的地位提到在中国历史上最高的位置，成立翰林书画院，以画作为科考内容。他以诗词做题目，刺激出许多创意佳话，如题为「山中藏古寺」，许多人画深山寺院，但高手没有画任何房屋，只画了一僧在山溪挑水。题为「踏花归去马蹄香」，得头筹者不画任何花卉，只画了一人骑马，有蝴蝶飞绕马蹄间。这些极大地刺激了中国画意境的发展。徽宗自己也是绘画高手，其花鸟画为宋代院体画中精细富丽的典范。《柳鸦芦雁图》，纸本淡设色，纵34、横223.2厘米，分二段，前段画一株柳树和数只白头鸦，柳树枝干以粗笔浓墨画出，柳条为细线下垂，枝上白头鸦自在啼鸣，各具姿态，表现出大自然中温馨美妙的一刻。

◎ 海棠蛱蝶图

南宋　故宫博物院藏

无名氏作品，绢本设色，纵25、横24.5厘米。工笔重彩画海棠花蝶，钤「黔宁王子子孙孙永保之」「丁伯川鉴赏章」等藏印四方。画幅中一枝海棠占据主要位置，三只彩蝶围花起舞。花枝横斜而出，姿态可人，见一枝如见全貌。花叶翻卷，表现出微风吹拂的样貌，为全幅增加了动态感。用笔工整细腻，颜色富丽浓艳，格调清新朴素。

Friday Sept 28 2018
公历二〇一八年·九月

二十八

星期五

农历戊戌年·八月十九
今日二候蛰虫坏户
孔子诞辰纪念日

Saturday Sept 29 2018
公历二〇一八年·九月

二十九

星期六

农历戊戌年·八月二十
一日国庆节·八日寒露

◎ 李唐《采薇图》 南宋 故宫博物院藏

这是一幅有思想的宋代名画，作者李唐，「南宋四家」之首（其他三家是刘松年、马远和夏圭）。靖康二年（1127年），金灭宋，掠走徽、钦二宗，同时俘获一批包括宫廷画家在内的能工巧匠，其中就有李唐。以李唐的艺术水平，在金国完全可以衣食无忧，但他很有气节，要忠于故土，于是中途逃回。这幅作品以殷商末年伯夷、叔齐「不食周粟」的故事为题，图中以远景中的平原大川作为陪衬，伯夷、叔齐对坐深山坡地上谈话，一人侧耳听，一人专心讲，显出人物所居的寂寥，烘托出人物坚毅从容的精神风貌。周围怪树环绕，地上一只小篮，点出「采薇」主题。「薇」是一种野果，俗称「野豌豆」，并非正规粮食。二人在国家败亡后遁入首阳山，宁可饿死也「不食周粟」。作者借用这一典故表达了自己的心志，发出警世强音。

古树竹林，一所覆盖着白雪的小院之中，四周寂静，只有两位朋友屋内闲谈，莽苍野趣之中蕴含人间温馨。宋人此类表现荒野之中雪屋独坐读书或两人对谈的作品，含有很多文人趣味，对后世影响甚大。

Sunday Sept 30 2018
公历二〇一八年·九月

三十

星期日

农历戊戌年·八月廿一
明日国庆节·八日寒露

◎ 夏圭《雪堂客话图》 南宋 故宫博物院藏

夏圭、马远同师李唐，但又各有自己的风格。马远用笔刚劲而偏于露，而夏圭用笔清劲而偏于含畜。明代画论家曹昭《格古要论》评道：「夏圭山水，布置、皴法与马远同，但其意尚苍古而简淡，喜用秃笔，树叶间夹笔，楼阁不用界尺，信手画成，突兀奇怪，气韵尤高。」传世作品有《西湖柳艇图》《山水四段》《梧竹溪堂》和《溪山清远图》等。夏圭此幅《雪堂客话图》是其传世精品，绢本设色 纵28.2、横29.5厘米，构图精致，远山近水，

國寶2018

筆墨春秋

National Treasures 2018

Traditional Chinese Paintings and Calligraphy

卷四

明清韵致

文物出版社

國寶 2018

十月

北国苍莽

October

宋灭后，入元为官，元代画家王蒙是其外孙，其妻管道升亦为书法家、画家、诗人。赵孟頫是元代书坛领袖，在中国书法史上占有重要位置，楷书「颜柳欧赵」四大家之一，后世学赵体者史不绝人。中国古代楷书以钟繇为起点，经唐代出现虞、褚、欧、颜、柳等大师之后，再难创出新的体式规范，即便两宋时出现诸多才华盖世的书法大家，亦未能在楷书上走出新路，然而赵孟頫却能接五百年之薪火，创造出平和流美、清雅恬淡的「赵体」，对中国书法史贡献甚巨。一些人出于书法之外的要求而对赵字轻蔑，甚至认为其字媚源自其人卑；而对赵字初不屑而后幡然改变看法者也大有人在。

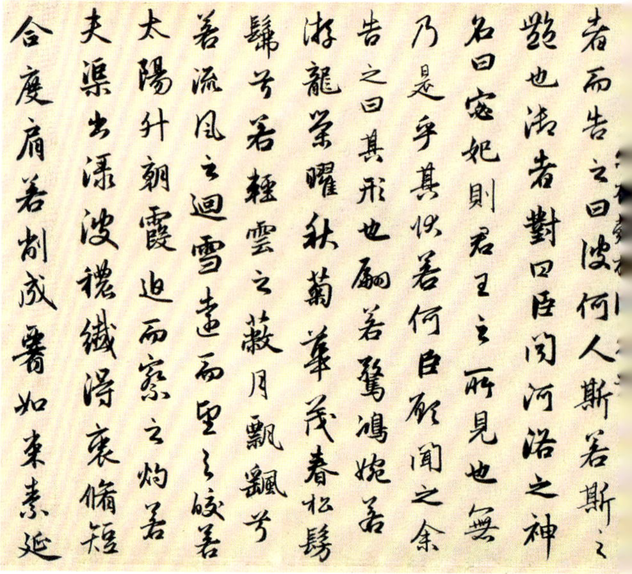

Monday Oct 1 2018
公历二〇一八年 · 十月

一日

星期一

农历戊戌年 · 八月廿二
今日国庆节
国际老年人日 · 世界人居日

◎ **赵孟頫《洛神赋》** 元 美国普林斯顿大学藏

赵孟頫（1254～1322年），字子昂，号松雪道人，书法家、画家。赵孟頫是宋朝皇室后代，

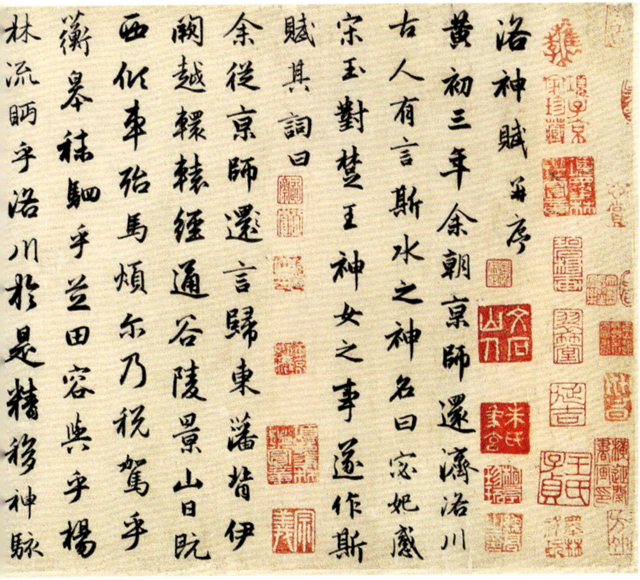

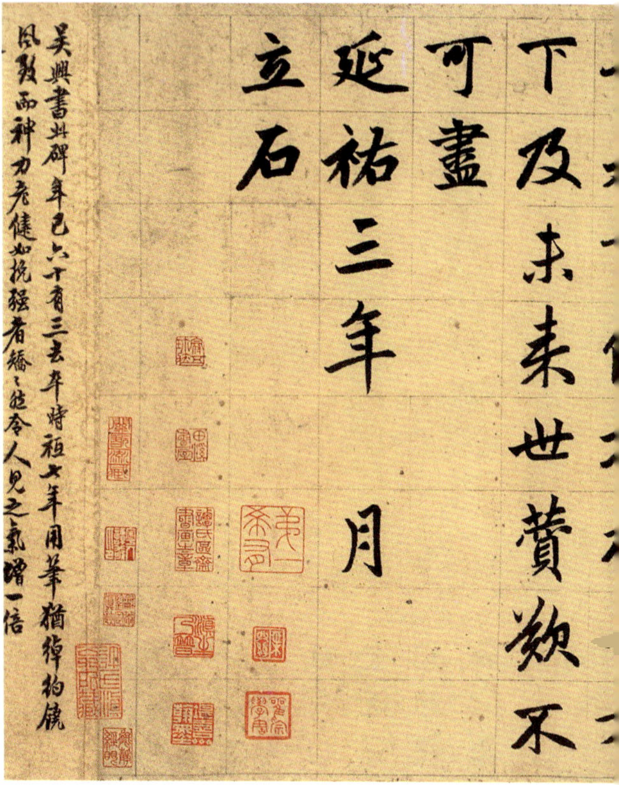

赋》《玄妙观重修三门记》等，画作名品亦多，兼工篆刻，以「圆珠文」著称。至治二年（1322年），赵孟頫病逝，享年69岁。逝世之日，仍观书作字，谈笑如常。后与管夫人合葬于德清县千秋乡东衡山，朝廷追封其为魏国公，谥号「文敏」。赵孟頫诗书画印四绝，当时就已名传中外，当时的日本、印度人即以珍藏他的作品为贵，他为当时的中外文化交流作出了贡献。

Tuesday Oct 2 2018
公历二〇一八年 · 十月

二日

星期二

农历戊戌年 · 八月廿三
今日国际非暴力日

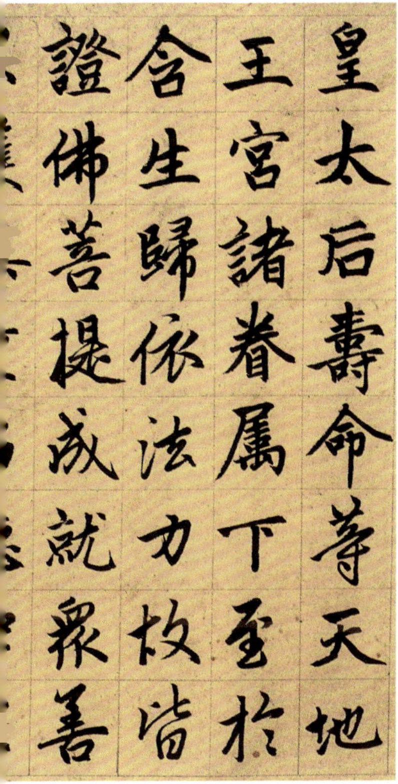

◎ **赵孟頫《胆巴碑》** 元

赵孟頫早年学「二王」极下功夫，曾十三次为《兰亭序》作跋，尽述自己的书法观，史称「兰亭十三跋」。他是古代楷书体式的终结者，在明清书法家譬如董其昌等人的作品上，都可以看到他的影子。传世书法作品有《胆巴碑》《洛神

Wednesday Oct 3 2018
公历二〇一八年 · 十月

三日

星期三

农历戊戌年 · 八月廿四
今日三候水始涸

◎ 赵孟頫篆刻《松雪斋》 元

宋元时期开始，文人私人印章开始流行，处在这一时期的赵孟頫对印章文化的发展有着自己的贡献。他以自己强大的书法基础向印章文化投入热忱，所作多用圆珠文，典雅优美。他的「松雪斋」「水晶宫道人」「赵孟頫印」等，被赞「丰神流动，如春花舞风，青云出岫」。而且他又对印学理论做过专门研究，著有《印史》，对340枚古印章详加考证，提出合乎古法的审美理念。兹后，中国印章文化迎来明清时期更大的繁荣局面。

◎ 鲜于枢《海棠诗》　元

鲜于枢（1256～1301年），字伯机，号困学山民，渔阳人，居杭州，官至太常寺典簿。其书法诸体皆备，尤精草书，恣肆纵横，以《唐人水帘洞诗》为代表。行书有自家面目，朴素中含趣味，《王荆公杂诗》《韩愈石鼓歌》《秋兴诗》《苏轼海棠诗》《秋怀诗》等最佳。鲜于枢草书学怀素并能自出新意。赵孟頫对他的书法十分推崇，曾说：「余与伯机同学草书，伯机过余远甚，极力追之而不能及，伯机已矣！世乃称仆能书，所谓无佛出称尊尔。」同代书法家陈绎说得如在眼前：「今代惟鲜于郎中善悬腕书，余问之，嗔目伸臂曰：胆！胆！胆！」

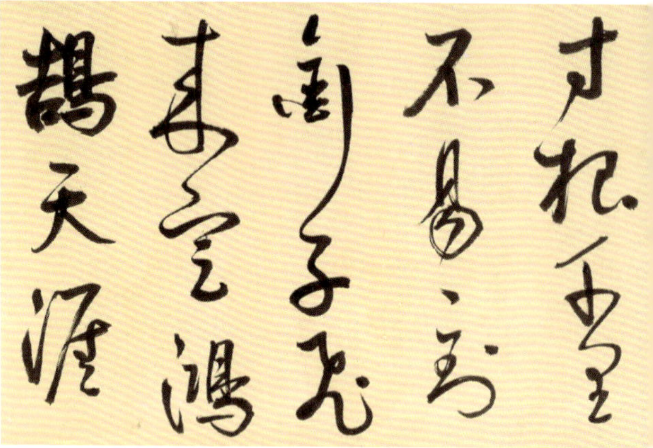

Thursday Oct 4 2018

公历二〇一八年 · 十月

四日

星期四

农历戊戌年 · 八月廿五

今日世界动物日

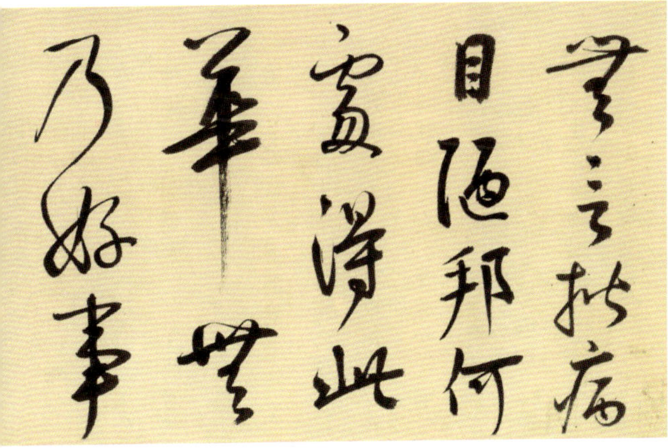

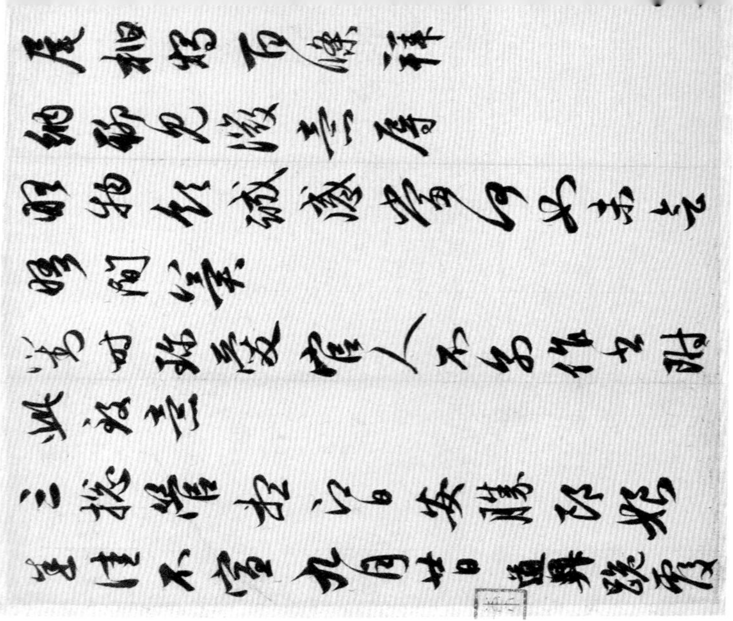

◎ 管道升《秋深帖》

元　故宫博物院藏

管道升（1262～1319年），字仲姬，一字瑶姬，浙江德清茅山人，祖籍江苏青浦（今属上海）。元代著名的女书法家、画家、诗人。赵孟頫之妻，封吴兴郡夫人，世称管夫人，后册封魏国夫人。管道升行楷在元代可称一流，笔法精妙，亦精于诗，擅画墨竹梅兰，存世有故宫博物院藏《水竹图》，台北故宫博物院藏《竹石图》。

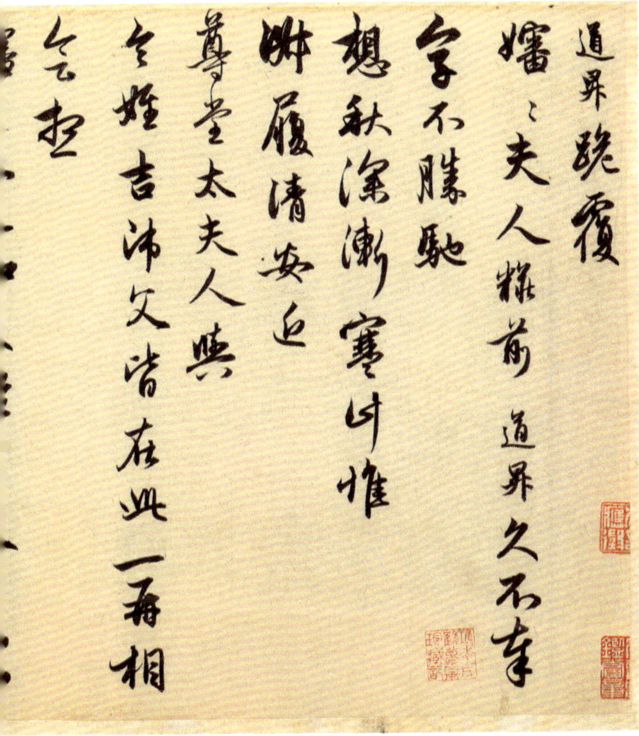

Friday Oct 5 2018

公历二〇一八年 · 十月

五日

星期五

农历戊戌年 · 八月廿六

八日寒露 · 十七重阳节

難為偽授此志士

高人厝一口言之易

如也出之弗弘且

政岂孚兮以授子

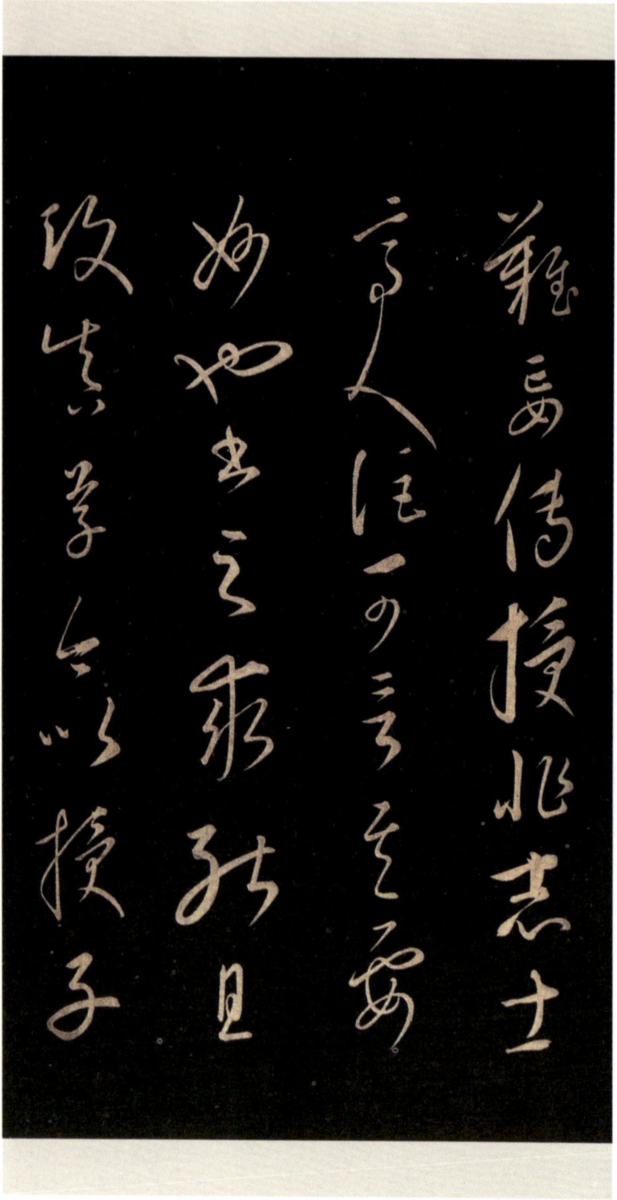

Saturday Oct 6 2018
公历二〇一八年 · 十月

六日

星期六

农历戊戌年 · 八月廿七
八日寒露 · 十七重阳节

◎ 康里巎巎《颜真卿述张长史笔法十二意并跋》 元

康里巎巎（1295 ~ 1345年），字子山，先祖为蒙古族人，入元后进入中原，列入色目康里部。幼年就读于国学，博通群书。曾为元文宗、顺帝讲诵经书。任监察御史、集贤直学士、礼部尚书、翰林学士承旨等职。最早提出编纂辽、宋、金三史。元代造就了一批少数民族文人书法家，元初耶律楚材，中期康里夔夔，后期余阙，都是杰出的代表。康里巎巎在元代书坛中地位仅次于赵孟頫。《元史》称他「善真、行、草书，识者谓得晋人笔意，单牍片纸人争宝之，不啻金玉」。明代解缙赞道：「子山书如雄剑倚天，长虹驾海。」有《草书尺牍》《唐元缜行宫诗》《渔夫辞册》《草书述笔法》《李〈白古〉风第十九首》《草书尺牍》《十二月十二日帖》等传世。

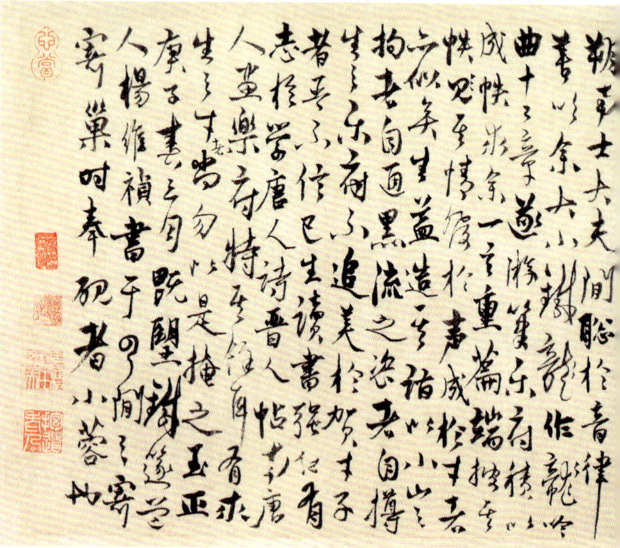

曲方面均有建树，为元代诗坛领袖，诗文诡异谲怪，被人讥为「文妖」。其书法意在抒情，尤其是草书作品，显示出放浪形骸的个性和抒情意味，与赵孟頫秀美典雅的风格形成鲜明对比。吴宽《匏翁家藏书》称其书如「大将班师，三军奏凯，破斧缺斨，倒载而归」。明洪武二年，召至京师，议订各种仪礼法典。事成即请归，朱元璋命百官于京都西门外设宴款送，不久即逝。著作有《春秋合题著说》《史义拾遗》《东维子集》《铁崖古乐府》《复古诗集》等。

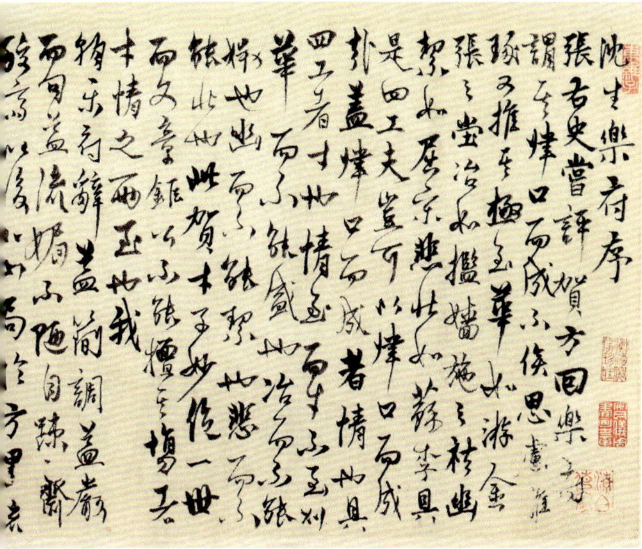

Sunday Oct 7 2018
公历二〇一八年 · 十月

七日

星期日

农历戊戌年 · 八月廿八
明日寒露 · 十七重阳节

◎ **杨维桢《沈生乐府序》** 元

杨维桢（1296～1370年）元末明初著名文学家、书画家。字廉夫，号铁崖、铁笛道人等，别号极多。泰定四年进士，做过一段时间官吏，后避寓富春江，性豪放不羁，在诗、文、戏

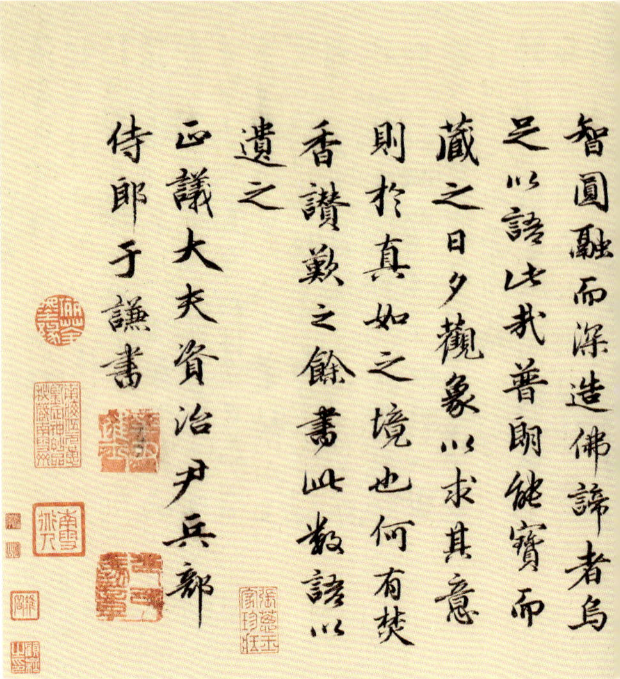

智圓融而深造佛諦者烏足以語此哉普朗能寶而藏之日夕觀象以求其意則於真如之境也何有焚香讚歎之餘書此數語以遺之
正議大夫資治尹兵部侍郎于謙書

镇压汉王朱高煦之叛。1449年土木堡之变，明英宗被瓦剌俘获，他力排南迁之议，整饬兵备，亲自督战，率师二十二万，在北京城下大破瓦剌之军，保住北京。他忧国忘身，自奉俭约，刚直不阿。1457年英宗复辟，石亨等诬其谋立襄王之子，被杀。万历中，谥忠肃。《明史》赞其「忠心义烈，与日月争光」，与岳飞、张煌言并称「西湖三杰」。有《于忠肃集》。此帖为纸本，纵28.9、横61厘米，书风承赵孟頫而清朗端秀，为明代书法中的上品，传世其他书法作品尚多。

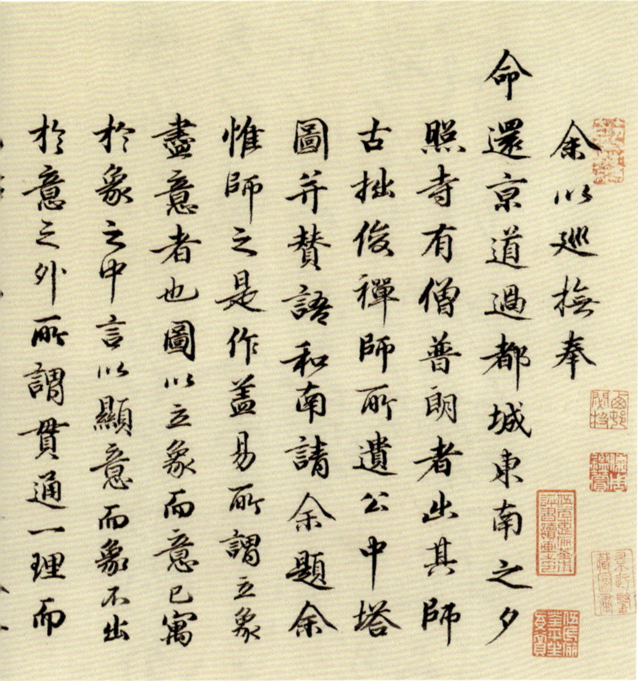
余以巡撫奉
命還京道過都城東南之夕
照寺有僧普朗者出其師
古拙俊禪師所遺公中塔
圖并贊語和南請余題余
惟師之是作蓋易所謂立象
盡意者也圖以立象而意已寓
於象之中言以顯意而象不出
於意之外所謂貫通一理而

Monday Oct 8 2018

公历二〇一八年 · 十月

寒露

星期一

农历戊戌年 · 八月廿九

今日寒露 · 一候鸿雁来宾

◎于谦《题公中塔图赞》

明 故宫博物院藏

于谦（1398～1457年），字廷益，钱塘人，号节庵，明代名臣、民族英雄。自幼聪颖过人，青年时代就写下流传千古的名诗《石灰吟》。1421年登辛丑科进士，宣德初授御史，曾随宣宗

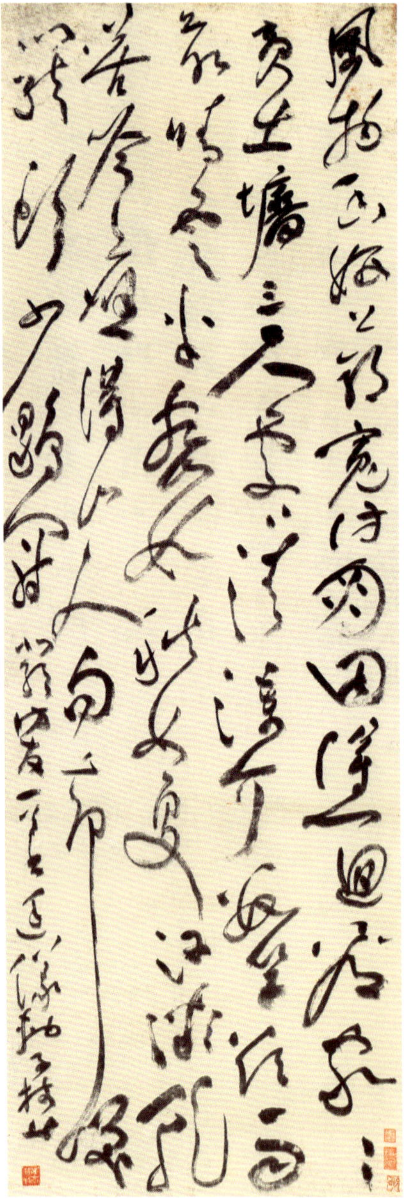

Tuesday Oct 9 2018
公历二〇一八年 · 十月

九日

星期二

农历戊戌年 · 九月初一
今日世界邮政日

◎祝允明草书《七言访友诗轴》 明

祝允明（1460～1526年）字希哲，号枝山。苏州人，自幼聪慧过人，五岁即能写一尺见方的大字，九岁会作诗。做过五年小吏，一生不得意，与唐寅等人意气相投，玩世狂放。与唐寅、文徵明、徐祯卿并称为「吴中四才子」。祝允明书法豪放狂逸，洒脱不拘，具有鲜明个人风格，草书大气磅礴，尤为精绝。同时代书法家王樨登论道：「古今临《黄庭经》者，不下十数家，然皆泥于点画形似钩环戈磔之间而已……枝山公独能于矩绳约度中而具豪纵奔逸意气。」《名山藏》说：「允明书出入晋魏，晚益奇纵，为国朝第一。」还有人称：「枝山草书天下无，妙酒岂独雄三吴！」代表作有《草书贾至大明宫早朝诗轴》《箜篌引》和前、后《赤壁赋》等。

太上老君說常清靜經

老君曰大道無形生育天地大道無情運行日月大道無名長養萬物吾不知其名強名曰道夫衜者有清有濁有動有靜天清地濁天動地靜男清女濁男動女靜降本流末而生萬物清者濁之源動者靜之基人能常清靜天地悉皆歸夫人神好清而心擾之心好靜而欲牽之常能遣其欲而心自靜澄其心而神自清自然六

Wednesday Oct 10 2018
公历二〇一八年 · 十月

十日

星期三

农历戊戌年 · 九月初二
十七重阳节 · 廿三霜降

◎ **文徵明楷书《太上老君说常清静经》** 明

文徵明（1470～1559年）初名璧，字徵明，苏州人，出身官宦家庭，早期仕途不太顺利，直到五十三岁也未能考得生员。五十四岁时受工部尚书李充嗣推荐，到京为翰林院待诏，因其书画已负盛名，受到同僚嫉妒和排挤，五十七岁回苏州定居，致力于诗文书画。与祝允明、王宠并称「吴门三大家」；又与祝允明、唐寅、徐祯卿并称「吴中四才子」。晚年声誉卓著，购求者甚众。他早年曾因字写得不好而不许参加乡试，因而发愤图强，终于成为诗、文、书、画全才。书法各体皆精，名重海内外。文徵明享年90岁，年高望重，门生又多，是「吴门四才子」中最长寿的一位。年近九旬，还为人书墓志铭，未待写完，「置笔端坐而逝」。

字的，后来李应祯看了他的字，说了一番话：「破却工夫何至随人脚？就令学成王羲之，只是他人书耳！」此话不啻振聋发聩，深刻影响了文徵明。自此，他力求突破前人，走出自己的路。笔笔工整，文气十足，绝少野逸之气。他的小楷尤其精到，至老不变。传世墨迹有小楷《前后赤壁赋》《顾春潜图轴》《离骚经九歌册》；行书有《南窗记》《诗稿五种》《西苑诗》等。文徵明是「吴门画派」的领袖人物，对吴门书风影响很大，他的儿子文彭、文嘉在书法上也很有成就，文彭还是明清篆刻的一代宗师。

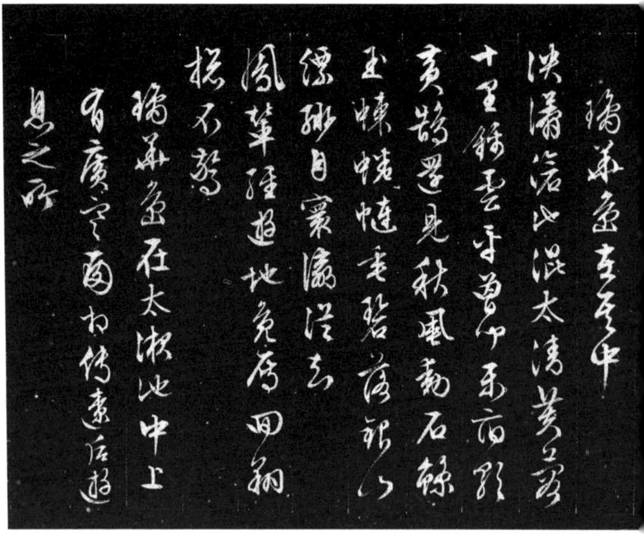

Thursday Oct 11 2018
公历二〇一八年·十月

十一

星期四

农历戊戌年·九月初三
十七重阳节·廿三霜降

◎ **文徵明《西苑诗》** 明

文徵明的岳父李应祯对他书法成就的取得起过关键作用。文徵明本来是学苏体

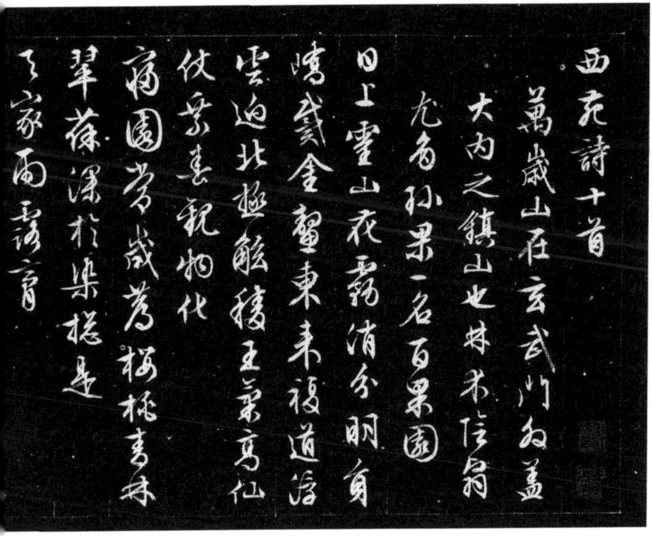

唐寅（1470 ~ 1523年），字伯虎，苏州人，于明宪宗成化六年庚寅年寅月寅日寅时生，故名唐寅。唐寅出身商人家庭，16岁中秀才；20余岁时家中连遭不幸，父母、妻子、妹妹相继去世，家境衰败。在好友祝允明的规劝下潜心读书，29岁参加应天府公试，得中第一名解元；30岁赴京会试，却受考场舞弊案牵连，此后绝意进取，卖画为生。晚年生活困顿，54岁即病逝。他诗、文、画、书俱佳，与祝允明、文徵明、徐祯卿并称「吴中四才子」，有诗600余首，画名更著，与同是苏州人的沈周、文徵明、仇英并称「吴门四家」。

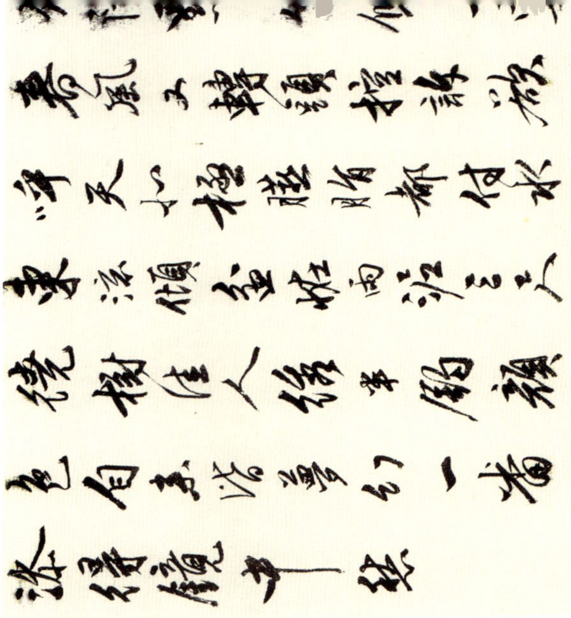

Friday Oct 12 2018
公历二〇一八年 · 十月

十二

星期五

农历戊戌年 · 九月初四
十七重阳节 · 廿三霜降

◎ 唐寅《落花诗册》 明

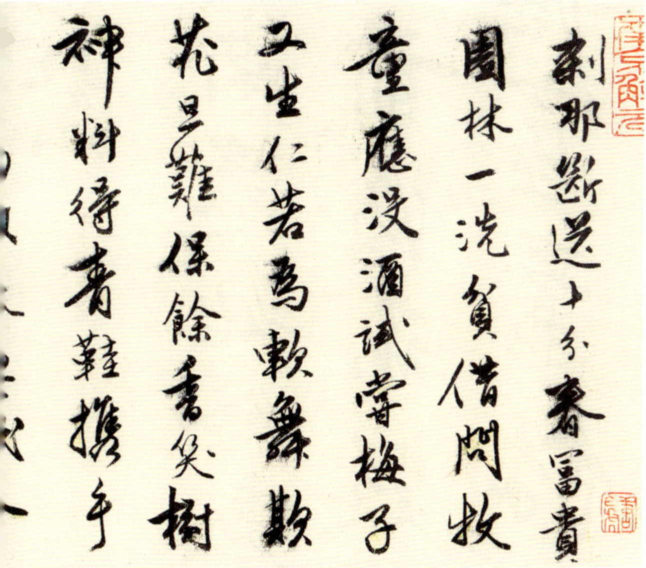

元宰陳痾乞北山
君王賜告許南還始終勳
業 三朝眷前後承疑
四相班聯落宦囊舒

Saturday Oct 13 2018
公历二〇一八年 · 十月

十三

星期六

农历戊戌年 · 九月初五
今日二候雀入大水为蛤

◎ 唐寅行书《七律四首诗卷》 明

世上对唐寅误传最多，他穷极一生，未料后世却有人将他传为桃花荡子，其实他何曾享受过那等玉食美色。唐寅画名最炽，书法为画名所掩。其字俊逸挺秀，妩媚多姿，行笔圆熟洒脱，有很高艺术成就，对后世也颇有影响。传世行书有《古诗二十七首》《落花诗册》、行书《七律四首诗卷》《题跋达摩六代祖师图》《七言绝句四条屏》《唐六如平康卷陌帖》、《吴门避暑帖》《临兰亭序卷》等。

南赣之气，天与千山岳

雨子九月守仁顿

高云太华白楼吴兴大

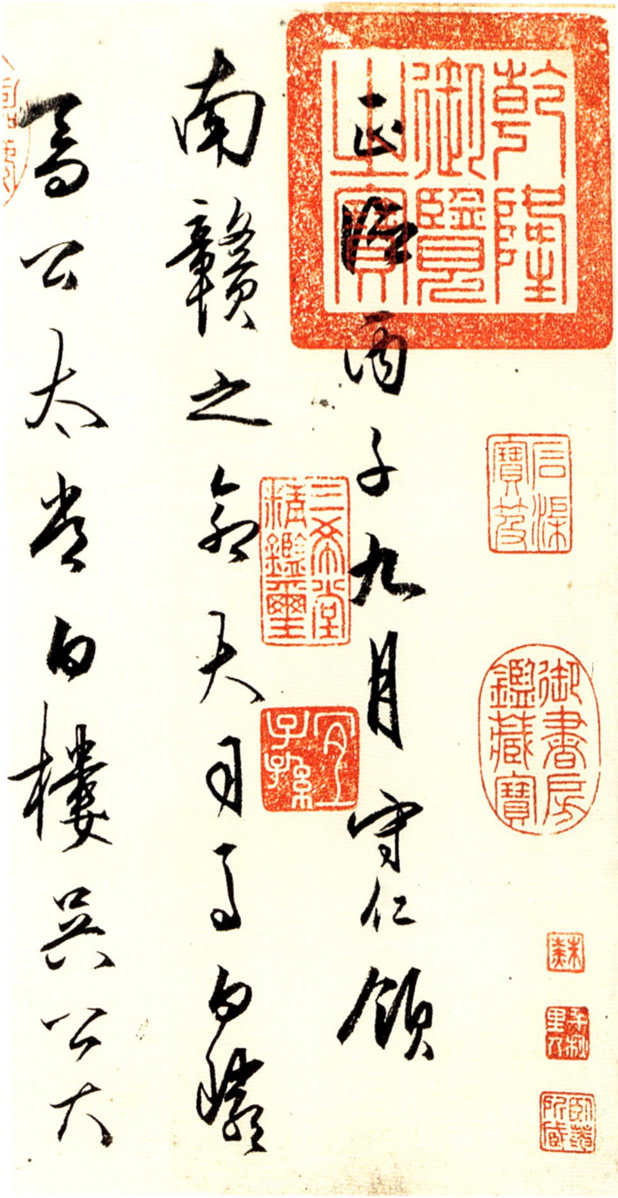

Sunday Oct 14 2018
公历二〇一八年·十月

十四

星期日

农历戊戌年·九月初六
十七重阳节·廿三霜降

◎ 王守仁行书《龙江留别诗卷》　明

王守仁（1472～1529年），幼名云，字伯安，号阳明，宁波余姚人，心学之集大成者。20岁时步入仕途，做过两广总督、兵部尚书、都察院左都御史。54岁时，王阳明辞官回乡讲学，创建书院。作品有《王阳明全集》《传习录》《大学问》等。王阳明不仅是一个思想家、教育家、军事家，而且也是一个书法家。其书法清劲峻游，自由散逸，风格独特，但被其突出的哲学成就所掩。明代书画家徐渭称赞王阳明书法：「古人论右军（王羲之）以书掩其人，新建先生（王阳明）乃不然，以人掩其书。观其墨迹，非不翩翩然凤翥而龙蟠也，使其人少亚于书，则书已传矣。」明末清初著名文学家归庄赞誉说：「阳明先生一代儒宗，而亦工于书法如此，岂非艺即道耶？余学道不成而谬以能书名，既耻为一艺之士，其敢不勉。」

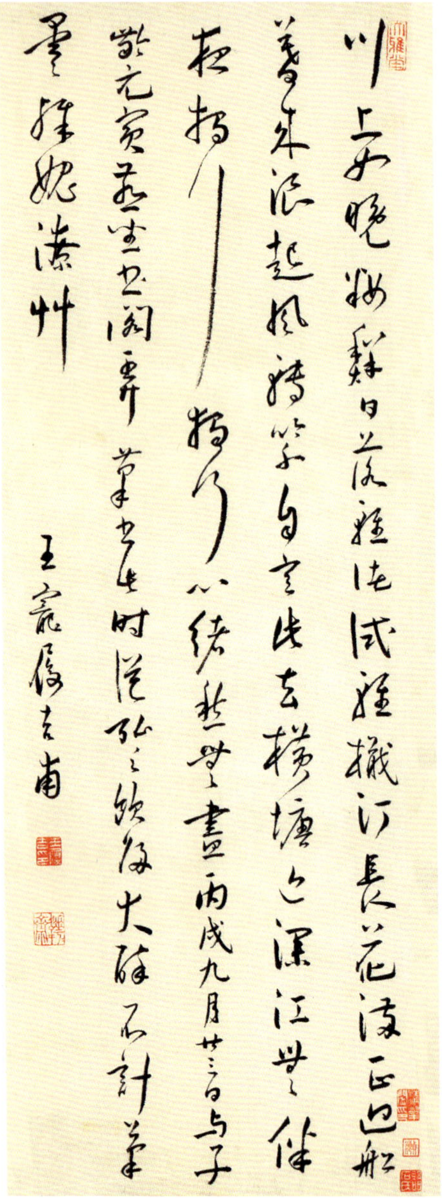
王寵履吉甫

Monday Oct 15 2018
公历二〇一八年 · 十月

十五

星期一

农历戊戌年 · 九月初七
十七重阳节 · 廿三霜降

◎ **王宠行草书诗轴** 明

王宠（1494～1533年），字履仁，又字履吉，号雅宜山人，苏州人，明代中叶书法家，与祝允明、文徵明齐名，被誉为「吴门三家」。明何良俊《四友斋丛说》云：「衡山之后，书法当以王雅宜为第一。」曾八次应试，均未中，于是潜心诗书游历，与文徵明、唐寅（姻亲，王宠子娶唐寅女）、陈淳、汤珍等名士相往从。博学多才，工篆刻，善山水，精诗文，尤以书名闻名。明代书论家王世贞在《三吴楷法十册》跋中，认为王宠所书「兼正行体，意态古雅，风韵遒逸，所谓大巧若拙，书家之上乘也」。王宠去世后，弟子朱浚明搜罗编纂其诗文十卷，刻成《雅宜山人集》。此外王宠还著有《东泉志》四卷，散曲作品被收入于《南北宫词纪》《吴骚合编》。

此画纸本水墨，纵30.2厘米、横160.2厘米，描绘王昭君出塞故事，是一件经金代至清代收藏有绪的珍品，清朝咸同年间流入日本。明妃即王昭君，汉元帝宫女，传说因不行贿赂，被画师毛延寿画丑，受到冷落。竟宁元年（前33年），匈奴王要求同汉朝和亲，她主动请求出嫁。此图即画王昭君行至边塞的情景。画为白描人物，昭君居中，前有幡旗引导，后有汉家和匈奴送、迎亲使臣，汉家端严，匈奴彪悍，随从有密谈者，有缩肩避寒者。昭君泰然自若，侍女怀抱琵琶向后回顾，似躲避风沙，又似瞻望故土，耐人寻味。画中人物馬匹精妙，无背景依托，然而寒冷之状毕出。绘者宫素然，身世不详，有金、南宋、明末的不同意见。

Tuesday Oct 16 2018

公历二〇一八年 · 十月

十六

星期二

农历戊戌年 · 九月初八

今日世界粮食日

◎ 宫素然《明妃出塞图》 金 日本大阪市立美术馆藏

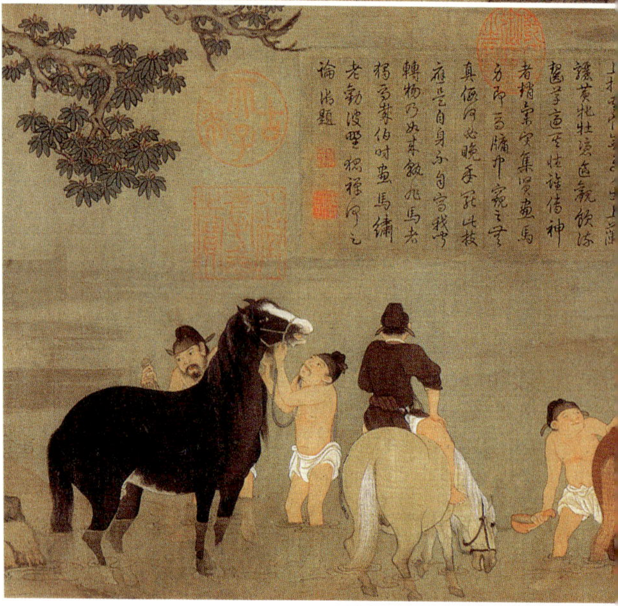

重阳

星期三

农历戊戌年 · 九月初九
今日重阳节
国际消除贫困日

◎ 赵孟頫《浴马图》 元

赵孟頫是一位全才艺术家，不但工书法，绘画亦绝，山水画《鹊华秋色图》被后人评价极高。此幅《浴马图》也是一幅名作，绢本设色，纵28.1、横155.5厘米。卷末有作者自识「子昂为和之作」，钤朱文「赵氏子昂」「松雪斋」2印。本幅有清乾隆皇帝题，后纸有明王穉登、宋献跋，钤清高士奇、弘历等印28方。作者画溪水绿荫之中9人14马，各有其态。若无对马的熟悉和对笔墨色彩的高超驾驭，是无法画出这样生动的形象的。

Thursday Oct 18 2018
公历二〇一八年·十月

十八

星期四

农历戊戌年·九月初十
今日三候菊有黄华

◎ **张舜咨《鹰桧图》** 元

张舜咨，生卒年不详，字师夔，号栎山、辄醉翁，浙江杭州人，曾任宁国路儒学教授和蒲田县尹，擅画山水、竹石，兼工书法，亦精诗文，人称「三绝」。精心研习诸家画技，吸取各家之长，自成一家，绘画作品甚多。这幅《鹰桧图》，绢本设色，纵147.3、横96.8厘米。构图别致，形象都在左侧岩石古桧之上，一矫健鹰隼昂然伫立，目光炯炯，凝视远方，双爪有力，翅褐腹白，英武劲健；而右侧一空所傍，愈显雄视千古，辽远苍莽。后世亦有很多画鹰者，但往往失之狠戾荒野，少有如此可赏可喜者。

Friday Oct 19 2018
公历二〇一八年·十月

十九

星期五

农历戊戌年·九月十一
廿三霜降·七日立冬

◎ **黄公望《水阁清幽图》** 元 故宫博物院藏

黄公望（1269～1354年），本姓陆（后过继给黄氏为义子，遂改姓黄），名坚，字子久，号一峰、大痴道人，常熟人，中国古代最有名望的大画家之一，与倪赞、吴镇、王蒙合称「元四家」。传世名作《富春山居图》近年曾引起举国关注。中年为吏，因事入狱，后信奉全真教，为道士。绘画受过赵孟頫指导，称「当年亲见公挥洒，松雪斋中小学生」。他在江浙一带云游写生，继承赵氏山水画基础上创出浅绛山水画法，并把董源以来的「披麻皴」发挥得炉火纯青。他的山水画有水墨和浅绛两种，著有《写山水诀》一文，总结自己的创作经验，提倡「有笔有墨」。传世名作有《九峰雪霁图》《丹崖玉树图》《水阁清幽图》等。

书监供职，工墨笔界画，画风工致细密，深得元仁宗赏识，赐号「孤云处士」。现存界画作品《金明池龙舟图》《阿房宫图》。《伯牙鼓琴图》表现发生在俞伯牙与钟子期之间的「知音」典故。画中五人，左为伯牙，正面抚琴，对面为子期，低头静听。侍童三人各自站立。作者全用白描手法，有些地方稍有淡墨，刻划出人物的外形特征和内心活动，人物的举止神态都符合各自特征。弹者专注，听者入神，成为空谷绝响。

◎ 王振鹏《伯牙鼓琴图》

元　故宫博物院藏

王振鹏，生卒年不详，约活动于元仁宗朝，字朋梅，浙江永嘉人。曾官漕运千户。延祐年在宫内秘

Saturday Oct 20 2018

公历二〇一八年 · 十月

二十

星期六

农历戊戌年 · 九月十二

今日世界统计日

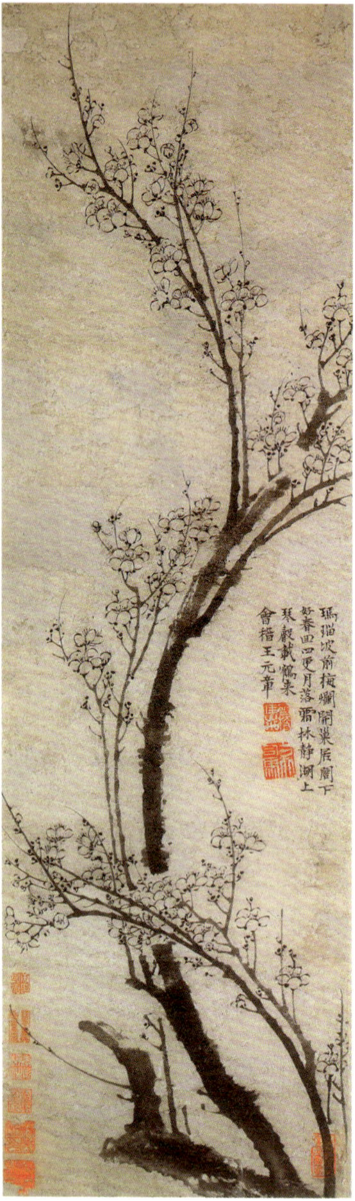

朱元璋以兵请冕为官。冕以出家相拒，并扩室为白云寺。著有《竹斋集》《墨梅图题诗》等。这幅《墨梅图》（纵68、横26厘米），一反常态，让梅花铺天盖地而来，清气满乾坤，不作孤寒之态，具有极强的艺术感染力。

Sunday Oct 21 2018
公历二〇一八年 · 十月

二十一

星期日

农历戊戌年 · 九月十三
廿三霜降 · 七日立冬

◎ 王冕《墨梅图》 元

王冕（1287 ~ 1369年），字元章，号煮石山农，浙江诸暨人，元代诗人、文学家、书法家、画家。他是一个励志榜样，出身农家，幼年丧父，替人放牛，夜晚在庙里借佛灯读书。有人向官府推荐他做官，他宣称：「我有田可耕，有书可读，奈何朝夕抱案立于庭下，以供奴役之使！」其后下东吴，入淮楚，历览名山大川。游大都，回故乡最终隐居会稽九里山，种梅千枝，筑茅庐三间，题为「梅花屋」，自号梅花屋主，以卖画为生，制小舟名之曰「浮萍轩」，放于鉴湖之阿，听其所止。又广栽梅竹，弹琴赋诗，饮酒长啸。元惠宗至正十九年（1359年），

番马曾经弄石渠
积岁骑数积书
真居上情起脱神
義歟神稠乃異調
乘马貢人寒猫
袞驼罄初聚餗
孫勝驊
希馬贈
首題五
字假義
夏金賈

二十二

星期一

农历戊戌年 · 九月十四
明日霜降 · 七日立冬

◎番骑图卷

元　美国波士顿美术馆藏

《番骑图卷》，无名款，横27.8、纵687厘米，清乾隆皇帝于卷首书「吉光寒采」4字，又题诗两首。全卷画6人4马和2驼，作一字形排开，呈逆风出行状。该画人物动作生动，动物各具情态，低首之马匹、昂扬之骆驼、蜷缩之人体，都表现了北方风沙大作时的大漠情景。旧传此画为辽代李赞华（898～936年）作品，李赞华原名耶律倍，契丹人，辽代开国皇帝耶律阿保机长子。据徐邦达先生考证，画中妇女头戴元代蒙古人特有的「姑姑冠」，故此作应为元人之画。

Tuesday Oct 23 2018
公历二〇一八年 · 十月

霜降

星期二

农历戊戌年 · 九月十五
今日霜降 · 一候豺乃祭兽

◎ **柯九思《清阁墨竹图》** 元 故宫博物院藏

柯九思（1290 ~ 1343年），字敬仲，号丹丘、丹丘生、五云阁吏，台州仙居人，江浙行省儒学提举柯谦子。得元文宗宠幸，参与鉴定内府所藏书画。文宗死，受排挤而罢官，往来苏杭沪。博学，长诗文，精鉴别，擅书法，曾收藏大量古代名作，才华横溢，艺冠画坛。绘画工山水、花卉、竹石，尤精墨竹。传世作品有至正四年（1338年）为倪瓒所作《清阁墨竹图》，纵132.8、横58.5厘米。画竹两竿，依岩石挺立，石旁缀以小草。画面清雅秀美，高雅傲岸，在元代的画竹大家中自成一派。另有上海博物馆藏《双竹图》，台北故宫博物院藏《晚香高节图》，《仿郭熙山水图》流入美国。著有《墨竹谱》，元代《草堂雅集》收录其诗文。晚年抑郁，54岁暴卒于姑苏。

Wednesday Oct 24 2018
公历二〇一八年 · 十月

二十四

星期三

农历戊戌年 · 九月十六
七日立冬 · 廿二小雪

◎ **王蒙《葛稚川移居图》** 元 故宫博物院藏

王蒙（1308～1385年）为赵孟頫外孙，画法宗赵孟頫和巨然，此幅为纸本，设色，纵139、横58厘米，构图繁复，但井然有序，高山巍峨，流水汩汩，人物悠闲自得。作画用墨秀润，勾画缜密，兼以赭石、藤黄、花青穿插其中，显现温馨暖意。画中主要人物为道家葛洪，避世隐居而不出。王蒙对这种道家境界深以为然，以图抒发自己的向往。

Thursday Oct 25 2018
公历二〇一八年·十月

二十五

星期四

农历戊戌年·九月十七
七日立冬·廿二小雪

◎ 壁画《朝元图》 元 山西芮城永乐宫

永乐宫位于山西芮城永乐镇原西周古魏国都城遗址，原名大纯万寿宫。宫内壁画不仅是我国绘画史上的杰作，在世界绘画史上亦为罕见巨作。各殿壁画共1000平方米，其中三清殿壁画《朝元图》为其精髓，竣于1325年，由河南府洛京勾山马七等11位民间画师所绘。画面高4.28、长94.68米，总计403平方米，绘天神289身，为民间诸神朝拜玉清元始天尊、上清灵宝道君和太清太上老君的情景。其中，帝后主像高达2.85、玉女身高1.95米以上，是难得的艺术瑰宝，有震撼人心的艺术效果，被誉为「世界超级艺术」。永乐宫前临黄河，背倚条山，本为吕洞宾出生之地，卒后，唐代将其宅改为「吕公祠」。1247年开始扩建，历五十余年逐步建成，1358年壁画全部完成，前后费时达一百余年。

题诗：「杨柳风多暑气微，一双下上故飞匚。如何长恋芳塘景，秋社归时也不归。」画中柳叶翻拂，双燕上下飞舞，一派春天景象。作品笔墨纯熟，技法高超，是较早的写意禽鸟图。

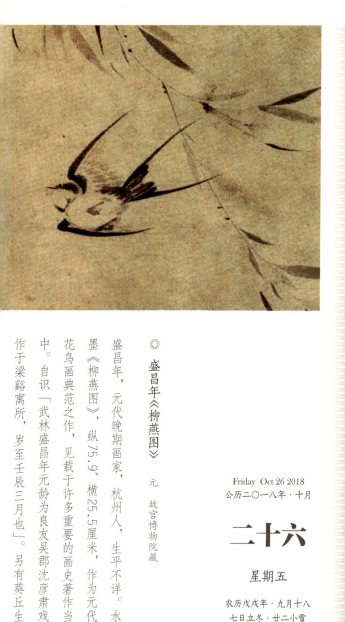

◎ 盛昌年《柳燕图》 元 故宫博物院藏

盛昌年，元代晚期画家，杭州人，生平不详。水墨《柳燕图》，纵75.9、横25.5厘米，作为元代花鸟画典范之作，见载于许多重要的画史著作当中。自识「武林盛昌年元龄为良友吴郡沈彦肃戏作于梁谿寓所，岁至壬辰三月也」。另有葵丘生

Friday Oct 26 2018
公历二〇一八年 · 十月

二十六

星期五

农历戊戌年 · 九月十八
七日立冬 · 廿二小雪

墨淡墨涂擦而成，画面清爽生趣。朱瞻基最早将老鼠作为美好的艺术形象加以描绘，可谓世界上最早发现老鼠美感的艺术家。这也源于民间习俗，由于老鼠一胎多子，苦瓜也是结籽很多的蔬菜，人们将其视为繁育能力强的祥瑞之物。宣德二年（1427年），朱瞻基得了第一个儿子朱祁钰，即后来的明正统皇帝，此图正是为了记念他的得子之福。绘画作品还有《武侯高卧图》《花下狸奴图》《戏猿图》《万年松图》等传世。

Saturday Oct 27 2018

公历二〇一八年 · 十月

二十七

星期六

农历戊戌年 · 九月十九

今日世界音像遗产日

◎ **朱瞻基《瓜鼠图》**

明　故宫博物院藏

朱瞻基（1399～1433年），朱元璋曾孙，即明宣宗，建元宣德。著名的「宣德炉」就是他在位时铸造。他开创了明王朝的「永宣盛世」，被史学家称为太平天子。他是历史上又一位「天子画家」，山水、人物、走兽、花鸟、草虫无不臻妙，同时书法亦佳。此图画一鼠踞坡石上，扭头望枝上苦瓜，瓜叶、果实用没骨法，鼠毛以浓

Sunday Oct 28 2018
公历二〇一八年 · 十月

二十八

星期日

农历戊戌年 · 九月二十
今日二候草木黄落

◎ 李在《琴高乘鲤图》

明 上海博物馆藏

李在（？～1431年，一说1400～1487年），字以政，福建莆田人。宣德时与戴进等同以善画进入宫廷，官直仁智殿待诏。工山水人物，《画史会要》赞为「自戴进以下，一人而已」。作品《琴高乘鲤图》源于琴高乘鲤的神话故事，据《列仙传》记载，战国时赵人琴高曾入涿水取龙子，与弟子约期相见，届时果然乘鲤而出。一月后，又乘鲤入水。此图即描绘了琴高辞别弟子、乘鲤而去的场景。画面中琴高乘鲤远去，回望岸边作揖相送的弟子，狂风乍起，波涛汹涌，云雾弥漫，创造出摄人心魄的神奇意境。

石树木、道路蜿蜒，场面浩大，整图有壁画效果。

Monday Oct 29 2018

公历二〇一八年 · 十月

二十九

星期一

农历戊戌年 · 九月廿一

七日立冬 · 廿二小雪

◎ 商喜《关羽擒将图》 明

商喜（生卒年未详），字惟吉，濮阳人。宣宗朝授锦衣卫指挥。《关羽擒将图》，绢本设色，纵198、横236厘米。此图描绘了三国时期大将关羽水淹七军、活捉敌将庞德的故事。画中为审讯场面，关羽长须美髯，气宇轩昂，神态从容自得，关平拔剑威慑，周仓手持青龙偃月刀侍立一旁。而庞德衣衫尽褪，被绑在木桩之上，咬牙眦目，挣扎不休，不甘受缚的心态跃然纸上。此图为工笔重彩画法，色彩灼人，人物形象生动，四周画山

《归去来兮图》为马轼与李在、夏芷合作完成，原图共三幅，其中第二幅为李在所画的《临清流而赋诗》，写两棵古松下诗人席地而坐，展卷赋诗；第三幅为夏芷所画的《或棹孤舟》，表现「或命巾车，或棹孤舟」辞意，是其传世不多的代表作之一。马轼所画《问征夫以前路》，位于第一幅，纸本水墨，纵28、横60厘米，写陶渊明弃官辞归，策杖而行，「问征夫以前路，恨晨光之熹微」之意，描绘陶渊明弃官归里，以驴代步，二稚童担书剑随行，歧途中问路情景。画面以淡墨描绘，山石简洁，人物符合各自特征，全幅疏朗大方，幽然淡泊，韵味隽永。

◎马轼《归去来兮图·问征夫以前路》

明　辽宁省博物馆藏

马轼，生卒年不详，字敬瞻，嘉定人。正统十四年（1449年）为钦天监刻漏博士，工诗，擅山水、人物，山水取法南宋院画，宗法郭熙，与戴进、谢环皆以擅画名于京师。

Tuesday Oct 30 2018
公历二〇一八年·十月

三十

星期二

农历戊戌年·九月廿二
七日立冬·廿二小雪

征入京师，授锦衣官，固辞不就。善画写意人物，信手点抹，笔势飞动，尤其擅长杂画小品，笔墨简括，用没骨法画花鸟，颇有生趣。花鸟杂画，随手拈来，颇有奇趣。草虫书法工写兼备，其画风在明中期别成一格。与吴伟齐名，为吴伟、沈周、杜堇所推重。此幅《杂画册》纵28.5、横46.5厘米，笔墨极其洒脱，是他为数不多的传世作品中的精品。

◎ 郭诩《杂画册》

明 上海博物馆藏

郭诩（1456 ~ 1532年），字仁弘，号清狂，江西泰和人。专力于书画，多游名山。弘治中

Wednesday Oct 31 2018

公历二〇一八年 · 十月

三十一

星期三

农历戊戌年 · 九月廿三

七日立冬 · 廿二小雪

國寶 2018

十一月

千岩竞秀

November

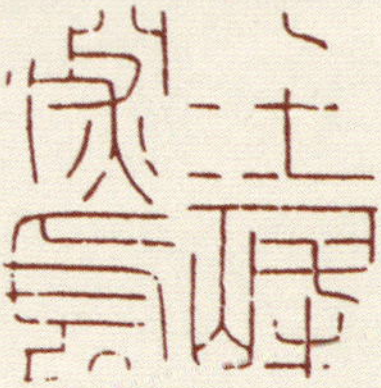

Thursday Nov 1 2018
公历二〇一八年 · 十一月

一日

星期四

农历戊戌年 · 九月廿四
七日立冬 · 廿二小雪

◎ 文彭篆刻

明

文彭（1498～1573年），字寿承，号三桥，苏州人，书画家文徵明长子。曾任南京国子监博士。对诗文、书画、篆刻均有很深造诣，于篆刻贡献有划时代意义。以往印章多为铜、玉、牙之类，自文彭始用石料。他在南京时，偶然得到民间雕琢首饰用的灯光冻石，他移来当作印材，篆刻家也可以亲自镌刻（此前书写和篆刻为两方面人所为），随心所欲，效果奇佳。从此冻石之名传为人知，被篆刻家广泛采用。能够用来作章料的石种越发现越多，争奇斗妍，明清时期我国篆刻艺术的发展与此密不可分。印石与篆刻字体同步飞跃，成为中国艺术百花园中不可或缺的印学。文彭对篆刻艺术卓越的贡献与独具魅力的艺术风格，被公认为明清流派篆刻的开山祖师。

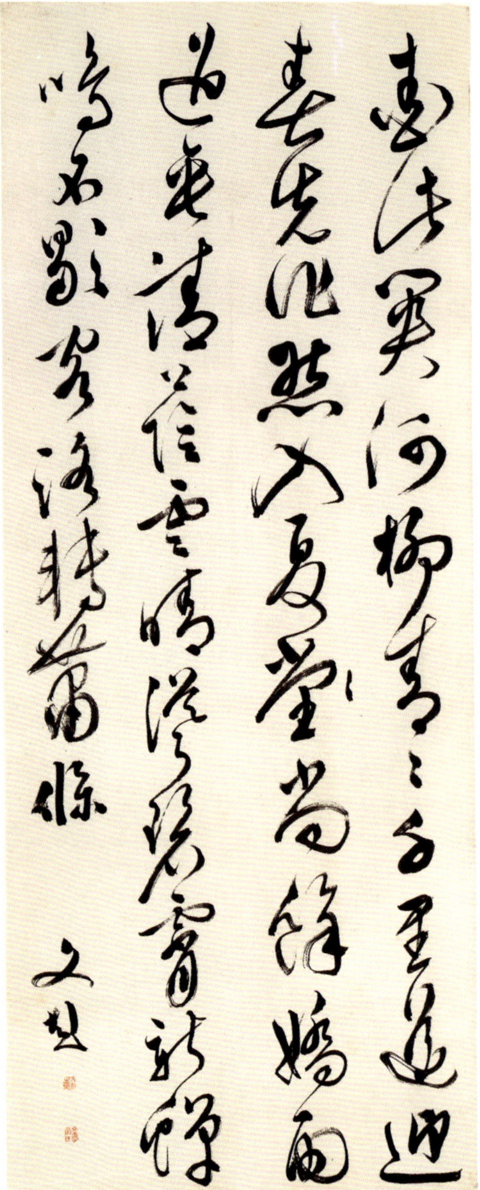

Friday Nov 2 2018

公历二〇一八年 · 十一月

二日

星期五

农历戊戌年 · 九月廿五

今日三候蛰虫咸俯

◎ 文彭自书诗　明

文彭对汉字造字法「六书」有深入研究，主张篆刻必须精通六书才能入印，并有自己深刻的美学思想：「刻朱文须流利，令如春花舞风；刻白文须沉凝，令如寒山积雪。落手处要大胆，令如壮士舞剑；收拾处要小心，令如美女拈针。」他力主上承秦汉印玺传统，平正方直，古朴秀润，同时不拘泥于古法，而是在古意基础上创出个性风采。他引导许多文人投身篆刻艺术，产生了我国篆刻艺术的第一个流派：吴门派。

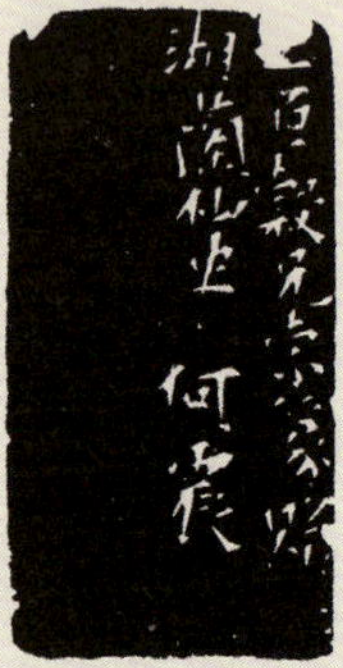

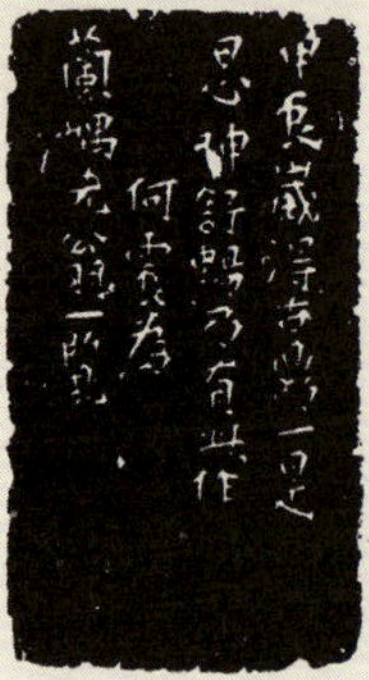

Saturday Nov 3 2018
公历二〇一八年·十一月

三日

星期六

农历戊戌年·九月廿六
七日立冬·廿二小雪

◎ 何震篆刻 明

何震（约1541～1607年），字主臣，又字长卿，号雪渔山人，婺源人。他初时师承文彭，刻印受文彭影响，曾与文彭合作数十方，文书篆，何镌刻，印坛上并称「文何」。后来深究古籀，精研六书，走出一条苍莽朴茂、变化多端的治印道路。同时代的书画篆刻家李流芳赞为「各体无所不备，而各有所本，复能标韵于刀笔之外，称卓然矣」。成功的篆刻包括书体和刀法两个方面，何震除书体贡献之外，创用单刀法，别开生面，为篆刻艺术增添了艺术手段。这种单刀切刻的刻款技法，成为后来最为流行的风气，一直影响到近世齐白石。他在当时文人雅士中名声甚炽，人皆以得其一印为荣。著有《续学古编》二卷。

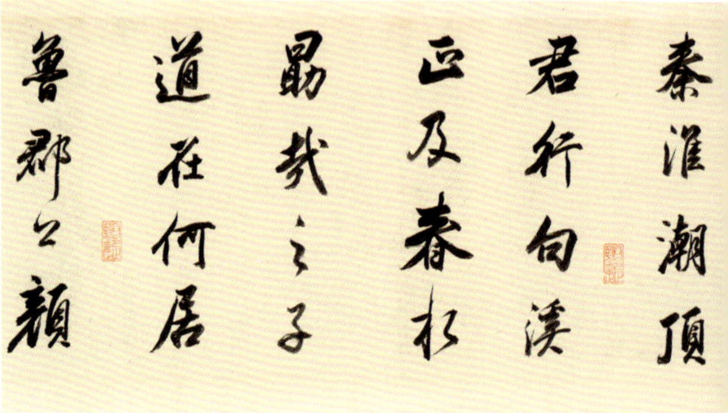

学虞永兴，以为唐书不如晋魏，遂仿《黄庭经》及钟元常《宣示表》《力命表》《还示帖》《舍丙帖》，凡三年，自谓逼古……比游嘉兴，得尽睹项子京家藏真迹，又见右军《官奴帖》于金陵，方悟从前妄自标评。」他与大收藏家项元汴的交往，使他得以亲见许多书画真迹，开阔了自己的眼界，书艺大涨，以致如《明史·文苑传》记载：「名闻外国，尺素短札，流布人间，争购宝之。」

Sunday Nov 4 2018
公历二〇一八年 · 十一月

四日

星期日

农历戊戌年 · 九月廿七
七日立冬 · 廿二小雪

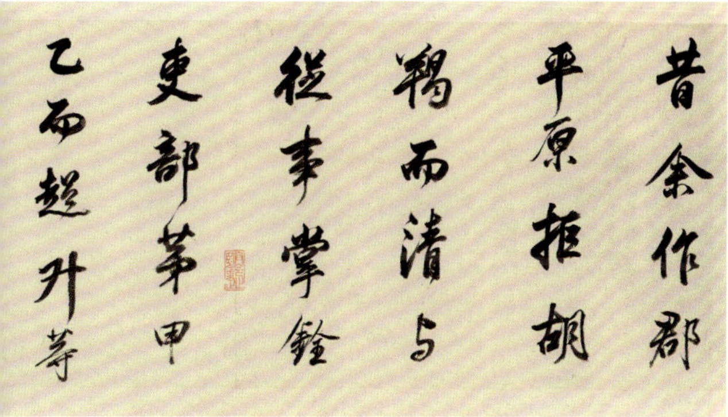

◎ **董其昌行书《岳阳楼记》** 明

董其昌（1555～1636年），字玄宰，号思白、香光居士，华亭（今上海市松江县）人。官至南京礼部尚书，加太子太保致仕。书法家、画家。在明清书坛影响极大，可谓开一代书风。董其昌兼工楷、行、草，格调自然老成，貌似朴素而韵味无穷，达到很高境界。他在《画禅室随笔》中自述学书过程：「初师颜平原《多宝塔》，又改

析十九仲秋自共城
來抽太官米作飯食
我且主百影之壽勝
勸我卜鄰此心飄
然已在太行之麓矣

Monday Nov 5 2018
公历二〇一八年·十一月

五日

星期一

农历戊戌年·九月廿八
七日立冬·廿二小雪

◎董其昌仿《苏东坡柳十九帖》

明

董其昌注重书法理论的阐发，他强调书法贵有古意，认为书法必须熟后能生，即以生拙之态来掩饰技法的娴熟，避免过于油滑。他同时重视书法家的文化艺术修养，主张多阅、多临古人真迹，强调读万卷书与行万里路，以提高艺术的悟性。董其昌书画理论对后世影响很大，有《容台集》《容台别集》《画禅室随笔》等著述。

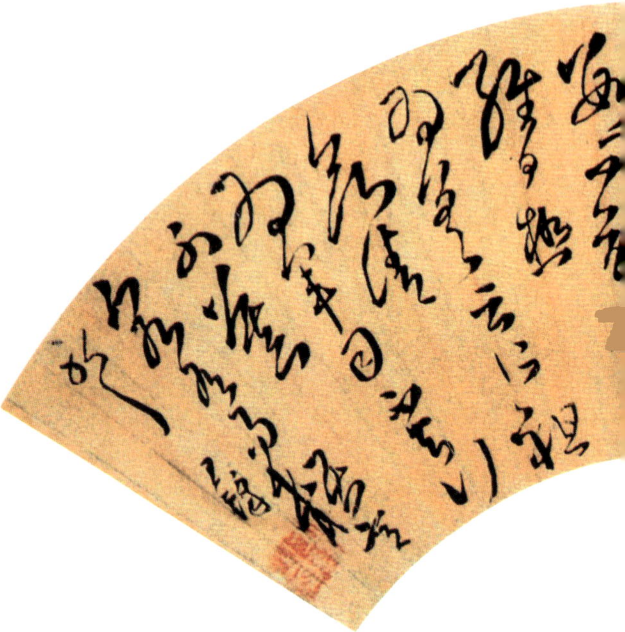

扬州，福王走芜湖，留王铎守江宁，王铎同礼部尚书钱谦益等出城奉表降，在清廷官至礼部尚书，后世垢病其为二臣，但其书法至佳，擅行书。

Tuesday Nov 6 2018

公历二〇一八年 · 十一月

六日

星期二

农历戊戌年 · 九月廿九

明日立冬 · 廿二小雪

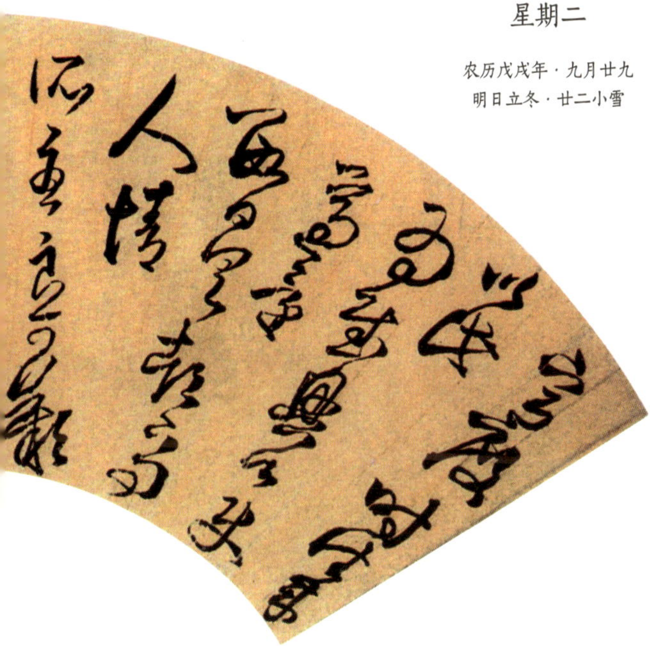

◎ **王铎《临古法帖扇面》**

明末清初

王铎（1592～1652年），字觉斯，河南孟津人。幼时家境贫寒，天启二年（1622年）中进士，入翰林院庶吉士。崇祯十六年（1643年）避难于苏州。1644年擢礼部尚书，未到任时李自成攻克北京，南京拥立福王，王铎任东阁大学士、次辅。1645年 多铎克

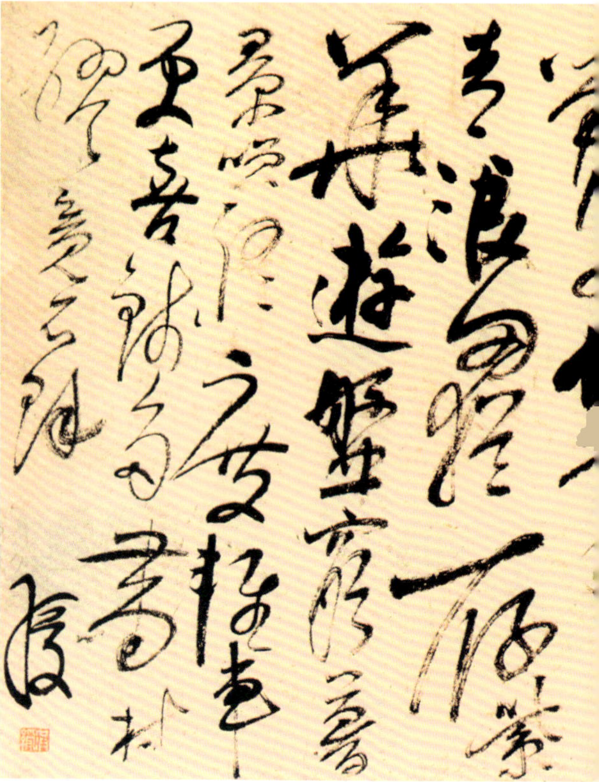

书《入山春事见》五律诗：「入山春事见，斸笋与收茶。秧未能青浪，田犹存紫花。游盘穷暮景，笑语度轻车。更喜钱多带，村醪竟不赊。」尤为下笔大胆，不拘常理。

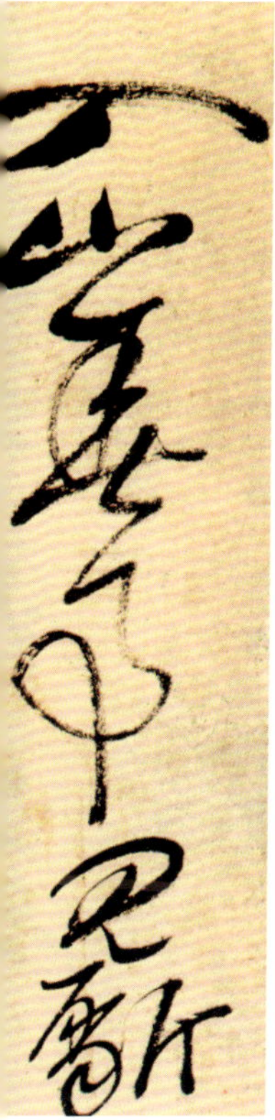

Wednesday Nov 7 2018

公历二〇一八年 · 十一月

立冬

星期三

农历戊戌年 · 九月三十

今日立冬 · 一候水始冰

◎ 陈洪绶草书《入山春事见》

明

陈洪绶（1599～1652年），字章侯，幼名莲子，号老莲，浙江诸暨人，书画家、诗人。年少师事刘宗周，补生员，后乡试不中，崇祯时召入内廷供奉。明亡入云门寺为僧，后还俗，以卖画为生。陈洪绶虽不以书法名世，但其书法松弛中见老辣，若漫不经心，实规矩不失，别有趣味。陈洪绶草书一派天真，时有惊世之作，草

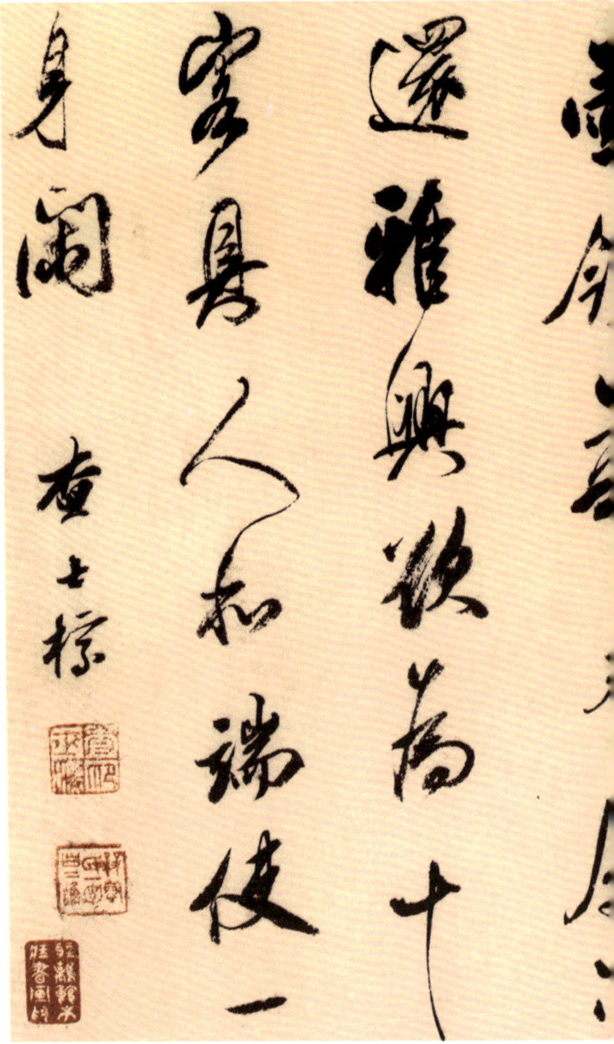
查士标

八日

星期四

农历戊戌年 · 十月初一
今日记者节

◎ **查士标《临米芾帖》** 清

查士标（1615～1698年），字二瞻，号懒老、梅壑散人，安徽休宁人，善书画，工诗文，精鉴赏。其书画与弘仁、孙逸、汪之瑞称「新安四大家」。查家是新安望族，明亡之后，查士标放弃仕途，流寓扬州、镇江、南京，三次拒绝王额驸登临其门。查士标书法取董其昌书法的清逸淡远，又多了一股硬朗之气，用笔愈加坚实精到。他书画兼通，画名甚至超过书名，这也是明清时期不少书画家的共同之处。

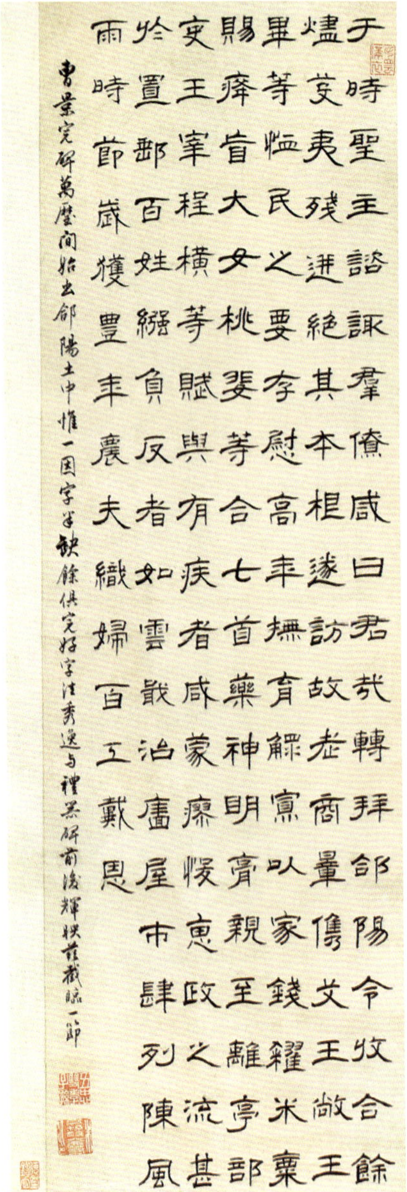
于時聖主諮諏羣僚咸曰君哉轉拜郃陽令收合餘
燼芟夷殘迸絶其本根遂訪故老商量儁艾王敞王
畢等恤民之要存慰高年撫育鰥寡以家錢糴米粟
賜癃盲大女桃婓等合七首藥神明膏親至離亭部
吏王宰程横等賦與有疾者咸蒙瘳悛惠政之流甚
於置郵百姓繦負反者如雲戢治廧屋市肆列陳風
雨時節歲獲豐年農夫織婦百工戴恩
曹景完碑萬曆間始出郃陽土中惟一因字半缺餘俱完好字法秀逸与禮器碑前後輝映莊載臨一節

Friday Nov 9 2018
公历二〇一八年·十一月

九日

星期五

农历戊戌年·十月初二
廿二小雪·七日大雪

◎ 朱彝尊隶书《节临曹景完碑》 清 故宫博物院藏

朱彝尊（1629～1709年），字锡鬯，号竹垞，浙江嘉兴人。清代诗人、词人、学者、藏书家。康熙十八年（1679年）举博学鸿词科，二十二年（1683年）入直南书房。曾参加纂修《明史》。博通经史，诗与王士祯称南北两大宗。作词风格清丽，为浙西词派的创始者，与陈维崧并称朱陈。精于金石文史，为清初著名藏书家之一。他行走南北各地，不遗山陬荒冢，详加考证。著述甚多，史学有《五代史补注》，文学方面有《词综》《曝书亭集》《明诗综》等，地理学有《日下旧闻》，甚至有食谱《食宪鸿秘》等。以善隶书著称，和王时敏、郑簠被誉为清初隶书三大家，取法《曹全碑》，而去除细小的装饰性笔画动作，显得更加爽利兼有古意。

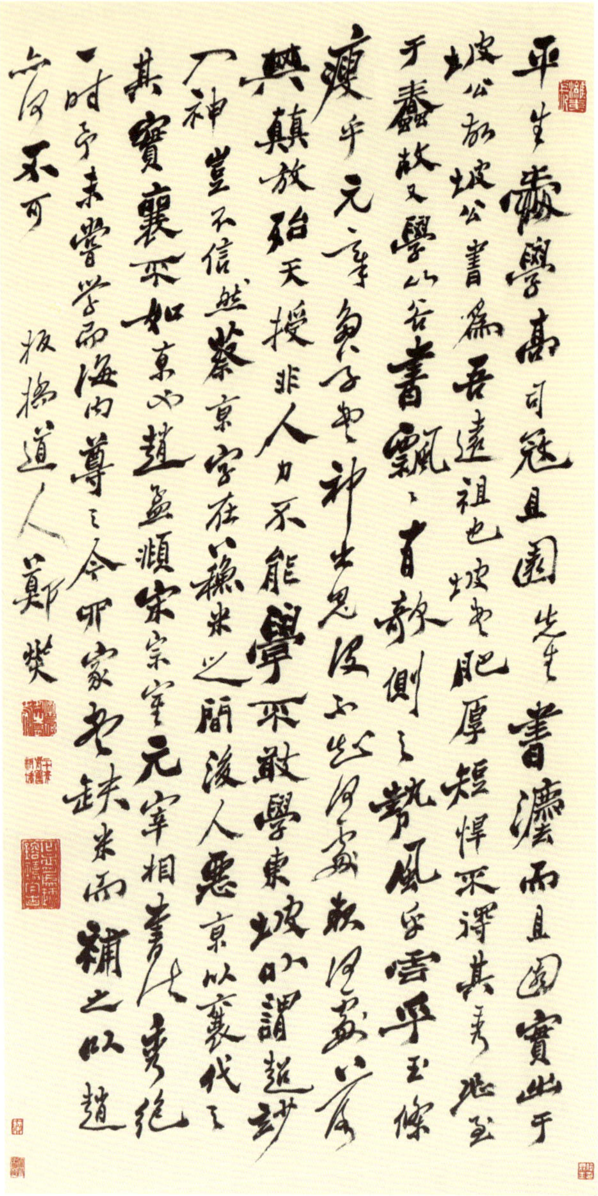
平生愛學高司寇且園先生書濃而直圓而實出于
坡公故坡公書爲吾遠祖也坡書肥厚短悍不得其秀恐至
于蠢故又學山谷書飄飄有欹側之勢風乎雲乎玉條
瘦乎元章多字也神出鬼没不知何處起何處落以爲
與顛放殆天授非人力不能學不敢學東坡以謂超妙
入神豈不信然蔡京字在襄米之間後人惡京以襄代之
其實襄不如京也趙孟頫宋宗室元宰相書法絕
一時予未嘗學而海内尊之今何家老缺未而補之以趙
字何不可
板橋道人鄭燮

Saturday Nov 10 2018
公历二〇一八年·十一月

十日

星期六

农历戊戌年·十月初三
廿二小雪·七日大雪

◎ 郑燮行书《论书轴》 清

郑燮（1693～1766年），江苏兴化人，字克柔，号板桥。乾隆时进士，曾任潍县县令。做官前后，均居扬州，以书画营生。工诗词，擅书画，精篆刻。著有《板桥全集》，手书刊刻。他的书法不拘陈法，一意出新，其自作联「删繁就简三秋树，领异标新二月花」可移来形容其书法风格。他的书法创新主要体现于结字和章法，结字隶楷参半，杂以行草，已够令人惊异，更兼章法上任性自由，打破规矩，整幅达到「乱石铺街」的艺术效果，古来未有。郑板桥书法之奇绝可谓离经叛道，是其生活经历、个人性格、天资学养与社会风气共同作用于「天高皇帝远」的扬州商业氛围中而产生的，极受民间欢迎，但可赏而难学。他是「扬州八怪」之一，与同道一起创造出清代中期的传奇人生与传奇艺术，令人津津乐道。

思离群，舒卷浑同岭上云。看到六朝唐宋妙，何曾墨守汉家文。」表达出强烈的创新意识。他的印谱，海内奉为圭臬，日本名士也争相高价购买。嗜书博学，「于书无所不窥，嗜古耽奇，尤究心金石碑版」，是当时著名的藏书家和金石学家。著有《龙泓山馆诗钞》《清史列传》《砚林诗集》等。所辑《武林金石录》为广搜博采西湖金石文字汇集而成，凡碑铭、题刻、摩崖、金石铭文等，搜罗殆尽，有珍贵的艺术价值和历史价值。

Sunday Nov 11 2018
公历二〇一八年·十一月

十一

星期日

农历戊戌年·十月初四
廿二小雪·七日大雪

◎丁敬篆刻 清

丁敬（1695～1765年），字敬身，号钝丁、砚林，杭州人。出身贫苦，生性耿介，朝廷举「博学鸿词」科，不赴，酿酒为生，布衣自乐，洁身自好。嗜好金石文字，工诗善画，尤精篆刻，擅长切刀法，为「浙派」篆刻开山祖，「西泠八家」之一。常探寻各处石刻铭文，亲临摹拓，重金购铜石器铭和印谱珍本，精心研习，技法大进，终创自家门派。他的诗《论印绝句》：「古人篆刻

僧樓夕陽下徳倚聽鐘聲林氣侵人暗池

光受月明漸寧風檻入坂與露階平華硐

山中路居然玉界行縈深洞与潘蓮巢唐燿㜎

禪無思遶荷待月之作時丙午陽生之月 文治

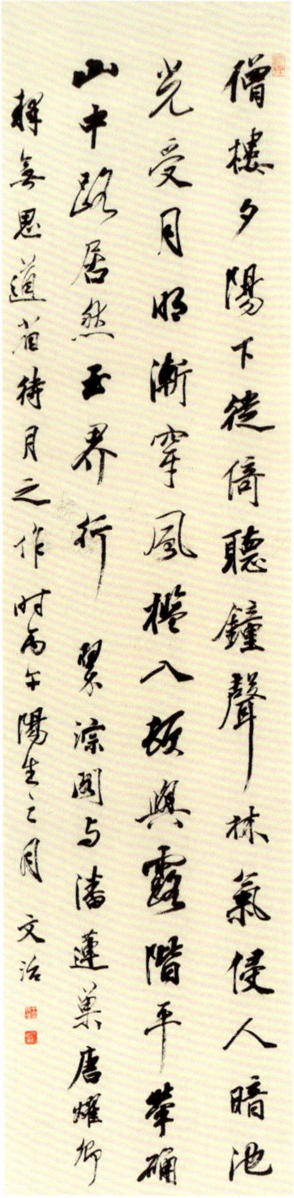

Monday Nov 12 2018
公历二〇一八年·十一月

十二

星期一

农历戊戌年·十月初五
今日二候地始冻

◎ 王文治《论书一则》 清

王文治（1730～1802年），字禹卿，号梦楼，江苏丹徒人，诗人，工书法。乾隆二十五年（1760年）进士，授编修，擢侍读，官至云南临安知府。罢归，自此无意仕进。曾随翰林侍读全魁出使琉球。在琉球时，当地人好书法，当得知王文治为书法名家后，纷纷重金求书，视为至宝，王文治书名遂在琉球大扬。当时朝鲜人来华，专以饼金收购王文治书法。乾隆皇帝南巡时，在杭州寺庙中见其所书《钱塘僧寺碑》，大赏爱之。由于乾隆皇帝的赞赏，王文治的书法声望一下大大提高，广为流传，为士林所宝。日本很多博物馆都珍藏有王文治真迹。

嵇康師心以遣論
阮籍使氣以命詩
殊聲而合響異翮
而同飛
潭西精舍

Tuesday Nov 13 2018
公历二〇一八年·十一月

十三

星期二

农历戊戌年·十月初六
廿二小雪·七日大雪

◎ **桂馥隶书《文心雕龙》** 清

桂馥（1736～1805年），字未谷，一字东卉，山东曲阜人，文字学家、书法家、篆刻家。乾隆五十五年（1790年）进士，云南永平知县。其隶书厚重古拙，别有趣味，与当时伊秉绶齐名，被同称为「中国文字学双子星座」。有《说文义证》《缪篆分韵》《晚学集》《清朝画品》等著作。

頑伯鄧石如

Wednesday Nov 14 2018
公历二〇一八年 · 十一月

十四

星期三

农历戊戌年 · 十月初七
今日世界防治糖尿病日

◎ **邓石如篆书条幅** 清

邓石如（1743～1805年），字顽伯，号完白山人，安庆人，集书法家、篆刻家、画家、文字学家于一身的艺术大师和学者。少时家贫，砍柴为生，仅9岁时读过一年书，后勤奋自学，终成一代大家。邓石如为清代碑学书家巨擘，以隶法作篆，突破了千年来玉筯篆的樊篱，为清代篆书开辟了一个新天地。他的篆书纵横捭阖，字体微方，接近秦汉瓦当和汉碑额。其隶书从汉碑中来，融众碑而出新貌，大气磅礴，带动清代隶书面目为之一变。楷书、行书、草书亦成就斐然，以篆书影响最大。邓石如篆书有《心经》《千字文》《石鼓文》《弟子职》《张子西铭》等；隶书有《作太元传》《敖陶孙诗评》等。

Thursday Nov 15 2018
公历二〇一八年·十一月

十五

星期四

农历戊戌年·十月初八
廿二小雪·七日大雪

◎邓石如篆刻 清

邓石如对清代篆书、隶书的发展有着历史性贡献，时人称「四体皆精，国朝第一」。清代另一大书法家赵之谦赞道：「国朝人书以山人为第一，山人以隶书为第一；山人篆书笔笔隶书出，其自谓不及少温当在此，然此正自越少温，善易者不言易，作诗必是诗，定知非诗人，皆一理。」山人，即指邓石如。近人沙孟海《近三百年的书学》中说：「清代书人，公推为卓然大家的，不是东阁学士刘墉，也不是内阁学士翁方纲，偏偏是那位藤杖芒鞋的邓石如。」邓石如又是篆刻家，早期以李阳冰小篆入印，后将石鼓文、汉碑篆额等多种碑文书体采撷入印，强调笔意，书法之美与篆刻之美兼备，篆文布局讲究「疏处可以跑马，密处不使透风」，是「印外求印」的先行者。在篆刻史上，他是开宗立派的人物。

Friday Nov 16 2018
公历二〇一八年 · 十一月

十六

星期五

农历戊戌年 · 十月初九
今日国际宽容日

◎ **孙隆《花鸟草虫图册》** 明 上海博物馆藏

孙隆，生卒年不详，字廷振，号都痴，常州人，宣德中曾为翰林待诏。擅画翎毛、虫草，不作墨线，纯以色彩点染而成，是最早运用「没骨」画法的画家。画翎毛草虫，全以彩色渲染，生动鲜活，饶有机趣，自成一家，对后世影响很大。亦善山水。

此图册共有12开，绢本设色，每帧横22.9、纵21.5厘米，直接以色彩随笔点染，用墨极少，不事勾勒，依次写出西瓜、藤蔓、紫茄、莱菔、睡莲、杂草及野卉，简括疏略，挥洒纵横，可谓笔不到而意连，线不写而韵生。以精细之笔绘田鼠、青蛙及草虫，充满田园景趣。其写意花鸟画的成就以及没骨技法，为后世大写意花鸟画之先声。

南山川和园林景物，花卉鸟兽亦佳，重写生，也画人物，为吴门派宗师。他在《书画汇考》中有一段话很能代表其艺术观念：「山水之胜，得之目，寓诸心，而形于笔墨之间者，无非兴而已矣。是卷于灯窗下为之，盖亦乘兴也，故不暇求其精焉，观者可见老生情事如此。」他与唐寅、文徵明、仇英合称「明四家」，是「吴门画派」创始人，文徵明、唐寅都是他的学生。

Saturday Nov 17 2018
公历二〇一八年 · 十一月

十七

星期六

农历戊戌年 · 十月初十
今日三候雉入大水为蜃

◎ 沈周《东庄画册》

明 南京博物院藏

沈周（1427～1509年），字启南，号石田，又号白石翁，苏州人。其祖父沈澄是「元四家」之一王蒙的好友，父辈中亦多画家，使他自幼便受文翰熏陶。其山水画取景多江

Sunday Nov 18 2018
公历二〇一八年·十一月

十八

星期日

农历戊戌年·十月十一
廿二小雪·七日大雪

◎ 周臣《柴门送客图》

明 南京博物院藏

周臣，字舜卿，号东村，苏州人，明中期职业画家，山水、人物画高手，所作古貌奇姿，绵密萧散，各极意态。曾以画法教授唐寅，后来唐寅的画出名之后，懒于应酬，由周臣代笔，难以分辨，可见其手段。此幅纸本，纵121、横57厘米，以杜甫《南邻》诗中「相送柴门月色新」句意入画，表现文人隐居生活，明月高挂，船工酣睡，客人方抱琴拱手惜别，描绘出深山茂林之中主客分别时的感人情景。周臣是个丰产画家，传世作品很多，上海博物馆收藏他《春山游踪图》等大幅作品7幅，小扇面14幅，故宫博物院藏有《春山游骑图》《春泉山隐图》等，济南博物馆有《访友图》，台湾地区及国外大博物馆也收藏了他的一些作品。

小僊

Monday Nov 19 2018
公历二〇一八年 · 十一月

十九

星期一

农历戊戌年 · 十月十二
廿二小雪 · 七日大雪

◎ 吴伟《灞桥风雪图轴》 明 故宫博物院藏

吴伟（1459～1508年），字士英，号鲁夫，更字次翁，号小仙，湖北武昌人。幼孤贫，流落常熟为人收养，自弄笔墨习画山水人物。成化间为宫廷作画，官仁智殿待诏。弘治时又征入宫廷，授锦衣卫百户，赐「画状元」印。人物学吴道子，取法南宋画院体格，笔势奔放。早年作白描，则以秀劲见长，兼能写真。并善画山水，山水取景多片石一树，落笔健壮，近学戴进，远学马远、夏圭而较放纵。是明代中叶继戴进后「浙派」的健将，从学者颇多，人称「江夏派」。作品有《歌舞图轴》《灞桥风雪图轴》《渔夫图轴》《仿李公麟洗兵图轴》《长江万里图卷》《渔乐图轴》等。

意，山水、人物、花卉、兰竹等无一不工。师法宋、元，多写江南湖山庭园和文人生活，构图平稳，笔墨苍润秀雅。早年所作多细谨，中年较粗放，晚年粗细兼备，名重当时，学生甚多，形成「吴门派」。他穷究画理，声誉卓著，成为沈周之后的吴门派领袖。此画是他66岁时所作。描绘的是吴邑沈天民的浒溪草堂，原藏沈天民家中，明末遗失。沈天民曾孙沈培风于几十年后破家得金，重购此画，后流入清内府。传世作品有《湘君湘夫人图》《万壑争流图》《霜柯竹石图》《临溪幽赏图》《秋花图》《江南春图》等。

Tuesday Nov 20 2018

公历二〇一八年 · 十一月

二十

星期二

农历戊戌年 · 十月十三

廿二小雪 · 七日大雪

◎ **文徵明《浒溪草堂图》** 明

文徵明除书法外，在绘画上是「吴门画派」创始人之一，又与沈周、唐寅、仇英合称「明四家」；与唐伯虎、祝枝山、徐祯卿并称「吴中四才子」。他是沈周弟子，一专多能，能青绿亦能水墨，能工笔亦能写

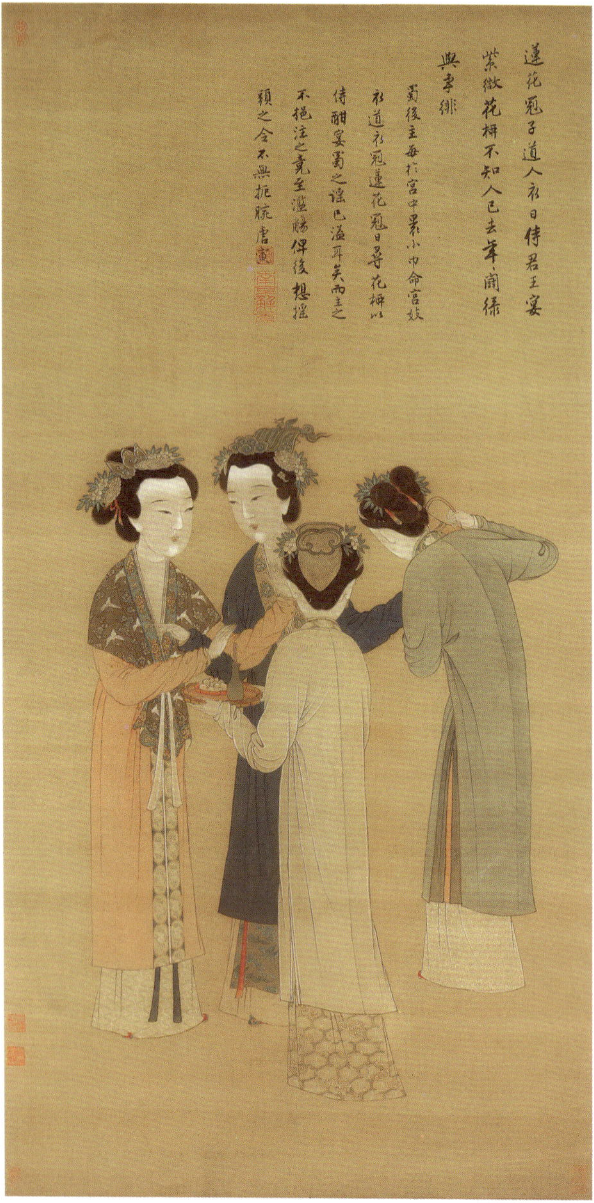
蓮花冠子道人衣日侍君王宴
紫微花柳不知人已去年、鬪綠
與爭緋
蜀後主每於宮中裹小巾命宮妓
衣道衣冠蓮花冠日尋花柳以
侍酣宴蜀之謠已溢耳矣而主之
不挹注之竟至濫觴俾後想搖
頭之令不無扼腕唐寅

Wednesday Nov 21 2018
公历二〇一八年·十一月

二十一

星期三

农历戊戌年·十月十四
今日世界电视日

◎ **唐寅《孟蜀宫妓图》** 明 故宫博物院藏

唐寅科考不利后，怀不世之材而置身书画，过着诗文书画生活。他在山水、花鸟、人物诸方面都展示出过人的才华，他的设色仕女画采用额头、鼻头、下巴傅粉的「三白法」，身材颀长瘦削，衣着色泽清雅，线条精细，画面格调极具文人韵味。这种仕女造型对后世影响深远，成为明清仕女的一种经典样式。传世名作《孟蜀宫妓图》可谓此类代表性作品，绢本设色，横124.7、纵63.6厘米。右上部唐寅题款：「莲花冠子道人衣，日侍君主宴紫薇。花柳不知人已去，年年斗绿与争绯。蜀后主每于宫中裹小巾，命宫妓衣道衣，冠莲花冠，日寻花柳以侍酣宴。」讽刺蜀后主王衍不思治国而极尽荒淫，终遭灭族之祸。唐寅在描绘后蜀宫妓妩媚风情的同时，借古讽今，一抒兴亡之叹。

Thursday Nov 22 2018
公历二〇一八年 · 十一月

小雪

星期四

农历戊戌年 · 十月十五
今日小雪 · 一候虹藏不见

◎ 仇英《桃源仙境图》 明

仇英（约1482～1559年），字十父，亦作实父，号十洲，江苏太仓人，寓居苏州。出身工匠，为人绘栋宇，年轻时结识很多名画家，后从周臣学画，以卖画为生。「明四家」之一。人物、山水、走兽、界画，无所不精，人有「周昉复起，亦未能过」之评。晚年客于收藏家项元汴处，摹仿历代名画，落笔乱真。董其昌赞誉「五百年而有仇实父」，王世贞说他「于唐宋名人画无不摹写，皆有稿本，其临笔能夺真，米襄阳所不足道也」。传世作品甚多，有天津艺术博物馆藏《桃源仙境图》、台北故宫博物院藏《仙山楼阁图》《桐荫书静图》、美国克里夫兰美术馆藏《独乐园图》。

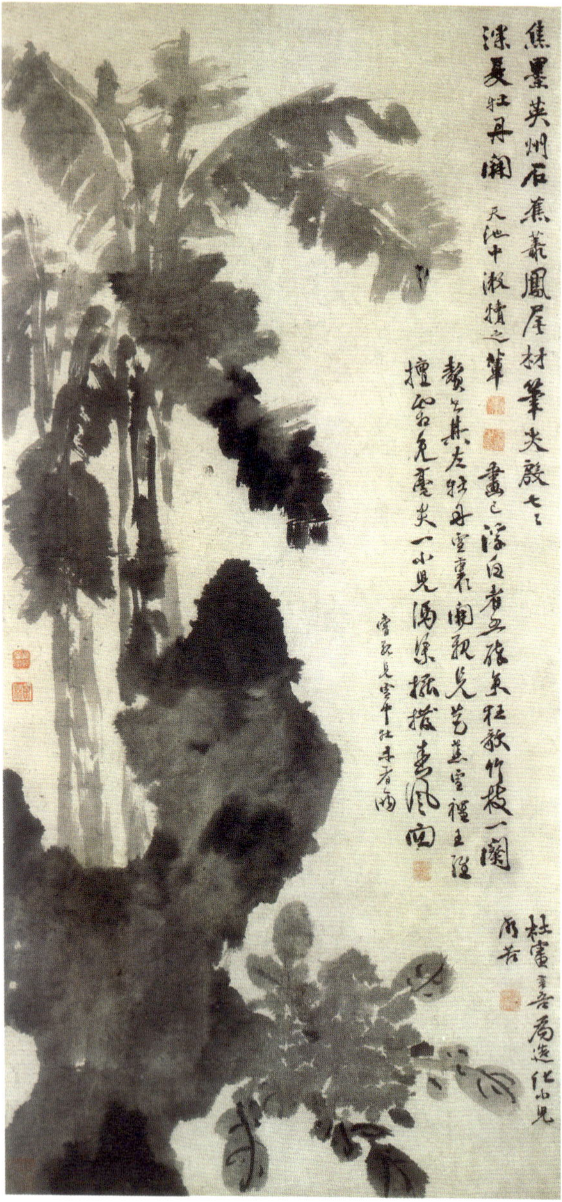

Friday Nov 23 2018
公历二〇一八年 · 十一月

二十三

星期五

农历戊戌年 · 十月十六
七日大雪 · 廿二冬至

◎ **徐渭《牡丹蕉石图》**

明　故宫博物院藏

徐渭（1521～1593年），初字文清，改字文长，号天池、又号青藤道人、田水月等，绍兴人，书画家、文学家。少时聪颖，成年后却屡试不第。后入浙闽总督胡宗宪幕僚，参加过嘉靖年间东南沿海的抗倭斗争，因反对权奸严嵩入狱多年。获释后，贫病交加，卖书画糊口，潦倒一生。他中年学画，自成一家，形成「青藤画派」。他开辟了明清以来写意花鸟画的新途径，影响深远，与陈淳并称「青藤白阳」。但他以书法自重，自称「吾书第一、诗二、文三、画四」。著有《四声猿》《南词叙录》《徐文长佚稿》《徐文长全集》等；传世名作有《墨葡萄图》《山水人物花鸟册》《牡丹蕉石图》等。

雖無刎頸交頗有忘
機友點秋江白鷺沙
鷗傲殺人間萬戶侯
我是不識字煙波釣
叟　庚申八月廿五日
舟行瓜步大江中寫此
并書元人詞亦似狄畫
亦似補圖　玄宰

Saturday Nov 24 2018
公历二〇一八年 · 十一月

二十四

星期六

农历戊戌年 · 十月十七
七日大雪 · 廿二冬至

◎ **董其昌《秋兴八景》之一**

明　上海博物馆藏

董其昌擅长山水画，讲究笔致墨韵，画格清润明秀。他把古代山水画家分为「南北宗」，并推崇「南宗」为文人画正脉，形成崇「南」贬「北」的偏见。他明确提出「文人画」概念，认为「师古」不如「师天地」。他主张绘画也要「读万卷书，行万里路」，对后来的画坛有积极影响。董其昌的山水绘画创造出淡远虚清风格。《秋兴八景》纸本设色，8开，每帧纵53.8、横31.7厘米，是董其昌山水画与书法相结合的精品之作，每幅皆构图精巧，意境高远，所画为泛舟吴门、京口所见景色，董其昌当时66岁，是其非常老道的作品。

◎ **尤求《人物山水图》之一**

明　上海博物馆藏

尤求，字子求，号凤山，苏州人，移居太仓，约活动于明嘉靖至万历年间。工山水，兼人物，又善仕女画。册页《人物山水图》共12幅，每帧纵25.8、横21.9厘米，此为其中人物一帧，图中为仕女倚柳远思之状，情调温馨清远。

Sunday Nov 25 2018
公历二〇一八年·十一月

二十五

星期日

农历戊戌年·十月十八
今日消除对妇女的暴力行为
国际日

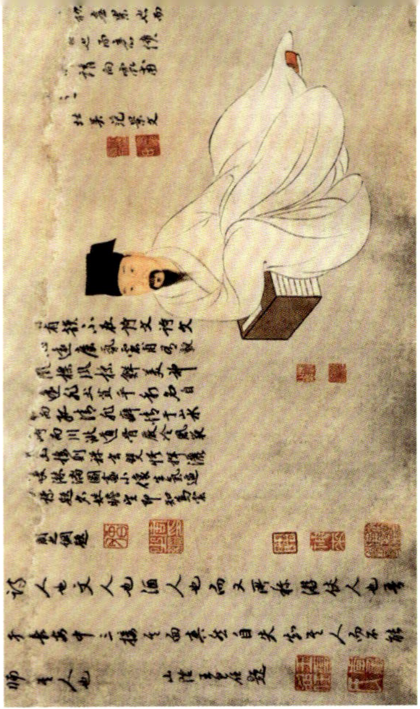

曾鲸（1568～1650年），字波臣，福建莆田人，居南京。曾鲸是明代人物画的卓越代表，笔下人物像，神情逼真，惟妙惟肖，为中国肖像画开辟了新的途径。《无声诗史》记载，曾鲸的艺术有「风神修整，仪貌伟然」「磅礴写照，如镜取影，妙得神情」。《葛一龙像》图卷为纸本设色，纵32.5、横77.5厘米，画面上仅有正中所描绘的人物和所倚靠的一摞书，别无他物。葛一龙是苏州人，一生嗜书如命，为了购置藏书，他不惜重金，以致破家。曾鲸作品中凸显出这一人物特点，从而把主人公的个性和儒雅气质充分表现出来。此画钤有「曾鲸之印」「波臣父」等印迹，还有米万钟、范景文、周之纲、王思任四家的题赞。后有俞彦、宋献二家的题赞。传世作品还有《王时敏像》《张子卿像》《赵庚像》《赵士锷像》等。

Monday Nov 26 2018

公历二〇一八年 · 十一月

二十六

星期一

农历戊戌年 · 十月十九

七日大雪 · 廿二冬至

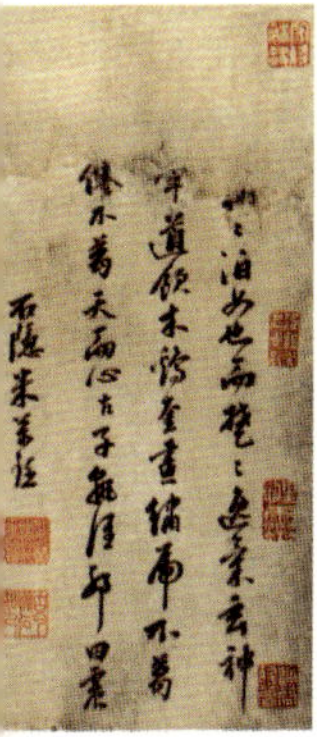

◎曾鲸《葛一龙像》 明 故宫博物院藏

石同君子坚贞佩芳兰馨楚畹湘岸情清霭重汴三 壬午秋五彭溪

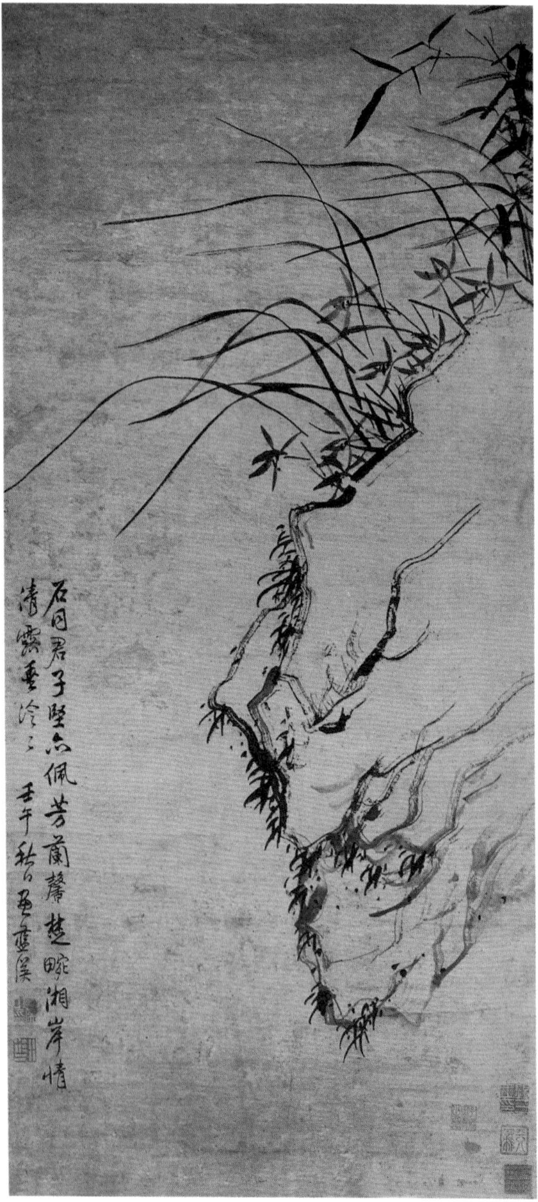

Tuesday Nov 27 2018
公历二〇一八年 · 十一月

二十七

星期二

农历戊戌年 · 十月二十
今日二候天气升地气降

◎ **蓝瑛《兰石图》** 明

蓝瑛（1585～约1666年），字田叔，号石头陀，杭州人。擅画山水，追摹唐宋元诸家，又师沈周、黄公望。笔墨秀润，青绿山水尤佳。一生以绘画为职业，漫游南北，饱览名胜以开阔眼界，因而不断丰富了创作内容。中年后风格一变，笔墨苍老坚劲。兼工人物、花鸟、兰竹。有「浙派殿军」之称。《兰石图》笔法精练老辣，疏秀苍劲，寥寥几笔，便使悬崖之上几缕兰花清雅傲人的姿态跃然纸上。后世很多画家如陈洪绶等都受他影响。蓝瑛享世89岁，他是一个勤奋的画家，传世作品甚多，现仅上海博物馆就藏有他66幅作品。

设色学吴道子法。其力量气局超拔磊落，在仇英、唐寅之上。间作花鸟、草虫，无不精妙。陈洪绶堪称一代宗师，去世后，其画艺画技为后学所承。《杂画图册》为绢本设色，每开纵30.2、横25.1厘米。共8开，有山水、人物、花鸟，工笔。其中《玉堂柱石图》为一太湖石上逸出一支玉兰，另一侧后面则露出一支海棠，花上一只玄色彩蝶，太湖石之玲珑与玉兰海棠交相辉映，靓丽非常，夺人眼目。

Wednesday Nov 28 2018

公历二〇一八年·十一月

二十八

星期三

农历戊戌年·十月廿一

七日大雪·廿二冬至

◎ **陈洪绶《杂画图册·玉堂柱石图》** 明 故宫博物院藏

陈洪绶（1599～1652年）9岁时父亲去世，随蓝瑛学画花鸟，蓝瑛赞叹道：「使斯人画成，道子、子昂均当北面，吾辈尚敢措一笔乎！」不满20岁时，祖父与母亲去世，离家出走，客居绍兴。在绍兴师从著名学者刘宗周，深受其人品学识影响。善画山水，尤工人物，所画人物，躯干伟岸，衣纹清圆、细劲，兼有李公麟、赵孟頫之妙，

图的形式广泛流传于世，都由与他同时代的著名刻工雕刻，是明清木刻版画的代表作。名作《九歌》《西厢记》插图、《水浒叶子》《博古叶子》等版刻传世。1616年冬作《九歌》人物十一幅，又画《屈子行吟图》一幅，仅用两日完成。陈洪绶的版画艺术，对清代画家萧云从、任熊等名家从事版画创作，都有着明显的影响。陈洪绶的著作有《宝纶堂集》《避乱草》《筮仪象解》等。

Thursday Nov 29 2018

公历二〇一八年 · 十一月

二十九

星期四

农历戊戌年 · 十月廿二

七日大雪 · 廿二冬至

◎ 陈洪绶版画《正北西厢记》插图

明

陈洪绶40岁时到北京宦游，与文学家、篆刻家、收藏家周亮工过从甚密。后以捐赀入国子监，召为舍人，奉命临摹历代帝王像，因而得观内府所藏古今名画，技艺益精，名扬京华。与崔子忠齐名，世称「南陈北崔」。明清之际，摹仿陈洪绶的画家多达数千人，其作品和技法远播朝鲜和日本。陈洪绶一生从事版画艺术，以书籍插

Friday Nov 30 2018
公历二〇一八年 · 十一月

三十

星期五

农历戊戌年 · 十月廿三
七日大雪 · 廿二冬至

◎ **殷偕《鹰击天鹅图轴》** 明

南京博物院藏

殷偕，生卒年不详，字汝同，南京人，明画院画家殷善之子，擅花卉、翎毛，传世作品甚少。此图纸本设色，纵158、横89.6厘米，用工笔重彩描绘鹰凌空捕击天鹅的瞬间。天鹅被袭，翻滚下落，一鹰立于鹅首，双爪劲健，抓住不放，天鹅张口似哀号，鹰则双睛圆睁，猛力无边。身长者却弱，身小者却猛，两相对比强烈，非常震撼人心。背景为寥寥几笔芦荻，极其清寂地烘托出鹅鹰之战。此图描绘极为精细，毛羽先用淡墨勾出，再用白粉细描，纤毫毕现，这正是院体画的典范风格。

國寶 2018

十二月

百川归海

December

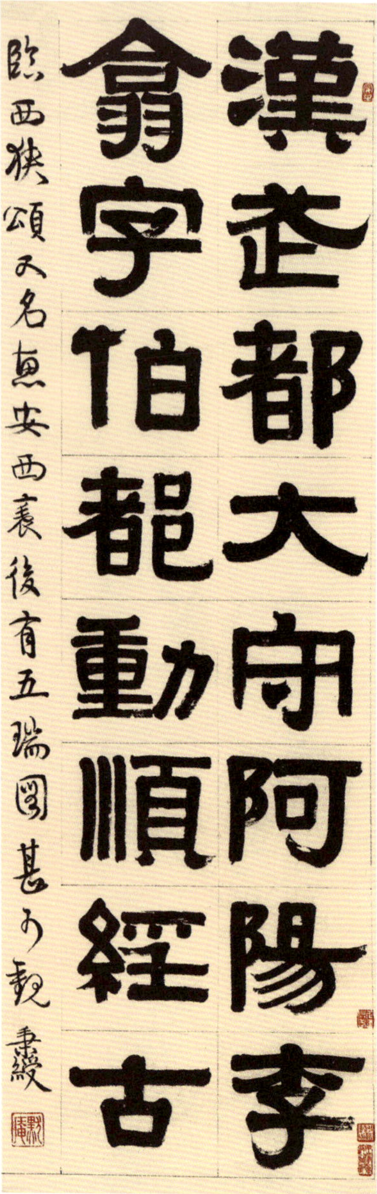
漢武都大守阿陽李
翕字伯龢動順經古
臨西狹頌又名惠安西表後有五瑞圖甚可觀
秉綬

Saturday Dec 1 2018
公历二〇一八年 · 十二月

一日

星期六

农历戊戌年 · 十月廿四
今日世界艾滋病日

◎ **伊秉绶条幅**

清

伊秉绶（1754～1815年），字组似，号墨卿、默庵，福建宁化人。乾隆五十四年进士，授刑部主事，迁员外郎，曾任惠州知府，扬州太守等。他出生于书香门第，书法四体皆工，隶书成就最高，为清代隶书中兴的代表人物之一。书体一反往古，笔画去蚕头雁尾、一波三折而取横平竖直，结体改扁式而为方正匀称，凸显隶书线条的装饰意趣，貌似平淡呆板，实则机趣横生，自有变化，俨然大家风范。伊秉绶总结为「方正、奇肆、姿纵、更易、减省、虚实、肥瘦，毫端变幻，出于腕下」。其奥妙在于用篆书笔法写隶书，方正中自有圆润，使往古汉隶在自己手里完成了一次审美突变。

墨九七先生瑑政

樓臺金碧輝車畫

水木清華儀秩詩

晚覩生弟吳穀之

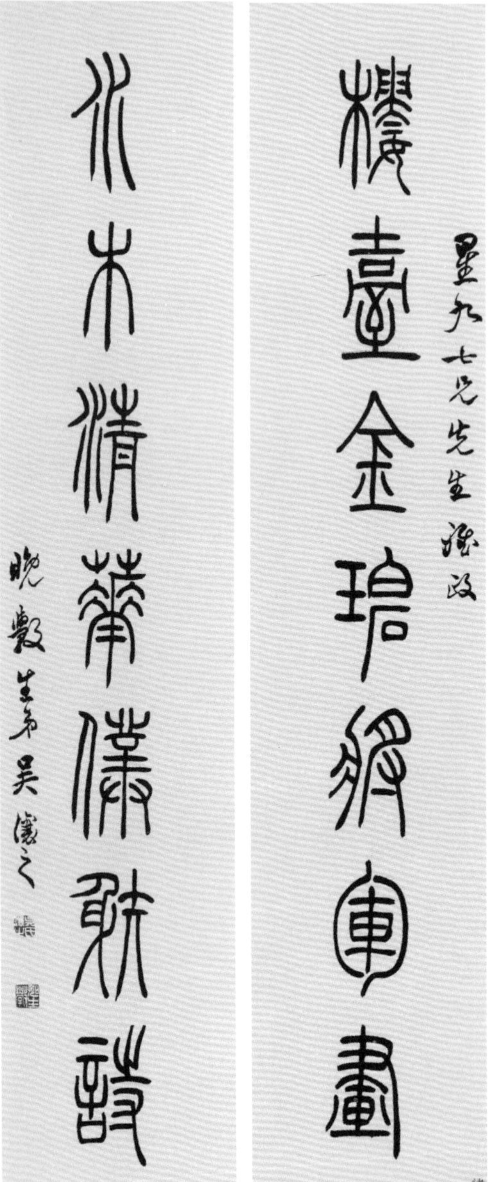

Sunday Dec 2 2018
公历二〇一八年 · 十二月

二日

星期日

农历戊戌年 · 十月廿五
今日三候闭塞成冬

◎ **吴熙载篆书对联** 清

吴熙载（1799～1870年），原名廷飏，字让之，江苏仪征人。篆刻家、书画家。擅长金石考证，精通文字学。工四体书，尤精篆隶。师事邓石如学生包世臣，为邓再传弟子。篆书尤其精绝，创出笔画婀娜多变的体式，曲尽其美，风流倜傥，对后世影响极大，学吴者甚众。

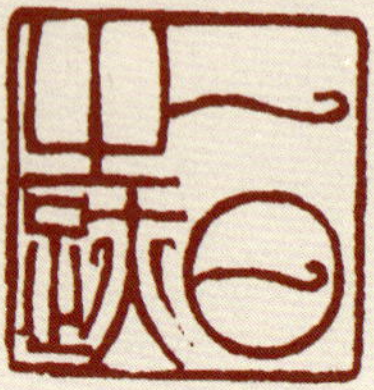

Monday Dec 3 2018
公历二〇一八年 · 十二月

三日

星期一

农历戊戌年 · 十月廿六
今日国际残疾人日

◎ 吴熙载篆刻 清

吴熙载篆刻亦师邓石如，创造性继承邓法，把邓石如以笔意见胜的风格推向高峰，作品很多，极大地发扬了邓派篆刻艺术，影响深远。晚清印坛有重大成就的徐三庚、赵之谦、吴昌硕、黄牧甫等都在他的作品中吸取过营养。著有《师慎轩印谱》《通鉴地理今释》《晋铜鼓斋印存》《吴让之印谱》等。

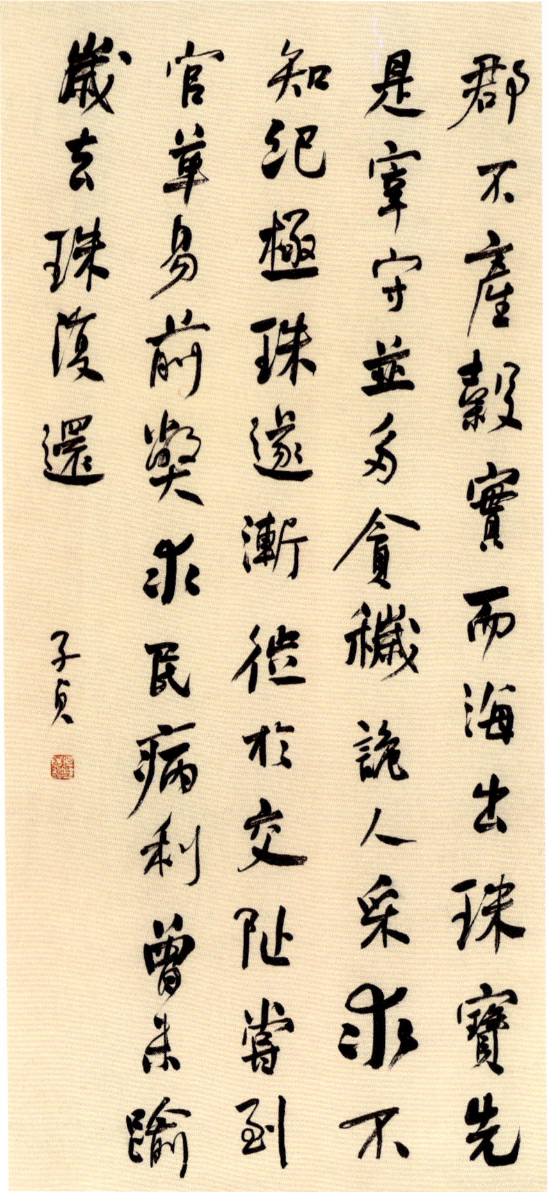
郡不産穀實而海出珠寶先
是宰守並爲貪穢詭人采求不
知紀極珠遂漸徙於交阯嘗到
官革易前敝求民病利曾未踰
歲去珠復還
子貞

Tuesday Dec 4 2018
公历二〇一八年 · 十二月

四日

星期二

农历戊戌年 · 十月廿七
七日大雪 · 廿二冬至

◎ **何绍基行书四条屏之一《珠还合浦》** 清

何绍基（1799～1873年），字子贞，号东洲，湖南道县人。晚清诗人、画家、书法家，光绪十六年进士，历主山东泺源、长沙城南书院；工经术词章，尤精说文考订之学，旁及金石碑版文字。著有《惜道味斋经说》《说文段注驳正》《东洲草堂诗钞》《东洲草堂文钞》等。书法自成一家，行、草书冠绝一世，个性尤著，点画时有颤笔，更增老辣味道，却不显做作。济南大明湖历下亭楹联杜甫名句「海右此亭古，济南名士多」即为他所书。历下亭东壁仍存其《重修历下亭记》石刻。早年由颜真卿、欧阳通入手，上追秦汉篆隶，后来在他的行草书中仍存颜体味道。他至为勤奋，《张迁碑》《礼器碑》等临写了一百多遍，终于融会贯通，形成一家风格。

Wednesday Dec 5 2018
公历二〇一八年·十二月

五日

星期三

农历戊戌年·十月廿八

今日国际促进经济和社会发展志愿人员日

◎ 徐三庚篆刻 清

徐三庚（1826～1390年），字辛谷，上虞人，清末著名篆刻家，工篆隶，与吴让之、赵之谦齐名，刻印力追秦汉。徐三庚出生贫苦农家，在道观干活时见道人有擅长书法篆刻者，得其传授，走上篆刻道路，成为与赵之谦同期的又一位创新篆刻家，并于吴熙载、赵之谦之外别树一帜。作品有《金罍山民印存》《似鱼室印谱》《金罍山人印谱》《金罍印摭》《海上墨林》《广印人传》《二拏精舍印赏》等。西泠印社为纪念这位富有创造力的书法篆刻大师，曾经举办了「金罍野逸——徐三庚书法篆刻展」，展示的徐氏篆刻就达250余方。

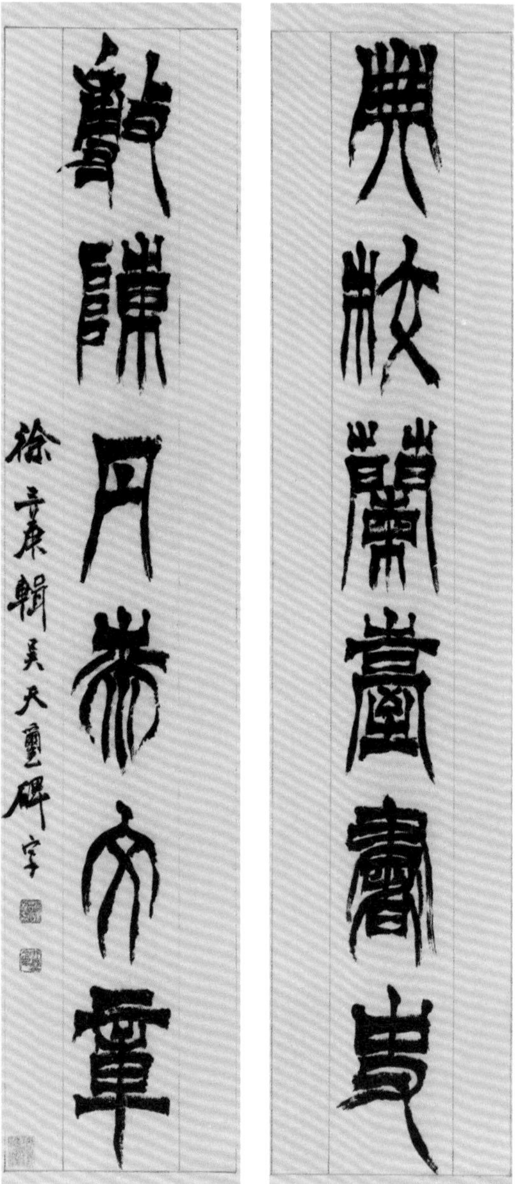
徐三庚辑吴天玺碑字

Thursday Dec 6 2018
公历二〇一八年 · 十二月

六日

星期四

农历戊戌年 · 十月廿九
明日大雪 · 廿二冬至

◎ 徐三庚篆书六言联 清

徐三庚善魏碑，并以北碑笔法入隶，用笔方劲犀利，结构紧凑而笔画疏朗，具有「内紧外松」的特点，神采飞扬，极尽动感。篆书方圆笔并用，明显参以《天发神谶碑》笔意，同时极力张炽笔画长度，柔美之中不乏强劲刚挺，被誉为「曹衣出水、吴带当风」。

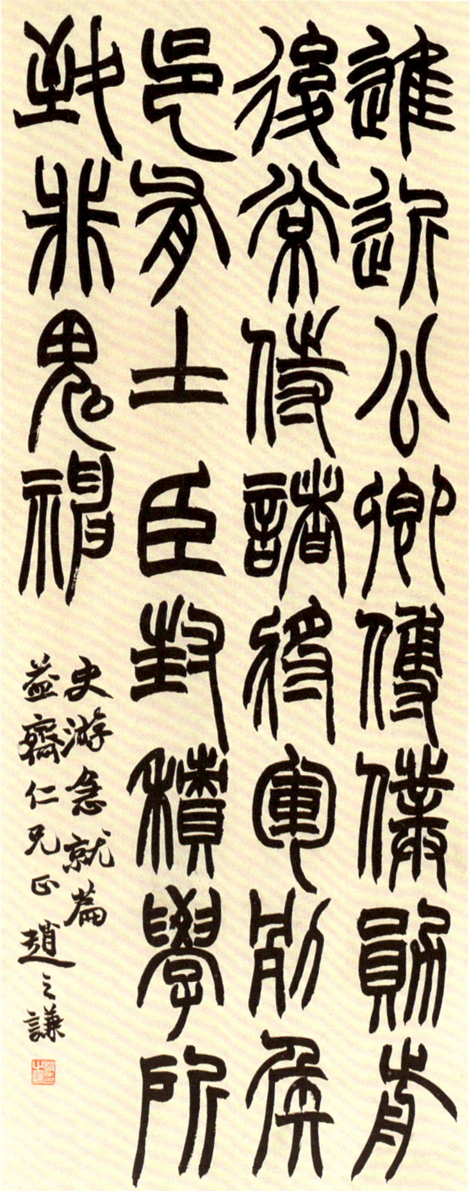
史游急就篇
益齋仁兄正 趙之謙

Friday Dec 7 2018
公历二〇一八年·十二月

大雪

星期五

农历戊戌年·十一月初一
今日大雪·一候鹖鸣不鸣
国际民航日

◎ 赵之谦篆书史游《急就篇》 清

赵之谦（1829～1884年），字抝叔，号悲庵，绍兴人。赵之谦的篆刻成就巨大，对后世影响深远，吴昌硕、齐白石等都从他那里受益良多。书法初师颜真卿，后取法北朝碑刻，人称「魏底颜面」。篆书在邓石如基础上掺以魏碑笔意，形成自家机杼。亦善绘画，学石涛起家，善画写意花卉，与任伯年、吴昌硕并称「清末三大画家」，开启了清末写意花卉的繁荣局面。

Saturday Dec 8 2018
公历二〇一八年 · 十二月

八日

星期六

农历戊戌年 · 十一月初二
廿二冬至 · 一日元旦

◎ 赵之谦篆刻 清

赵之谦亦是篆刻大家，他初摹西泠八家（丁敬、蒋仁、黄易、奚冈、陈豫钟、陈鸿寿、赵之琛、钱松）的浙派风格，后追皖派，参以诏版、汉镜文、钱币文、瓦当文、封泥等，形成自家独特风貌，又创阳文边款，将诗、书、画、印有机结合，终成一代大师。书画作品传世甚多著《悲盦居士文》《悲盦居士诗》《勇庐闲诘》《补寰宇访碑录》《六朝别字记》等，篆刻有《二金蝶堂印谱》。

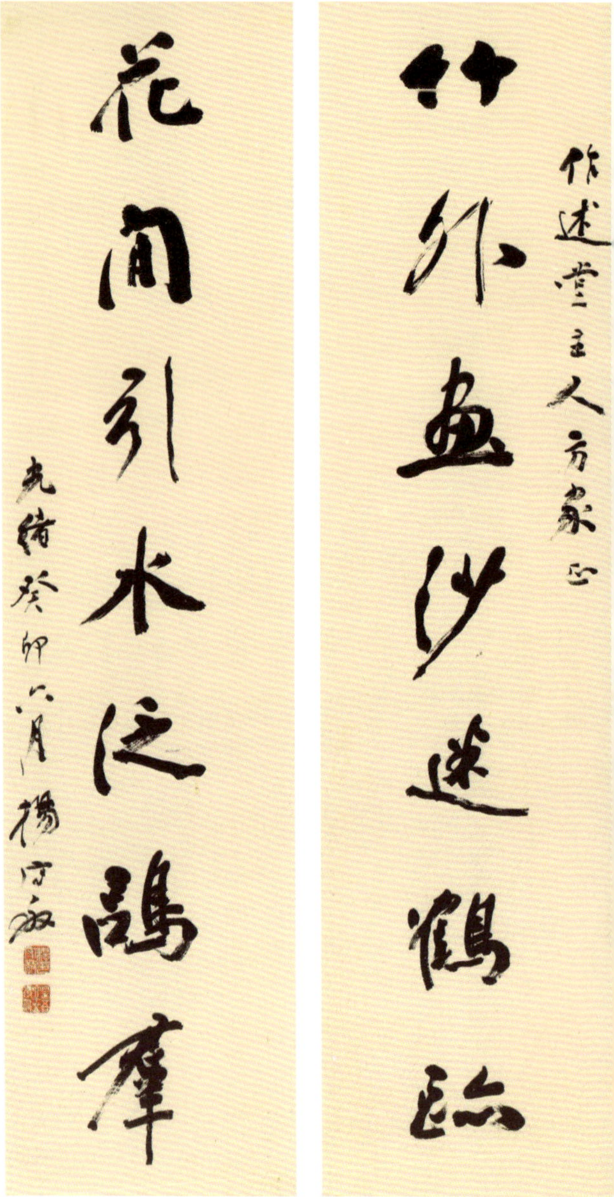
作述堂主人方家正
光绪癸卯八月杨守敬

Sunday Dec 9 2018
公历二〇一八年·十二月

九日

星期日

农历戊戌年·十一月初三
今日国际反腐败日

◎ 杨守敬七言联　清

杨守敬（1839～1915年），湖北省宜都人，1862年中举，1874年考取国史馆誊录。曾任驻日钦使随员，1909年被举为礼部顾问官，次年兼聘为湖北通志局纂修。清末民初杰出的历史地理学家、金石文字学家、目录版本学家、书法艺术家、泉币学家、藏书家。有83种著作传世，名驰中外。杨守敬的书法、书论驰名中外，撰有《楷法溯源》《评碑记》《评帖记》《学书迩言》等。在日本期间，杨守敬以精湛的汉字书法震惊东瀛，折服了许多书道名家，对日本书道界影响巨大深远。他在日本时大量购买汉籍古书，得书数万卷，运回祖国，其中有十分珍贵的六朝及唐代抄本、宋元版古籍，为保存祖国民族文化遗产，做出了巨大贡献。

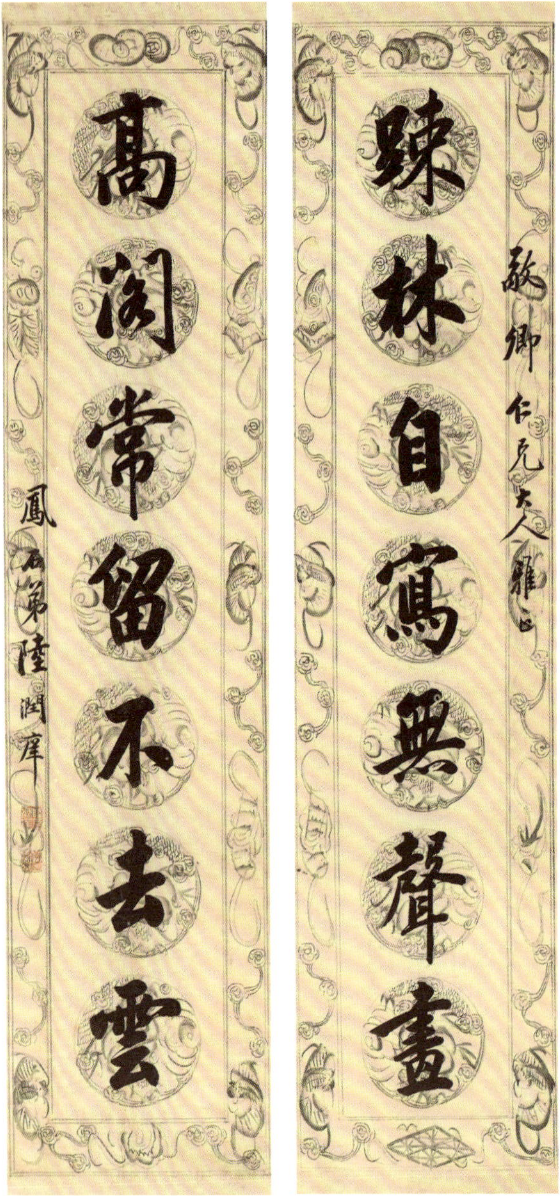
敬卿仁兄大人雅正
高閣常留不去雲
鳳石弟陸潤庠

Monday Dec 10 2018
公历二〇一八年 · 十二月

十日

星期一

农历戊戌年 · 十一月初四
廿二冬至 · 一日元旦

◎ 陆润庠七言对联

清

陆润痒（1841 ~ 1915年），字凤石，号云洒、固叟，苏州人。同治十三年（1874年）状元，历任国子监祭酒、山东学政，以母疾归苏州，总办苏州商务。光绪庚子（1900年）八国联军入侵，慈禧太后西行途中，代言草制。后任工部尚书、吏部尚书，官至太保、东阁大学士、体仁阁大学士。宣统三年（1911年）皇族内阁成立时，任弼德院院长。辛亥后，留清宫，任溥仪老师。民国四年卒，赠太子太傅，谥文端。书法为清末馆阁书风代表，气韵清爽，意态丰润，受到很多人喜爱，有多种字帖出版。

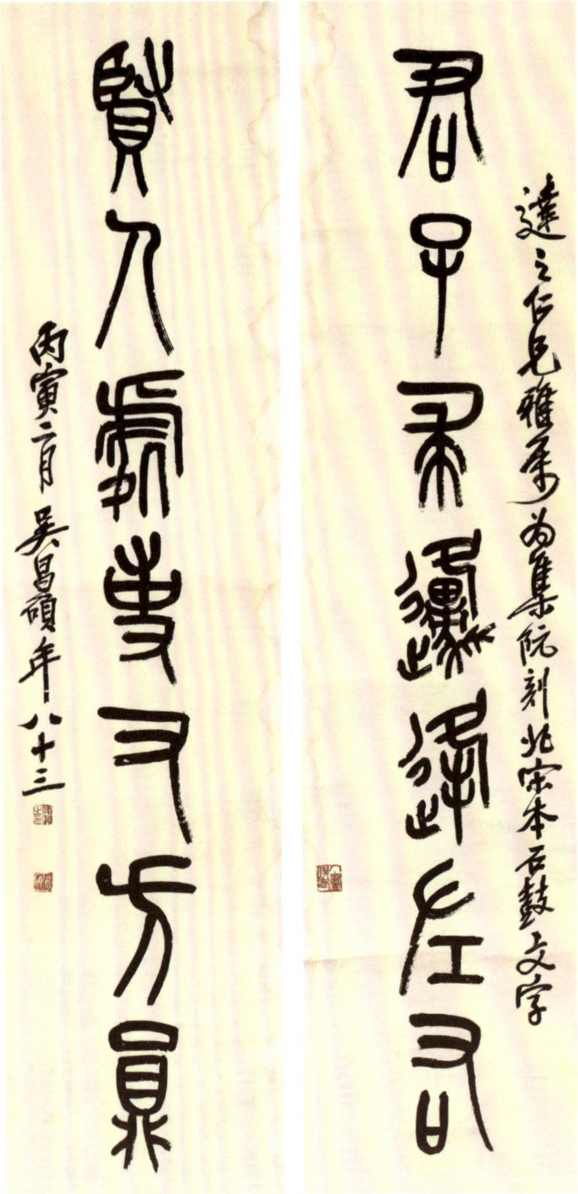
達之仁兄雅屬 為集阮刻北宋本石鼓文字
丙寅二月 吳昌碩年八十三

Tuesday Dec 11 2018
公历二〇一八年·十二月

十一

星期二

农历戊戌年·十一月初五
今日国际山岳日

◎ 吴昌硕篆书七言联　清

吴昌硕（1844～1927年），初名俊，又名俊卿，字昌硕，浙江安吉人，金石、书画大师，杭州西泠印社首任社长，晚清艺坛承前启后的一代巨匠。吴昌硕对整个中国艺界的影响巨大而长远，他开启了近代绘画、书法、篆刻的新里程，他的弟子王一亭、王个簃、陈师曾、沙孟海、潘天寿紧随其踵自是不必说了，他的画家朋友蒲华、赵云壑等也近朱者赤，风格上与其辅车相依，再晚一些的齐白石则与他遥相呼应，又带起新一批人薪火相传，至今不绝。吴昌硕的刀下之功与笔下之功在他那里是相互影响的，吴昌硕大篆、小篆俱佳，尤擅石鼓文，他以金石味道渗入书法，移篆刻格调而写字，无论行书还是篆书，那种金石味渗透骨髓。

赤举饭罢已坐仙奉坐年

坐笑指入洞见虎千目酒不纪

玉溪是月年

黄金海底涛勘洞壑深书觉

仙人群历动演省其到处

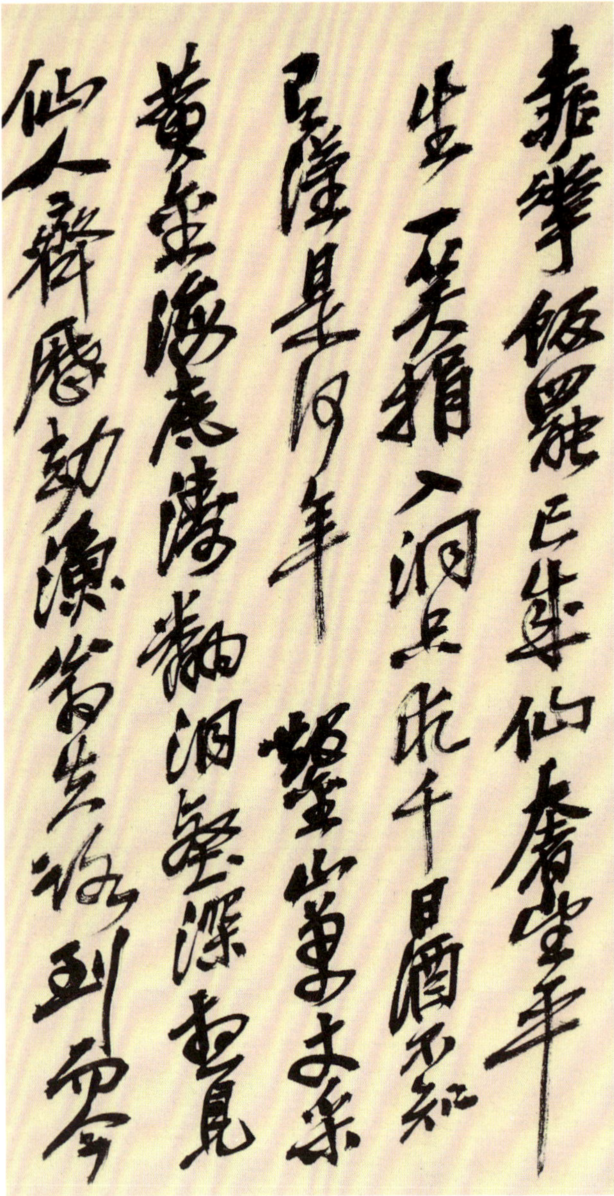

Wednesday Dec 12 2018
公历二〇一八年 · 十二月

十二

星期三

农历戊戌年 · 十一月初六
今日二候虎始交

◎ 吴昌硕跋《桃花源记图》 清

吴昌硕曾临写石鼓文，用笔遒劲，金石气息浓郁，然而他并未完全按照原石摹写，结体采取了左右上下参差取势，自出新意，实则在继承中创新，是极为难得的墨宝。整个晚清书法界掀起复古热潮，尤其江浙沪皖一带，一浪高过一浪，到吴昌硕这里成为一个凝聚力极大的高峰，无论真、草、隶、篆，在吴昌硕笔下都是一派苍莽劲健，生辣浑厚，而绝无柔弱尖酸之气。他是集大成者，以他为代表并在他周围集结起来的碑学书法阵容形成晚清书坛的浩荡潮流，影响至今不绝。

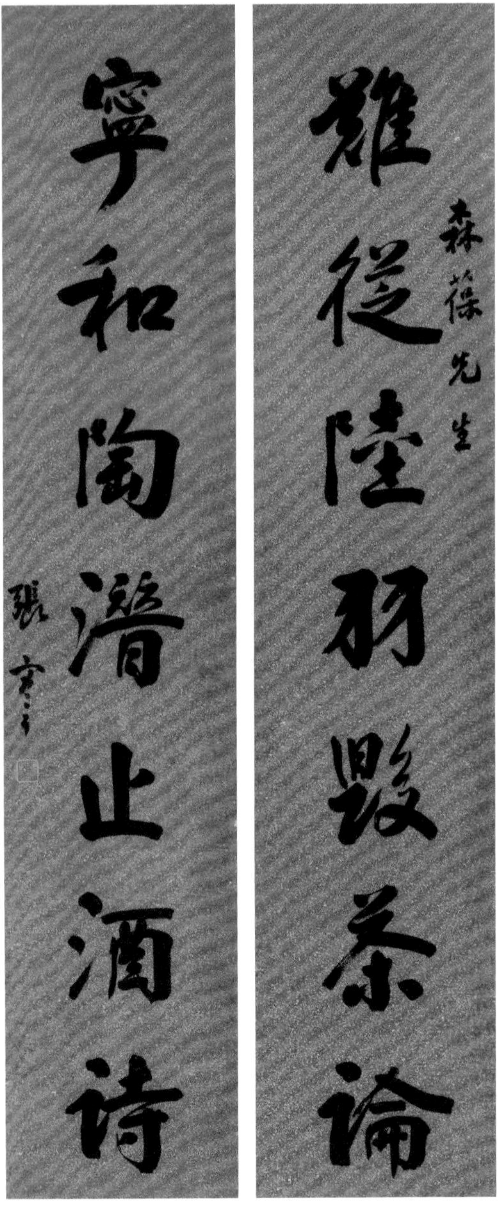
寧和陶潛止酒詩

Thursday Dec 13 2018
公历二〇一八年·十二月

十三

星期四

农历戊戌年·十一月初七
廿二冬至·一日元旦

◎张謇七言联

清

张謇（1853～1926年），字季直，号啬庵，祖籍江苏常熟，生于江苏海门，清末状元。中国近代实业家、政治家、教育家。中国棉纺织领域早期的开拓者。1869年考中秀才，1885年顺天府乡试考中举人，1894年慈禧太后六十大寿，设恩科会试，考中状元，授翰林院修撰。1904年，授三品衔，江苏两淮盐总理。1912年为清末帝起草退位诏书。后弃官走上实业教育救国之路，把南通打造成近代中国第一城，创办我国第一所纺织专业学校，开中国纺织高等教育之先河。主张「实业救国」，创办20多个企业、370多所学校，为我国近代民族工业的兴起和现代教育做出贡献，被称为「状元实业家」。张謇擅长作对联，书法柔中寓刚，颇有古风。

光绪帝召见，筹备变法事宜，史称戊戌变法。变法失败后逃往日本，游历列国。主要著作有《康子篇》《新学伪经考》《孔子改制考》《日本变政考》《大同书》《欧洲十一国游记》等。康有为在书法上自成一格，富有气势开张、浑穆大气的阳刚之美。亦为卓越的书法理论家，1889年著成《广艺舟双楫》，从理论上全面系统地总结碑学，提出「尊碑」之说，大力推崇汉魏六朝碑学，对晚清以来碑派书法的兴盛影响深远。

Friday Dec 14 2018

公历二〇一八年 · 十二月

十四

星期五

农历戊戌年 · 十一月初八

廿二冬至 · 一日元旦

◎**康有为横幅** 清

康有为（1858～1927年），广东佛山南海人，人称康南海，政治家、思想家、书法家。1895年，到北京参加会试，得知《马关条约》签订，联合1300多名举人，上万言书，即「公车上书」。后被

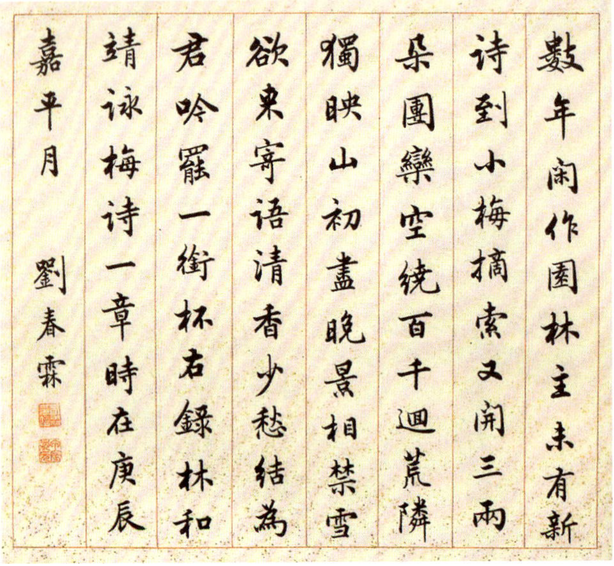
數年閑作園林主未有新
詩到小梅摘索又閑三兩
朶團欒空繞百千迴荒隣
獨映山初盡晚景相禁雪
欲來寄語清香少愁結為
君吟罷一銜杯右錄林和
靖詠梅詩一章時在庚辰
嘉平月 劉春霖

下。刘春霖书法出自唐帖，有明显的欧阳询书风。刘春霖是一位眼界开阔的学问家，深厚的儒学根底涵养出其书法的儒雅气息，他虽然崛起于民间，但早年的书院生涯和后来的庙堂交游，决定了他士大夫的审美趣味与风格倾向。在世时，他的书法已在社会上产生极大影响，称其「楷法冠当世」，很多社会名流都请他题写墓志、匾额。他的著名石刻有《重修古莲池碑记》、北京团城《明亡纪念碑》等。清末出版界已将他书写的《状元策》《圣教序》《金刚经》《灵飞经》《兰亭叙》《般若波罗密多心经》等数十种字帖付梓，广为流传。

Saturday Dec 15 2018
公历二〇一八年·十二月

十五

星期六

农历戊戌年·十一月初九
廿二冬至·一日元旦

◎ 刘春霖《录林和靖咏梅诗》 清

刘春霖（1872～1942年）字润琴，号石箕，出生于直隶肃宁县北石宝村。1904年考中甲辰恩科头名，是中国历史上最后一位状元，后成为近代教育家、书法家。他的书法在近代影响颇深，在他中状元之前，翁同龢曾见其字，大惊，预言他将大魁天

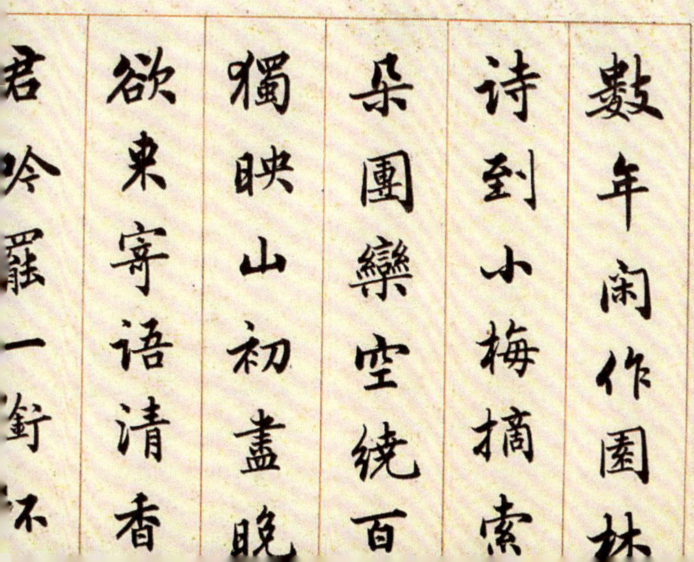

外，非言语所能道尽其妙。此幅《九龙潭》册页之一，写实兼写意，描画出九龙潭自山岚雾霭中来，在山间翻腾扭转，水畔杂草润泽，一白衣隐士悠闲而坐，就地赏景听泉。图有自题款识「太古蛰龙醒，蚕丛霹雳开。五溪云不去，三峡雪飞来。瞿山并题」。他亦善诗与书法，著有《天延阁集》《瞿山诗略》，传世作品有《山村清景图》《黄山图》《黄山十九景图》《黄山炼丹台图》等。

Sunday Dec 16 2018

公历二〇一八年 · 十二月

十六

星期日

农历戊戌年 · 十一月初十

廿二冬至 · 一日元旦

◎ **梅清《九龙潭》** 清

梅清（1623～1697年），字渊公，号瞿山，安徽宣城人。顺治十一年（1654年）举人，与石涛友善，相互切磋画艺。石涛早期山水受他影响，而他晚年画黄山，又受石涛影响，所以二人皆有「黄山派巨子」誉称。他注重写生，好游山，绘画独创性极强，凡所作山水画，淡墨出之，山形奇绝，线条扭转，皴擦轻敷，如梦似幻，俨然世

Monday Dec 17 2018
公历二〇一八年·十二月

十七

星期一

农历戊戌年·十一月十一
今日三候荔挺出

◎ **焦秉贞《仕女图册·莲舟晚泊》**

清　故宫博物院藏

焦秉贞，生卒年不详，字尔正，山东济宁人，宫廷画家、钦天监五官正，擅画人物，对算理和科学颇了解，较多接触西方绘画，吸收西洋画法，重明暗效果，但更有中国传统文人画家情怀，存有山林隐逸思想，讲究意境。他是继明代曾鲸之后走「西学派」道路的又一位画家。传世有《耕织图》《婴戏图》《列朝贤后故事》和《孔子圣迹图》等。其中以《耕织图》最为著名，以写实手法记录下农耕文明时代的农桑生产状态，1689年，康熙皇帝命其绘制并镌版印刷成版画作品。这幅作品是其《仕女图册》中一帧，册页，绢本设色，纵30.2、横21.3厘米，共8幅，此为其中《莲舟晚泊》，描绘古代仕女悠闲生活，很有版画味道。

师从王时敏、王鉴，后集唐宋以来诸家之大成，熔南北画派为一炉。王翚与王时敏、王鉴、王原祁并称为「四王」，加上吴历、恽寿平合称「清初六家」。曾在京城奉诏绘制《康熙南巡图》十二卷，受到康熙皇帝御赐「山水清晖」四字褒奖。追随者甚众，称为虞山派。作品富有写生意趣，格调明快。王翚绘过多种以「仿古」为名的山水册，此册为比较清新的作品，以江南小景为题，一扫沉闷，生趣盎然，又不失辽远意境。

Tuesday Dec 18 2018
公历二〇一八年·十二月

十八

星期二

农历戊戌年·十一月十二
今日国际移徙者日

◎ **王翚《仿古山水册》** 清

王翚（1632～1717年），字石谷，号清晖主人等，江苏常熟人，出身世代文人之家，祖上均善绘画。王翚自幼嗜画，继承家学，很早便表现出非凡的绘画才能。王翚

Wednesday Dec 19 2018
公历二〇一八年·十二月

十九

星期三

农历戊戌年·十一月十三
廿二冬至·一日元旦

◎ **吴历《湖天春色图》** 清 上海博物馆藏

吴历（1632～1718年），号渔山、桃溪居士，江苏常熟人。清初山水画家王时敏、王鉴、王翚、王原祁、吴历、恽寿平合称「清初六家」，他们继明代董其昌之后享有盛名，领导画坛，左右时风，当时被目为「正统」。吴历幼年学画，多与西人牧师、神父往来。1682年在澳门加入耶稣会，取葡式名雅古纳。常居圣保禄教堂，吟诗作画。早年曾跟王鉴学画，同时做王时敏的学生，中年时期遍临宋元诸家，汲取王蒙和吴镇之长，形成自家风格。《湖天春色图》作于45岁，是他中年时的代表佳作。纸本设色，纵123.5、横62.5厘米。平缓丘陵之中，近、中、远三处柳树伸向远方，并有大片湖水留白，画面清朗宜人。

锦无子，收之为养子。后陈锦遇刺身亡，他与复社遗老及反清志士交游，成为著名画家，为「清初六大家」之一，亦善诗文、书法。他复活了历史上已失传的没骨法，创出清新格调的花卉画，大受欢迎，以致「家家南田，户户正叔」。与另一大画家王翚相友善，有许多合作画。1690年结束了贫寒、动荡的一生。其子年5岁，家贫不能举丧，幸得王翚等老友鼎助才得安葬。《设色花卉册》，绢本设色，共计8开，每开纵39、横22厘米，多为没骨画法。每帧自题绝句一首，并有张英题诗和跋。

Thursday Dec 20 2018
公历二〇一八年·十二月

二十

星期四

农历戊戌年·十一月十四
今日澳门回归纪念日
国际人类团结日

◎ **恽寿平《设色花卉册》** 清 上海博物馆藏

恽寿平（1633～1690年），初名格，字寿平，又字正叔，别号南田。江苏武进人。受门第书香熏陶，自幼敏慧。清初战乱，12岁随父远走浙闽粤，历尽艰险。后参加福建抗清队伍。1648年，六万清军强攻建宁，15岁的恽寿平参与坚守孤城。城陷，与兄皆被掳至清兵营。陈

二十一

星期五

农历戊戌年·十一月十五
明日冬至·一日元旦

◎ **王原祁《江乡春晓图》** 清 苏州博物馆藏

王原祁（1642～1715年），字茂京，号麓台，一号石师道人，江苏太仓人，王时敏之孙。康熙九年（1670年）进士，供奉内廷，充书画谱馆总裁，《万寿圣典》总裁、《佩文斋书画谱》纂辑官。晋户部侍郎，故亦称「王司农」。康熙皇帝曾亲赴南书房观其作画，并赐诗「画图留与后人看」。幼时得王时敏点拨，为「清初六家」之一。他身居高位，影响极大，从之者众，称「娄东画派」。浅绛山水独绝，讲究熟不甜，生不涩，淡而厚，实而清。此幅《江乡春晓图》仿北宋赵大年，纸本设色，纵124.5、横58.6厘米。竖幅而未画高山峻岭，完全是近水、碎石、树木、农田、白云，然而层层递增，意境辽远，是其代表作之一。

癸亥春之吉 邗上袁江画

Saturday Dec 22 2018
公历二〇一八年 · 十二月

冬至

星期六

农历戊戌年 · 十一月十六
今日冬至 · 一候蚯蚓结

◎ **袁江《海屋沾筹图》** 清 中国美术馆藏

袁江（约1672～1737年），字文涛，号岫泉。专攻山水楼阁界画，我国绘画史上有影响的画家。雍正时召为宫廷画家。康乾时期，楼阁工整山水以袁江最优，其侄袁耀与之齐名，号「二袁」。界画是我国绘画中描绘建筑的一门画科，以绘山水楼阁见长，东晋时已同人物、山水画并存，宋元时期达到高峰，其后受文人画排挤。袁江的成就使界画重现亮点，他成为有清一代第一界画家，其绘画素材多为古代宫苑。《海屋沾筹图》，国画精品，绢本设色，纵63.1、横28厘米，为清袁江代表作品山水组画之一；其画境界扩大，峻厚幽奇，古松危岩之上高阁稳现，远山在望，云气缭绕，气势壮观；高阁左上方云气中有一瑞鸟飞临，此为画眼所在，顿为全幅增添动感。

丙子春正月新羅山人呵凍寫時年七十有五

Sunday Dec 23 2018
公历二〇一八年·十二月

二十三

星期日

农历戊戌年·十一月十七
一日元旦·五日小寒

◎华嵒《海棠禽兔图》 清 故宫博物院藏

华嵒（1682～1756年），字秋岳，号新罗山人，福建人；绘画多面手，花鸟、山水、人物画兼能，重视写生，构图新颖，形象生动多姿。他的花鸟画影响之大，可与恽南田相比，既有深厚的传统功力，又善于汲取民间艺术的营养，生气勃勃，风格独具。此图纵135.2、横62.5厘米，是他75岁时创作的精品。图中一山鹊翻身倒挂于树枝，瞠目张口，下窥海棠丛中一只黑兔，肥硕的黑兔则扭头回顾，神情紧张。画家抓住这一瞬间入图，传神至极。他久居扬州，是「扬州八怪」一员，其实，所谓「八怪」不仅仅是八位画家，而是指当时更多人在内的群体，称「扬州画派」更合适些。他们不守成法、标新立异，在清代中叶表现出「正统」之外的强烈个性风格，不但给当时画坛带来极大震撼，也产生了深远的影响。

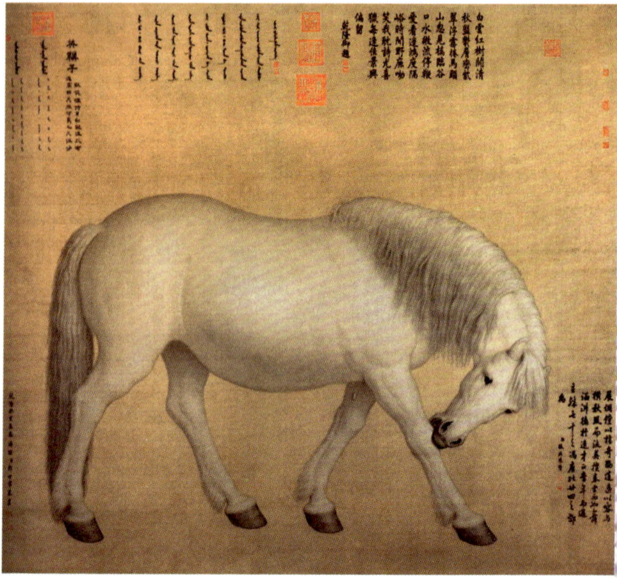

由于郎世宁带来了西洋绘画技法，向皇帝和宫廷画家展示了欧洲明暗画法的魅力，先后受到三朝皇帝重用，尤得乾隆皇帝倚重，70岁生日时，乾隆皇帝专门为他举行了生日庆典，赏赐丰厚。他是艺术上的全面手，人物、肖像、走兽、花鸟、山水无所不精，他画了很多反映当时重要事件的大型绘画，也为皇帝画「御容」和皇家园林殿堂中的装饰画。郎世宁画过多幅马，此幅是对北方民族进贡乾隆皇帝贡马的写生画，中西画法有机结合，笔法细腻，形象传神。

Monday Dec 24 2018

公历二〇一八年·十二月

二十四

星期一

农历戊戌年·十一月十八

今日平安夜·明日圣诞节

◎ **郎世宁《英骥子图》** 清 故宫博物院藏

郎世宁（1688～1766年），英文名Giuseppe Castiglione，意大利人，1715年作为天主教耶稣会的修道士来中国传教，随即入宫，进入如意馆，成为宫廷画家。郎世宁曾参加圆明园西洋楼的设计，历康、雍、乾三朝，在中国从事绘画50多年。

或坐或立，饶有趣味。如无农村生活经历和深厚艺术功底，是写不出这样生动画面的。图上有乾隆帝所题：「瞽目先生小说流，稗官敲钵唱街头。村翁里妇扶携听，倘为欢欣倘为愁？」

Tuesday Dec 25 2018
公历二〇一八年·十二月

二十五

星期二

农历戊戌年·十一月十九
今日圣诞节·一日元旦

◎ **金廷标《瞎子说唱图》** 清 故宫博物院藏

金廷标（？～1767年），字士揆，浙江湖州人。其父金鸿为画家，金廷标乘父业，擅绘人物仕女及花卉，白描尤工，亦能界画。乾隆帝第二次南巡时，金廷标进献《白描罗汉图》，得乾隆「称旨」，命入内廷供奉，成为宫廷画家。其后所绘写意秋果及人物，皆得乾隆帝题咏。《石渠宝芨》著录了他81幅作品。《瞎子说唱图》，绢本设色，纵88.5、横62.2厘米，描绘农村田头，一群人闲时正听一盲人在大树下说唱故事，老少尽在，引得隔溪农妇抱婴携童指指点点。画面构图巧妙，两组农人隔溪而听，老翁、幼童、少年、农夫，

正、乾隆朝画院高手，与唐岱、郎世宁、张宗苍、金廷标齐名。造诣深湛，得乾隆帝赏识，曾为《圣制诗》初集、二集、三集多幅画卷题诗。在宫廷画院奉职五十年，作品近200件。此卷纸本墨笔，全卷纵27.8、横384.5厘米，用白描法写出七夕夜间庭院中贵族女眷燃烛斋供的情景。图中反映了七夕乞巧的风俗和活动过程。人物描画精细，线条优美，清新可赏。

Wednesday Dec 26 2018

公历二〇一八年 · 十二月

二十六

星期三

农历戊戌年 · 十一月二十

一日元旦 · 五日小寒

◎丁观鹏《乞巧图卷》（局部）

清 上海博物馆藏

丁观鹏，生卒年不详，北京人。工诗擅画，雍正四年（1726年）进入宫廷为画院处行走，是雍

Thursday Dec 27 2018
公历二〇一八年·十二月

二十七

星期四

农历戊戌年·十一月廿一
今日二候麋角解

◎ 费丹旭《秋风纨扇图》 清

费丹旭（1802～1850年）字子苕，号晓楼，湖州人。其父费宗骞擅画山水。费丹旭少时便得家传，工人物、花卉、山水，尤精仕女图，诗词、书法亦佳，后游于江浙闽间，与画家汤贻汾、张熊、鉴赏家张廷济等往来，卖画于江浙、上海、苏杭。所作人物清雅宜人，韵致高蹈。《秋风纨扇图》为其典范之作，纸本墨笔，纵149.8、横44.5厘米。画中一女子、一柳树，而且互相遮蔽，全无完景，人倚树而立，面朝水面，眺望远方，唯见人物窈窕身姿而不见面庞，然而此身姿已尽显其美，不能不让人佩服画家如此布置。画家惜墨如金，线条极其简洁，却尽显洒脱老道，留下无限想象空间，令人拍案叫绝。

Friday Dec 28 2018
公历二〇一八年·十二月

二十八

星期五

农历戊戌年·十一月廿二
一日元旦·五日小寒

◎虚谷《枇杷图》 清 南京博物院藏

虚谷（1823～1896年），俗姓朱，名怀仁，字虚谷，安徽歙县人，居扬州，性格孤峭，与任伯年、蒲华、吴昌硕共为「海上四大家」。身为僧人，然「不茹素，不礼拜」「惟以书画自娱」，于画无所不精，是继渐江后新安画坛又一怪杰画僧，卖画为生，自谓「闲来写出三千幅，行乞人间作饭钱」。书画笔墨老辣奇绝，好用枯笔，冷峭新奇，吴昌硕赞其「十指参成香色味，一拳打破去来今」。后圆寂于沪上关帝庙画案。他的题画诗：「有粉有色更精神，一树梅花天地春。一觉浮生尘世外，空山流水岂无人。」简直是夫子自道。《枇杷图》，纸本设色，纵129.8、横72.1厘米。枝干直挺，交错森森，全幅满画，淋漓酣畅，显出无比旺盛的生命力。

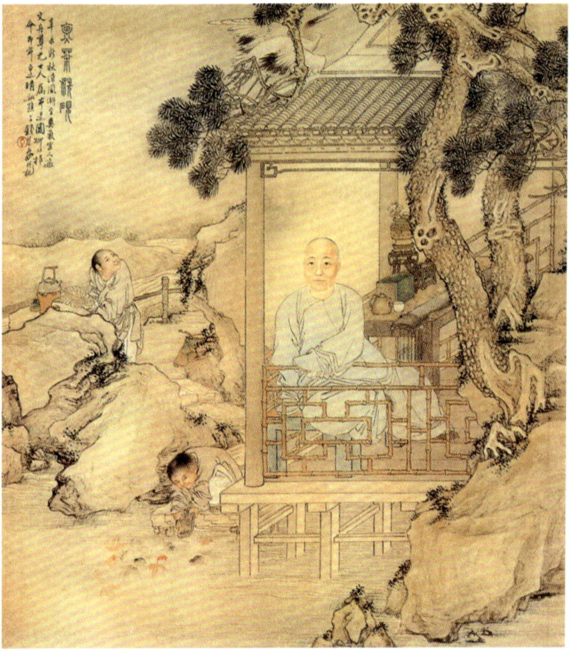

柳青诸画铺出年画样稿，计有《红楼梦》等稿样40余种，广为印发，深入北方乡村，为海派绘画以印刷为媒介北上交流贡献巨大。1909年与蒲作英、吴昌硕、王一亭等发起「豫园书画善会」，会员数百人，钱以「画名久著」「敬重伦常」被推为首任会长。订立章程，陈列作品，标价出售；得款半归作者，半归会中储蓄、公议拨用，助赈各省水旱灾馑。此为晚清艺界公益事业之先声。《烹茶洗砚图》是他为友人文舟所作肖像，主人公倚栏而坐，榭内琴桌置茶具书函，一侍童水边涤砚，一侍童对炉烹茶，充满文人趣味，为清末海上画派风格。

Saturday Dec 29 2018
公历二〇一八年 · 十二月

二十九

星期六

农历戊戌年 · 十一月廿三
一日元旦 · 五日小寒

◎ **钱慧安《烹茶洗砚图》** 清 上海博物馆藏

钱慧安（1833～1911年），字吉生，号双管楼，上海人。为海派代表性画家之一，名重一时，曾于沪上城隍庙鬻画自给。擅画人物、仕女和花鸟，所绘民间祈福吉祥题材，为各地年画作坊所乐用。光绪中叶，一度应邀北上，先后为天津杨

Sunday Dec 30 2018
公历二〇一八年 · 十二月

三十

星期日

农历戊戌年 · 十一月廿四
一日元旦 · 五日小寒

◎ 任薰《麻姑献寿图》 清 常熟市文物管理委员会藏

任薰（1835～1893年），字阜长，浙江萧山人。晚清在浙沪一带的著名画家，任熊、任薰、任颐（伯年）、任预被称为「海上四任」，除任颐外，其他三位是有血缘关系的一家人。「四任」是海上画派中前期的中坚力量。任薰为任熊之弟，擅画人物，尤工花鸟，任颐、任预都跟他学过画。任薰在苏州时结识大收藏家顾文彬，得见大量名家真迹。任薰对园林设计也颇有见地，苏州怡园格局有他的构思影响。任薰人物画取法陈洪绶及其兄任熊，人物形象奇特，富有古风。《麻姑献寿图》为纸本设色，工笔重彩仙道人物画，纵172、横81.5厘米。麻姑为葛洪《神仙传》中仙人，居蓬莱仙岛。三月三日，王母寿辰，麻姑用灵芝酿酒作寿礼，后来民间多画此以贺女寿。

Monday Dec 31 2018
公历二〇一八年·十二月

三十一

星期一

农历戊戌年·十一月廿五
明日元旦·五日小寒

◎ 吴昌硕《梅花图》 清 上海博物馆藏

若以艺术种类而论，吴昌硕诗、书、画、印齐头并进，是跨界艺术家；若以历史而论，他衔接晚清与民国两个时代，领袖群伦，开一代风气。他与虚谷、蒲华和任伯年共称「海派四杰」，聚集起很多富有新意的跨时代画家。他是传统文化继承与创新的关键人物，是古典画风走向现代的主要传承者和创新者，其地位与影响力无可匹敌，堪称一代宗师。其后中国的绘画、书法和篆刻都从他那里获得启发，继承人数不胜数。他把书法线条的抽象美融入绘画，把民间喜闻乐见的题材加以雅化，实现文人趣味与市场机制的有机结合，用以创作写意花卉蔬果，向世俗意象要雅意，质朴浓烈，生机丰沛。此《梅花图》，纸本设色，纵159.2、横77.6厘米，热烈繁盛，痛快淋漓，佐以金石书法，堪称完璧。